浙江中医临床名家 裘笑梅

总主编 方剑乔

张 婷 主编

科学出版社

北 京

内 容 简 介

本书是"浙江中医临床名家"丛书之一，介绍了浙江名医裘笑梅。本书共分六章：中医萌芽、名师指引、声名鹊起、高超医术、学术成就、桃李天下。重点介绍了名老中医裘笑梅先生的成长经历、几十年行医生涯中的经典案例及经验总结，阐述归纳了裘笑梅先生治疗妇科疾病的学术思想。裘老不拘泥于一家一派之说，在诊治各类妇科疾病时大胆创新，主张与时俱进，形成了具有鲜明特色的裘氏妇科理论。裘老总结了多种临床行之有效的验方，将临床与科研结合，创制了一系列妇科新药，至今仍造福着广大患者。本书收集了裘老数十年的临床复杂疑难病例，分析其治法方药，阐述其理论依据，加以裘老生前的批注按语，以飨读者。

本书可供中医临床、科研人员及在校学生阅读使用，也可供中医爱好者参考。

图书在版编目（CIP）数据

浙江中医临床名家.裘笑梅 / 方剑乔总主编；张婷主编.—北京：科学出版社，2019.6

　ISBN 978-7-03-061733-0

Ⅰ.①浙⋯　Ⅱ.①方⋯ ②张⋯　Ⅲ.①裘笑梅－生平事迹 ②妇科疾病－中医临床－经验－中国－现代　Ⅳ.① K826.2 ② R271.1

　中国版本图书馆 CIP 数据核字（2019）第 128513 号

责任编辑：刘　亚 / 责任校对：王晓茜
责任印制：徐晓晨 / 封面设计：黄华斌

科学出版社 出版
北京东黄城根北街 16 号
邮政编码：100717
http://www.sciencep.com

北京捷迅佳彩印刷有限公司 印刷
科学出版社发行　各地新华书店经销

*

2019 年 6 月第 一 版　开本：720×1000　B5
2019 年 6 月第一次印刷　印张：12 1/2　插页：2
字数：211 000
定价：68.00 元
（如有印装质量问题，我社负责调换）

1979 年裴老做学术报告

裴老在武林广场义诊

1997 年裴老与本书主编

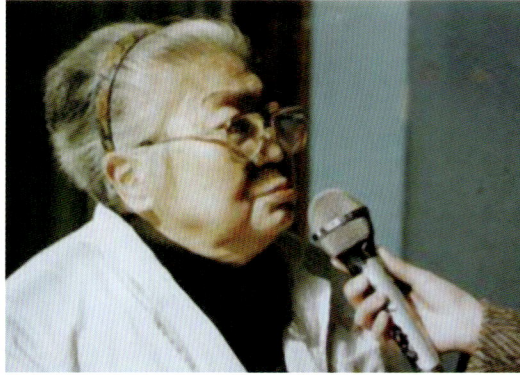

裘老接受采访

裘老在植物园

裘老在家中书房

裘老诊治患者

浙江中医临床名家

丛书编委会

浙江中医临床名家·裘笑梅

编　委　会

主　编　张　婷

副主编　王　洁　　应　翩

编　委　（按姓氏笔画排序）

王　洁　　朱迎萍　　李　慧　　杨华娣

应　翩　　张　晨　　张　婷　　陆申奕

蒋　军

总　序

中华医药，博大精深，源远流长。灵兰秘典，阴阳应象，穷万物造化之妙；《金匮》真言，药石施用，极疴疾辨治之方。诚夷夏百姓之瑰宝，中华文明之荣光。

浙派中医，守正出新，名家纷扬。丹溪景岳，《格致》《类经》，释阴阳虚实之论；桐山葛岭，《采药》《肘后》，载吴越岐黄之央。固钟灵毓秀之胜地，至道徽音之华章。

浙中医大，创业惟艰，持志以亢。忆保俶山下，庠序进修，克艰启幔；贴沙河干，省立学府，历难扬帆；钱塘江畔，名更大学，梦圆字响。望滨文南北，富春秋冬，三区鼎足，一校华光；惟天惟时，其命维新，一德以持，六艺互襄；部省共建，重校启航，黾勉奋发，踵武增华。

甲子校庆，名医辈出，几代芳华。值此浙江中医药大学建校六十周年之际，特辑撰"浙江中医临床名家"丛书，以五十二位浙江中医药大学及直属附属医院名医为体，以中医萌芽、名师指引、声名鹊起、高超医术、学术成就、桃李天下为纲，叙名家成长成才之历程，探名家学术经验之幽微，期有益于同仁之鉴法、德艺之精进。

时己亥初夏

目　　录

第一章

中医萌芽

第一节　瑞雪笑梅初长成

一、寒冬出生

民国元年（1912 年）1 月 7 日，仿佛在预示着什么似的，杭州城漫天飞雪，在皮市巷 51 号的院墙内传出一阵响亮的婴儿啼哭声，院子里瞬间沸腾起来，原本寂静的小巷也显得格外热闹，原来是裘家喜添千金。邻居们纷纷来家祝贺，见到襁褓里的婴儿，邻居忍不住赞叹，这孩子生的一脸福相，大大的耳垂，高高的额头，长大了一定很有出息！裘父连忙向大家道谢，此时有人说道："裘先生，赶紧给令千金取个名字吧。"世代书香门第，以教书为业的父亲望着院子里一棵蜡梅在风雪中傲然独放，深思片刻道："'雪虐风饕愈凛然，花中气节最高坚'，人说蜡梅寒苦，我偏要给女儿取名笑梅，希望她虽生在寒冬，但能如梅花一般笑对风雪，笑看人生，坚韧不拔。"众人拍手叫好。从此，笑梅便在父亲严格又开明的教导中逐渐成长起来。

幼年时的笑梅天真活泼，聪明伶俐，每天最爱做的事就是跟着朗读的哥哥姐姐后面咿呀学语，虽然口齿不清，但也能背一些简单的古诗。每当父亲提问哥哥姐姐时，笑梅就会抢着背诵："鹅鹅鹅，曲项向天歌，白毛浮绿水，红掌拨清波"，"举头望明月，低头思故乡"……常逗得长辈们欣喜不已。笑梅稍大些，父亲就开始亲自教她读书识字，从《三字经》"人之初，性本善，性相近，习相远"，"玉不琢，不成器，人不学，不知义"，到四书五经之 "学而不思则罔，思而不学则殆"，"君子坦荡荡，小人长戚戚"，"大学之道，在明明德，在亲民，在止于至善"，"民悦则取之，民不悦则不取"，"以德服人者，中心悦而诚服也""天命之谓性，率性之谓道，修道之谓教"……小笑梅虽不甚知其义，却能短短时间内背诵得朗朗上口，父亲常常心下赞叹，却又惋惜笑梅身为女子，不比男儿长大后可出人头地。

二、苦练书法

笑梅的父亲除了督促自己的学生和孩子们学习，平时还非常重视书写。他认为一手好字可以体现一个人的修养品性，因此对子女练字要求尤其严格。笑梅及其哥哥姐姐常在家中的"藏书阁"（其实就是一简陋的书房）中练字，她一手漂亮的毛笔字就是从小刻苦练就的。父亲常说："字乃人之衣冠"，时常告诫家中的子女，字是人的第二仪表，是人的缩影。把字写好，会对将来的学习和工作有着不可忽视的潜在影响。并根据"临书易失古人位置，而多得古人笔意；摹书易得古人位置，而多失古人笔意"认为，练一手好字，应以临摹结合为主。笑梅非常认同父亲的看法，她不喜狂妄多变的行草，不爱笔势飞举的篆隶，却十分欢喜平和简静、质朴自然、法度严谨、刚健雄强的小楷字体。这真是字如其人，外表温和平静，内心却坚韧强劲。

伟大的成绩和辛勤的付出是成正比的，有一分付出就有一分收获，日积月累，从少到多，奇迹就可以创造出来。再也没有比这句话更能概括笑梅了。笑梅从小做任何事都特别认真，为了练字，她每天五点就起床，冬天经常天还没亮，在一盏昏暗的煤油灯下，一个小小的身影，身形端正，执笔有力，临摹了一遍又一遍魏国钟繇书《宣示表》，东晋王羲之书《乐毅论》、《黄庭经》，唐代钟绍京书《灵飞经》，元代赵孟頫书《汲黯传》、《道德经》，以及明代文徵明书《真赏斋铭有叙》，王宠书《圣主得贤臣颂》，祝允明书《醉翁亭记》、《前后出师表》等有名的小楷名家字帖，心中默念口诀："一横起笔或尖而收笔处则圆，一竖起笔或略顿收笔则尖，撇笔起笔或肥而收笔瘦，捺笔起笔或瘦而收笔肥；点欲尖而圆，挑欲尖而锐，弯欲内方而外圆，钩半曲半直。"这经常一练便是两三个小时，中间也曾喝口水休息，却也不嫌累，经常是笑梅练完字帖后大家才陆续起床，看着精神满满的笑梅，兄姐们都心中暗暗佩服。有时候要出去办事，也是随身带着一本临摹书，不方便带笔，便在路上随意攀折一根树枝，按照字帖在地上练习，经常惹得众人围观，那时笑梅的字便已初具风骨，清秀挺拔的字体正是"字如其人"。

不论寒冬酷暑，坚定了目标信念便一往无前地去实现。就这样坚持临摹数年后，笑梅逐渐练成自己独特的裘氏小楷，轻重协衡，秾纤得中，刚柔相济，奇正相错，方圆并用，肥瘦得体，骨肉匀称，写出的整篇字，笔笔不同，而又协调一致，一行字写出来，错落有致，却又一直在一条线上，行气自然贯串，望之如串串珍珠项链，神采飞扬。后来裘笑梅从医后很多患者将其处方当做墨宝收藏，至今仍有手写处方留存在浙江省中医院。

三、研习棋弈

凭借自己的天资聪颖，笑梅小小年纪不但擅长书画诗词，闲暇还和家中女眷练习女工，心灵手巧。看到父亲教授兄长们下棋时，她也非常喜欢，常默默在旁，偷偷学习。开明的父亲见她如此，便要考她一番，问："既然你如此喜爱围棋，且说说它的起源？"笑梅知道父亲这是在考她，也不扭捏，张口即来："围棋起源于中国，在先秦典籍《世本》中便有记载，'尧造围棋，丹朱善之'，并且晋代张华在《博物志》中继承并发展了这种说法：'尧造围棋，以教子丹朱'。或云：'舜以子商均愚，故作围棋以教之'，所以我认为围棋早在4000多年前的先尧时期便有。在春秋的时候，围棋已经非常发达了。《论语》曰'饱食终日，无所用心，难矣哉！不有博弈者乎？为之犹贤乎已。'我想这意思就是说，整天吃得饱饱的，一点也不肯动脑筋，这样的人可真是无聊啊！不是有下棋之类的游戏吗？玩玩这些也好啊。孟子亦云：'世俗所谓不孝者五，惰其四肢，不顾父母之养，一不孝也；博弈好饮酒，不顾父母之养，二不孝也。'孟子认为，一个人不孝敬父母，第一是懒惰不养父母，第二就是好下棋饮酒，不管父母。这些表面上看孔孟似乎对围棋的评价不高，但从这些话也能看出，他们肯定都会下围棋，否则他们也不会对围棋这样了解。记得父亲您还教过孟子的另一篇文章《弈秋》：弈秋是'通国之善弈者也'，他教两个孩子下棋，其中一个专心致志，另一个老想着天上要有鸟飞过来，想去打鸟，棋艺就比不过前一个了。孟子用围棋比喻一个人要学本事，就一定要用心，这里他就把围棋当做一种本事或者一种艺术来对待了。孔子、孟子都多次讲到过围棋，这说明在春秋时代，围棋

相当普遍和发达，不然不会用围棋来比喻说明道理。所以我可以肯定地说，既然春秋时围棋已很普遍，那它的发明肯定还要早很多。"一旁的兄长听闻也大吃一惊，不想笑梅触类旁通，举一反三，能通过这短短的几句话便将围棋的起源讲解透彻。

父亲不解地又问："为何喜爱这个伤脑筋的玩意？"笑梅答："我喜欢的是它对立统一的关系，看似矛盾但又和谐。你看围棋本身就是一个很有意思的矛盾体，比如'围'字就有两个含义，一个含义是围地，另一个含义是围子。这两种含义，一种是防守，一种是进攻，包括了攻守矛盾的对立统一关系。围地很重要，下棋以地盘的多少来计算胜负；围子也很重要，四个子围住一个子就能吃掉它。围棋本身千变万化却又包含了很多亘古不变的规则，我喜欢在围棋的世界里静静地思索……"说完这些，身旁的父亲不禁深深地多看了这个身材娇小的女儿几眼，不曾想这个闺女竟然有如此见地，心中暗想："此女长大后，当巾帼不让须眉矣！"自此笑梅便和父兄一起习得棋弈，因其一点就通，并愿意刻苦钻研，所以经常得到父亲的夸赞。不过数载，笑梅的棋艺便突飞猛进，却从不骄傲自大，和父亲兄长们下棋，常常藏拙，引得父兄们开怀大笑。

四、品行养成

在笑梅的成长过程中，离不开父亲的教诲和启发，父亲不仅教授笑梅书中的知识，还教育她为人处世的道理。一日，笑梅随父亲去公园玩耍，看见一个老人蜷缩成一团，在风中瑟瑟发抖，面前摆着几张皱皱巴巴的字画，父亲便停下脚步，给了老人一些钱，拿走了几张字画。笑梅看到这个场景，不解地询问父亲："爸爸，我们只需要给他一些钱就好了，何必再拿这些字画呢？"父亲告诉笑梅："如果我们只是给了他钱，这就成了施舍，但我们拿走了字画，再给他钱，这就是他的劳动所得。每个人都是有尊严的，我们要在不伤害别人自尊的前提下去帮助别人，明白吗？"这件事笑梅常记于心，她自强自立，同时也善待和尊重身边的人。

如果说父亲是笑梅成长路上的领路人，母亲就是她生活上的明灯。一天，母亲拿着一件满是补丁的衣服在池塘边清洗，笑梅便跑过去问母亲："妈妈，这件衣服都烂成这样了，为什么还不扔了呀？"母亲对笑梅说："孩子，衣服不在华贵，干净就行，况且我们家庭并不富裕，全家只有靠你父亲微薄的

4

薪资来维持生活，因此，只要衣服是干净整洁的，多几个补丁又有什么关系呢。"笑梅说："我明白了，妈妈。"父母谦逊有礼、勤俭持家的品德一直影响着笑梅的一生。

第二节　自幼聪敏显才华

一、求知若渴

笑梅自幼天资聪敏，博闻强识，勤于思考，触类旁通，学什么都比其他同龄孩子快，才华出众。因父亲是教书先生，所以下课回家便会教授家里的几个儿女读书、认字，笑梅自小便在《论语》"其身正，不令而行；其身不正，虽令不从"、《庄子》"临渊羡鱼，不如退而结网"、《老子》"天之道，损有余以补不足；人之道，则不然，损不足以奉有余"的熏陶下逐渐成长为一位有理想、有抱负且坚韧善良的人。

笑梅渐渐长大，到了上学的年纪，父亲常年教书，深感知识的作用，在那个动荡的年代，许多人家都不愿意自己的孩子出去上学，笑梅母亲也是一样，她常常对父亲说："你在家里教教孩子就行了，看现在外边那么乱，孩子每天出去我不放心。"笑梅父亲一改往日温和的态度，坚决地告诉笑梅母亲："孩子必须去学堂学习系统的知识，学习待人接物、与人相处。"笑梅也在一旁附和："我要去学校，妈妈，你就让我去吧"。母亲拗不过父女二人，只好让步。

笑梅不仅在学校认真学习，在家里也不放过任何学习的机会。一有空，便会拿着课本在院子里、在书房里朗读背诵。在别的小伙伴都在外面玩耍时，笑梅便把自己关在屋子里学习。在屋外也能听到笑梅的朗读声："三人行，必有我师焉；学而时习之，不亦说乎？"，"吾日三省吾身，为人谋而不忠乎？与朋友交而不信乎？传不习乎？"，"温故而知新，可以为师矣。"每每听到笑梅的读书声，邻居都会忍不住赞叹：笑梅这个孩子长大肯定不得了啊！同时也会教育自己的孩子：你看人家笑梅，多向人家学习学习，别总想着玩耍。

不论是《论语》《大学》《中庸》《孟子》的名篇，还是五经笑梅都能背得滚瓜烂熟，有时父亲向哥哥姐姐提问，哥哥姐姐不能背诵出来时，笑梅总是在一旁偷偷提醒，以至于每当父亲要检查功课时，哥哥姐姐总是让笑

梅站在一旁来帮自己作弊。可是，这不会逃过父亲的"火眼金睛"，一次，父亲又提问哥哥时，笑梅仍是站在一旁，父亲装作什么都不知道，当哥哥又不会，笑梅刚要张口提醒时，父亲突然大声呵斥："笑梅，你能帮得了他一时，你能帮得了他一世吗？"此时，笑梅顿悟了，明白这不是在帮哥哥姐姐，而是在害他们。哥哥姐姐也意识到自己的错误，从此便和笑梅共同努力学习起来。父亲看到这个情景后欣慰不已。

笑梅不仅能熟练背诵经典，而且也有自己的理解。一次，父亲让他们各自说一下自己最近读的书，以及对书中内容的理解。哥哥姐姐们说完之后，笑梅便胸有成竹地站出来，向父亲汇报自己的学习成果："爸爸，我最近在背诵诸葛亮的《诫子书》，'夫君子之行，静以修身，俭以养德。非淡泊无以明志，非宁静无以致远。夫学须静也，才须学也。非学无以广才，非志无以成学。淫慢则不能励精。险躁则不能冶性。年与时驰，意与日去，遂成枯落，多不接世，悲守穷庐，将复何及。'这篇文章讲述的是德才兼备的品行，是依靠内心安静、精力集中来修身养性的，是依靠俭朴的作风来培养品德的，不看轻世俗的名利，就不能明确自己的志向，不是身心宁静就不能实现远大的理想。学习必须刻苦专一，不努力就不能增长才智，不明确志向就不能获得成就。追求过度享乐就不能振奋精神，轻浮暴躁就不能陶冶性情。年华随着光阴流逝，意志随着岁月消磨，最后就像枯枝败叶那样，对社会没有任何用处，守在自家狭小的天地里，悲伤叹息。爸爸，诸葛先生教育子女的这段话，也是我学习的目标。我虽为女子，也要做一个情操高尚、对社会有用的人。"父亲听了连连点头。

在当时积贫积弱的中国，大多数人家的孩子在小小的年纪就出去挣钱讨生活了，笑梅家里虽然有父亲教书得来的报酬，但是要养活一个大家庭，也还是常常捉襟见肘，为此，笑梅多次向父亲提出要出去工作养家，每次向父亲提及此事，父亲便会严厉地对她讲，你现在的任务只是学习，你要努力读书，用知识武装你的头脑，将来用你的所学为国家民族做贡献。见到父亲如此坚决，笑梅也就放弃了出去工作的念头，一心扑在学习上。决心考上大学，为国家献力、为父母分忧。

二、勤学博问

在学校里，笑梅不仅热爱读书，还勤于思考，乐于提问。每当遇到不懂的问题，总是去请教老师、同学，不放过任何一个学习的机会。为了向老师多请教一些知识，常常在路上"拦截"老师，或是在办公室门口等候。由于笑梅喜欢读书，而且小小年纪便颇多见解，老师便经常让笑梅为大家分享自己的读书体会，而笑梅也乐意对同学说出自己的理解。一次班会上，同学请笑梅就《论语》中的"贤贤易色，事父母能竭其力，事君能致其身，与朋友交，言而有信，虽曰未学，吾必谓之学矣。"笑梅从容起身为大家讲解自己的感悟："我认为这句话是说看到贤人就肃然起敬，在家能尽心尽力地爱家庭、爱父母，在社会上做事，对人对国家放弃自我的私心，所谓许身为国。尽管这个人没有读过一天书，我一定说这人是有真学问的。"话音刚落，教室便响起热烈的掌声。笑梅不仅学习成绩好，还特别乐于助人，每当别的同学因为学习被老师留下时，笑梅总是主动去帮助他们解决难题，深受同学喜爱。久而久之，笑梅在学校便成了名人，老师同学对她的评价非常一致：聪明勤奋，古道热肠。

笑梅小学毕业后以优异成绩考入了杭州弘道女中，从此更加努力，在学校经常是最后一个才离开教室。在家里也是废寝忘食地学习。对于学习，笑梅从不吝惜时间和精力，每阅读一本书，一篇文章，笑梅都会在重要的地方画上各种记号，在书眉和空白的地方写上许多批语，有时还把书中经典的地方摘抄下来或随时写下读书笔记或心得体会。为了学习，笑梅简直是绞尽脑汁，没有煤油点灯，她就把烛台上的蜡油刮下来，装在盒子里，再找一些棉线当做灯芯，自制"煤油灯"，尽管光线昏暗且烟雾腾腾，笑梅却在灯下看书看得津津有味，双眼被熏得通红，笑梅也因此戴上了近视眼镜。一次，笑梅在晚上看书时，由于离灯太近，不小心火焰燃到了头发，只听见"滋啦"一声，一撮头发被烧掉了，笑梅并不在意，她理了理头发，继续读书，直到第二天，起床后家人看到笑梅残缺的头发，都大笑不已，笑梅却笑着说："这是我学习的烙印。"

三、结缘中医

生于寒冬腊月的笑梅，素来体弱多病，小时候发烧感冒长年不断，稍一劳累便鼻血不止，双下肢常因碰撞而见多处淤青，时须与医院、诊所相伴。尽管如此，笑梅还是每每学习到深夜，只有在母亲一遍又一遍地催促去睡觉时，笑梅才会不舍地合上书本，就算是躺在床上，也会默默地回顾一天学到

的知识。

　　笑梅深知自己体弱多病，经常拖累家里人，深感遗憾，自小便异常懂事。家中兄弟姐妹众多，全靠父亲一人的微薄工资养活，母亲独自在家带几个小孩子，照顾公婆，还需要洗衣服、挑水、烧饭等。平常家里的一些沉重的家务活都是两位姐姐和兄长协助完成，笑梅心里过意不去，姐姐们洗衣服、洗碗的时候她总是默默地跟在身后，虽不能帮忙干重活，却也能帮忙打打杂。寒冬腊月，看着姐姐们的手因为经常泡在冷水里洗衣服、洗碗，长满了冻疮，寒冷之时肿痛难忍，温暖之时瘙痒难耐，甚至有些还溃烂、流脓，看着自己完好无损的手总是感到异常的愧疚，便想着能帮姐姐们解决病痛。笑梅想到父亲的"藏书阁"中有很多医学古籍，便下定决心，希望通过翻阅医书来寻找办法。经过数日的查找，终于发现在《诸病源候论》中有关于"冻疮"的记载："严冬之月，触冒风雪寒毒之气，伤于肌肤，血气壅涩，因即瘃冻，燃赤疼肿，便成冻疮。"提示冻疮是因寒冷所致之肌肤损伤。又发现《外科启玄》中也有记载："冻疮多起于贫贱卑下之人，受其寒冷，致令面耳手足初痛次肿，破出脓血，遇暖则发烧。亦有元气弱之人，不耐其冷者有之。"《外科正宗》"冻疮乃天时严冷，气血冰凝而成"。笑梅认为姐姐们的手由于长时间浸泡在冰水中，冬令时节，寒湿之邪侵袭过久耗伤元气，以致气血运行不畅，气血凝滞而成，寒凝血瘀为主要的病因病机，又根据《伤寒论》"手足厥寒，脉细欲绝者，当归四逆汤主之。若其人内有久寒者，宜当归四逆加吴茱萸生姜汤"。笑梅喜出望外，和略懂医术的父亲探讨，选定以当归四逆汤为底方，加上肉桂、红花、细辛、紫草，将上述草药碾碎研细，混合拌匀，加入熔化好的凡士林中，熬制过程中匀速搅拌，经过多次实验发现要将凝固的膏药放凉后加入适量液态石蜡油方能成膏。那时的凡士林和液态石蜡油是多么稀奇的东西啊，也是亏得有父亲的好友相助才得以制得冻疮膏。姐姐们白天干家务活，晚上笑梅便将熬好的冻疮膏给母亲及姐姐们细细地抹上一层，并用塑料袋包裹后入睡，神奇的是，经过3个晚上的使用，原本破溃红肿的冻疮竟然消下不少，夜间再不用受到瘙痒疼痛的影响，姐姐们开心地抱着笑梅转了一圈又一圈，大喊到："小笑梅，你真是我们的小福星，太棒了！"这也算是笑梅在中医之路上的第一次尝试，从此她慢慢对祖国医学萌发了越来越浓厚的兴趣。

第三节 久病立志为良医

一、耳濡目染

少年时期的笑梅并不是一帆风顺，青衫之岁就体虚多病，因患鼻衄，不能进行剧烈的体力活动，平时多居于家宅诵读经典、书法绘画、弹琴下棋，每当笑梅看到庭院里邻居们的孩子追逐嬉戏，互相打闹，心里是多么渴望和他们一样奔跑玩乐，然而父亲的嘱咐时常提醒笑梅，自己的身体根本不允许这样做。笑梅从小是个懂事乖巧的孩子，明白父亲的一番苦心和训导，也正因如此，笑梅有了更多的时间研习古籍。

学识渊博的父亲对祖国传统医学略有研究，感冒发烧之类的小病常常自己给孩子们诊治。笑梅平日里耳濡目染，和医学有了初步的接触。一日，由于家中妹妹贪玩，在外着了凉，回家后便发热起来，口中还嚷嚷着冷，父亲给妹妹把了把脉，问了一下妹妹的症状，而后走向厨房，拿出来平时做饭用的生姜、葱白、荆芥在锅里煮了起来，沸腾之后，立刻盛了出来，让妹妹喝下去，并嘱咐要多次服用，第二天，妹妹就觉得整个人都神清气爽，昨天不适的症状都不见了。经历了整个过程的笑梅对此很是不解，便好奇地问父亲："爸爸，你为什么仅仅用了厨房里的菜，就把妹妹的病治好了？"父亲笑着说："你妹妹得的在中医来说是伤寒之证，而病情又比较轻，所以用一些辛温不燥烈的药物即可，你只知道，它们是做菜用的，殊不知它们都是辛温解表的药物啊。"这时站在一旁的笑梅似懂非懂地点了点头。从此，笑梅便经常自己看一些入门的医学书籍，遇到不懂的便询问父亲，父亲就会告诉她，自己去书里面找答案，比我告诉你要记忆深刻得多，笑梅便在学习文化知识的同时，利用空闲时间阅读《黄帝内经》、《伤寒论》等书籍，先自己领悟，实在不懂的再去请教父亲。

二、偶遇清华

有一次，笑梅在河边洗衣服，突然流鼻血不止，正巧一位僧人路过，见此情形，随手在河边拔了一株羽状草药捣碎，帮笑梅敷上，笑梅惊奇地发现出血马上止住了，连连向这位面目慈祥的高僧道谢。回家之后，笑梅将此事

说与父亲听，才知道原来这位高僧就是杭州城鼎鼎有名的智果寺名僧医清华师父，且与父亲也是旧交，笑梅心里对这位闻名遐迩的神医很是崇敬。她特地翻查父亲的医书，李时珍在《本草纲目·草部·贯众》（集解）曰："春生苗，赤。叶大如蕨。茎干三棱。叶绿色似鸡翎，又名凤尾草。"具有凉血止血、清热解毒的作用。原来这种植物就叫凤尾草啊！笑梅牢牢记下了这个救命草的外观及性状功用。

平日，家里的一些重活总是留给男孩，笑梅的弟弟是后来大名鼎鼎的西医外科泰斗裘法祖先生，姐弟俩性情相仿，平时格外谈得来，姐姐也总是特别照顾弟弟，当弟弟需挑井水等重物的时候，笑梅总是细心地在扁担上垫上一层又一层碎布包裹着的家里剩余无用的棉花，以防弟弟的肩膀受伤。有一天，天空打雷，下着滂沱大雨，弟弟出门急，不小心滑了一跤，这一摔，膝盖正摔在石板上血流不止，疼得弟弟哇哇大哭，笑梅看到后心疼不已，忽然想起自己那日河边鼻出血的经历，她连忙跑到一口井边，摘了一株新鲜的凤尾草回来捣碎，敷上药后弟弟的膝盖出血很快止了，笑梅再一次见识到了这种草药的神奇功效，心中暗暗萌生了学医之志。

三、立志学医

时间飞逝，一转眼，笑梅已成年，其间时有鼻衄复发，终无法断根。18岁时，成绩优异的笑梅于杭州弘道女子中学高中毕业，父亲打算让笑梅报考大学，虽然在当时的年代女子能上大学并不多见，但是笑梅虽为女子，心有鸿鹄之志，深受孙中山、鲁迅、周恩来等先进人物的影响，内心非常渴望通过考上大学成就一番事业，改变中国当时的状况，为中华崛起而读书。无奈因为过分用功，身体疲乏，旧病复发，且鼻衄量多难止，比既往任何一次的出血都严重，父亲发现单靠其仅有的一点医术已无法帮助笑梅解决病痛，束手无策，这让本就体弱的笑梅更是雪上加霜，备受苦痛，瘦小的身躯已无法继续学业，不得不放弃了上大学的梦想，在家养病。

正当全家人为笑梅的病痛一筹莫展之时，父亲想起了故人——与笑梅有一面之缘的清华师父，当即动身请清华师父来家诊治。清华师父到后，父亲介绍说："师父，这是我小女笑梅，上次在河边也是鼻衄，亏得你的帮忙才得以止住，但是这个毛病时常发作，如何也断不了根……"清华师父听闻也不言语，仔细端详笑梅，瘦小身材，面色不华，气短声微，神疲乏力，鼻出血量多，色淡红，质偏稀，细查了笑梅的舌质舌苔，请出脉枕，静切其脉数分钟，点点头，开口道："舌红少苔，脉细。有没有心慌失眠，有没有手足心热？""是的"，笑梅心里吃惊极了，"嗯，燥旺秋，肺燥而阴伤。燥为阳邪，极易伤津耗液，津液伤则阴虚，阴虚火旺，火伤脉络则衄血，阴血受伤则心失所养，故心慌、失眠，阴虚生热，虚火内扰，手足心热，口舌生疮，心阴不足，舌苔脉皆从证。"清华师父说："你这个病属于阴虚火旺，虚火上扰，损伤血络，治当滋阴养血为主兼清热凉血。当遵唐氏《血证论》止血之法，止血，宁血，固本，养血四法，循序用之。"清华师父沉思片刻后，举笔写下处方一张。父亲拿起药方，着急一看究竟，见其诊为"鼻衄"（之后西医诊断为"血小板减少症"），列出了简单的几味中药，三剂，水煎服，一日两次，分早晚温服。并嘱其血止后复诊，进行后续治疗。清华师父走后，笑梅一脸疑惑地询问父亲："父亲，清华师父虽然医术高明，但我的病都快十年了，一直也断不了根，这简单几味中药真的能治好我的病吗？"父亲慈爱地说："笑梅啊，药不在多，贵在精专，药效如何，且观察一下就知道了。"之后笑梅每日遵嘱服药，不敢怠慢，短短几天过去，笑梅的鼻出血真的止住了，数月服药下来，笑梅的鼻出血竟没有复发，不仅如此，原本苍白的面色开始变得红润，耳清目明，精神也感觉好多了，多年的顽疾竟然被有效地控制住了，全家人都喜出望外，笑梅心里更是别提有多高兴了！她对清华师父的医术非常崇拜，心里感叹祖国医学的神奇，要是自己也能有这样的本领该多好啊！

在家养病期间，笑梅常见附近的穷苦人家因付不起诊金来找父亲帮忙诊治。但是对于这些处于社会底层的贫苦人民，维持生活都已经很艰难了，哪里还有多余的钱去抓药呢！父亲开的药方也就多为田间井边常见的草药，常常就帮助了很多贫苦百姓，笑梅看在眼里，记在心里，想到自己也是多年病痛缠身，给家里多了一项负担，如果能精研医术，治好自己，并救助更多的人，那比考上大学更有意义啊！由己及人，深为感叹，"人命至重，有贵千金；一方济之，德逾于此！"，"不为良相，当为良医"，没有什么比健康和生命更重要了！从此笑梅坚定了学医之念。

此后的日子，笑梅一边休养，一边孜孜不倦地阅读医书，从《神农本草经》开始学习辨别中药，达到了痴迷的程度。看到家里院子里晾晒的海带，便指着说："海带，又名昆布，性咸、寒。归肝胃肾经。能消痰软坚散结，利水消肿。"指着花盆里的玫瑰花，背诵道："玫瑰花，性甘、微苦、温。归肝、

脾经。擅行气解郁，和血，止痛。"走到街上看见合欢树，随口背诵："合欢花，性甘、平。舒郁、理气、安神、活络。善治郁结胸闷、失眠、健忘、跌打损伤疼痛。合欢皮，性甘、平，能解郁安神、活血消肿，治疗忧郁、烦躁失眠、痈肿。"还会指着邻居孩子拿着的山楂说："此物酸、甘，微温。归脾、胃、肝经。对油腻肉食积滞者作用甚大。但是多吃会上火哦。"这时母亲便会笑着说她："你这个丫头怕是要走火入魔了。"笑梅笑着道："妈妈，我想要成为像清华师父那样厉害的神医。"

父亲见到女儿对医学如此痴迷，便对笑梅说："既然你不能去大学接受医学教育，而为父的知识有限，不能给你更大的帮助，那你就去智果寺清华师父那里，跟随他去学习吧。"

第二章

名师指引

第一节　清华师父引入门

一、拜师遇挫

笑梅第一次随父亲来到位于北山路葛岭山上的智果寺，只见寺庙虽不大但建筑错落有致，虽香火旺但安静有序，不少香客在默默上香膜拜。父亲和笑梅也上前敬了香烛后，来到西侧厢房清华师父的诊室，只见外屋坐了很多前来求诊的百姓，却未见清华师父。父亲询问一从内室走出来的清瘦的年轻僧人，答曰："师父一刻钟前被一李姓人家请走，尚不知何时归来，施主若是来求诊请稍坐。"笑梅上前落落大方地施礼说："这位师兄，我们今天不是来求诊，而是来向清华师父拜谢并求他收我为徒，向他学习医术的。"年轻僧人打量了一下笑梅，见她严肃恭谨的态度，心里非常有好感，于是说："如此请二位静候师父归来，师父一般不轻易收徒，经常会有远道而来拜师学医的人，都被师父拒绝了。"

笑梅听了心里一阵紧张，这时一阵冷风吹来，惹得裘笑梅一阵喷嚏，竟又诱发了鼻血，笑梅下意识将头扬起，"不可"，年轻僧人忙道："若血通过食管流入胃里，会刺激胃肠道产生不适；若不慎流入气道，不仅会引发呛咳，当出血量大时，血液阻塞气道，后果非常严重。"说着将笑梅扶坐在台阶之上。"咳咳……"话还没说完，笑梅果然剧烈咳嗽了起来。年轻僧人连忙端来热水和毛巾，"用拇指和食指捏住鼻子两侧，持续十分钟左右，同时身体微微前倾，"他催促道，"把这个毛巾敷在额头或后颈部"，

13

不多时果然血不流了，喉咙也不痒了。"谢谢师兄！"笑梅带着鼻音开心地致谢，心里想："名师出高徒，这位师兄也好厉害啊！要是师父能收下我就好了。"

等了约莫半个时辰后，清华师父回来了，笑着和笑梅父女寒暄后将父女两人带入内室书房，笑梅抬眼一看，只见屋内四壁都是藏书：《黄帝内经》《难经》《神农本草经》《伤寒杂病论》《金匮要略》《温病条辨》《景岳全书》《千金要方》《诸病源候论》《医宗金鉴》《濒湖脉学》《医林改错》《傅青主女科》《脉经》《本草纲目》等，许多书竟然还是孤本。笑梅看得目不暇接，父亲拍拍笑梅的肩膀，示意她不要失礼，转头和清华师父说明来意："师父，这是我小女笑梅，上次经您诊治，已久未复发，刚才受了风邪又开始流鼻血，令高徒救治后已经好了，小女非常仰慕您的医术，她从小立志为国为民做一番事业，本想考大学，奈何身体不佳，这次求我带她上山拜您为师，跟随您学医，不知师父能否收下她？"，清华师父听后沉吟不语，转而问笑梅："笑梅，学医艰难，为什么想学医啊？""师父，我不怕累不怕苦，只愿能学得您的精妙医术，既治己病，更想救助更多和我一样的百姓！人命至重，有贵千金，不为良相，当为良医，我立志为民解疾，济世救人！"清华师父被笑梅斩钉截铁的话语、坚定诚恳的态度打动，但当时他只收有两个正式弟子，大弟子宏慈学医，就是刚才帮助治疗笑梅的年轻僧人，二弟子圣一学佛，如今一个女弟子上门求学，对于清华师父来说也是第一次，他一时也拿不准，袍袖一挥先扔出《汤头歌诀》《药性赋》《濒湖脉学》三本医书，"三个月后再来吧！"转身就去外室诊治患者去了。笑梅和父亲还想拉住清华师父，一旁的师兄宏慈解释道："师父就是这样的人，这是在考验你呢，你还是快点回去看看这些书吧。"听闻此话，笑梅不再争辩，和父亲一同回家的路上，心中暗下决心："师父是在考验我看我能否吃透这三本书，我一定要让他刮目相看。"于是开始废寝忘食地日夜研读，手不释卷，也时不时请教父亲。

二、通过考验

过了三个月，笑梅再次来到师父门前，"师父您考我吧！"清华师父眉头紧锁，他不相信这丫头能在这么短时间里读完三本书。于是他针对三本书上的内容提了几个要害问题。

"可知之前给你开的方子来于何方？能否背出汤头？天门冬和麦门冬的异同？""这方子我还特意看过，叫天王补心丹，出自《世医得效方》，据说是唐代僧人道宣居于终南山白泉寺，为了创立佛教律宗派而日夜诵经，劳心成疾，梦天王授以此方故名。汤头：补心丹用柏枣仁，二冬生地与归身；三参桔梗朱砂味，远志茯苓共养神；或加菖蒲去五味，心气开通肾气升。"笑梅不卑不亢的答道，"天门冬止嗽补血涸而润肝心。麦门冬清心，解烦渴而除肺热。天门冬与麦门冬，滋肺阴，润肺燥，清肺热，养胃阴，清胃热，生津止渴。对于热病伤津之肠燥便秘，还可增液润肠以通便。二药性能功用相似，相续为用。然天门冬苦寒之性较甚，清火与润燥之力强于麦冬，且入肾滋阴，适用于肾阴不足，虚火亢盛之证。麦门冬微寒，清火与滋润之力虽弱，但滋腻性亦较小，且能清心除烦，凝神安心，故可以治心阴不足及心火亢盛之证。"

师父听闻心中感叹这个小姑娘不简单，面上却不露一点颜色，又问："《药性赋》中补虚弱、排疮脓，莫若黄芪。补何种虚弱，怎么补？"笑梅略沉吟后答："功能实表，有表邪者勿用；能助气，气实者勿用；能内塞，补不足，胸膈气闭闷，肠胃有积滞者勿用；能补阳，阳盛阴虚者忌之；上焦热盛，下焦虚寒者忌之；病人多怒，肝气不和者勿服；痘疮血分热甚者禁用。""那你再说说，如何理解六味地黄丸中泽泻的药性？"笑梅胸有成竹地答："六味地黄丸为治肾阴不足，阴虚火旺的主要方剂。故方中重用熟地滋阴补血，益精填髓为君药。而肾为水脏，主气化，由于肾阴不足，常导致肾浊阴不降，故需配伍泽泻淡渗入肾，宣泄肾浊，并以泻助补。《药性赋》中提及泽泻利水而补阴不足表明其补阴分的功效是不够的，甚至是极小的，因此其非补阴之品，配合熟地，以熟地补阴分，泽泻利浊水并制约熟地的滋腻碍胃之弊。"

师父心中非常满意，继续问道："《濒湖脉学》中有不少内容与先前典籍不符合，你怎么看？"笑梅想了会儿，回答道："李时珍的《濒湖脉学》是在《脉经》基础上增加了牢、长、短而为27种脉象。创"四分法"以归27种脉象，即八阳脉(浮、数、实、长、洪、紧、动、促)，十五阴脉(沉、迟、涩、虚、短、微、缓、革、濡、弱、散、细、伏、结、代)，三种阳中之阴脉(滑、芤、弦)，一种阴中之阳脉(牢脉)。突破了《内经》三部九候脉法的约束，完善了《难经》寸口脉法，总结了分寸、关、尺三部位及脏腑分配原则。确立了独取寸口的诊脉法，并把浮、沉、迟、数四种脉象概括为众脉的一

个提纲，加以分析，以了解病证在表在里，属阴属阳，从而能引申而触类旁通。推进了诊脉法在临床的普遍应用。是对内、难脉法及仲景脉法的发扬，从而使脉学理论与方法规范化和系统化。"一个一个问题提出来，笑梅都镇定自若，对答如流。

"这可不是一个只会死读书的孩子。"清华师父听完，仍不动声色，又提出再下一盘棋。棋盘摆开，一个当头炮（炮八进二，炮八平五），才落三子，笑梅一伸手，居然要将他的军！清华师父笑起来了，一拍案说："这个徒弟我收了！我下棋，是要试试她有没有魄力，用药如用兵，用医如用将，没有这点魄力，休想当医生！"

父亲听闻师父愿意收女儿为徒，赶紧拿出事先准备的拜师茶。"师父请喝茶"，笑梅向清华师父行跪拜礼，郑重地敬一盏自己亲手冲泡的盖碗茶，答谢师父收于门下，也表明自己勤奋努力、立志继承老师学术的决心。从此，裘笑梅成为了清华师父的入室弟子。

三、入门学医

在师父的教导下，笑梅徜徉在祖国医学的宝藏里，她先熟读《医学心悟》《濒湖脉学》《药性赋》《汤头歌诀》等中医入门之书，粗知医理后又博览名家著作，潜心研读《黄帝内经》《伤寒论》《金匮要略》《难经》《医林改错》《针灸甲乙经》《医学衷中参西录》《针灸大成》《张氏医通》等书籍。熟背经文，不断总结，虚心好问，勤奋学习。先以《素问》《明堂针灸图》等书，乃知人之十二经络。又读仲景原文及李杲、朱丹溪、刘完素、薛雪、陈修园诸家暨近代名医著作，精益求精，推究疾病之表里虚实，脉理之浮沉迟数，药性之寒热温平。其间师父还时常抽查进度及学习情况，寒窗三载，跟师五年，笑梅从熟读经典到认药、采药、抄方、诊脉，跟着师父行医于江南大地，尽得其传。

曾治一王姓妇人，患痢疾，身体皮肤干燥，声音重浊，腹痛心烦，口中干涩无味，症日加剧，昼夜不得安宁，诸医不效。请师父前往治疗，望闻问切后："此秋燥证，可予生地、阿胶各二两，桔梗、甘草、麦冬各五钱，煎三碗，一日服尽，再煎，夜又服之"。明日神清气爽，食后病去。笑梅不解地问到："师父方中无治腹痛之药而效果神奇，怎么回事？其证候为寒？为热？"答曰："此乃肺气为燥气壅塞，清肃混乱，下侵于腹，结为腹痛，症见腹痛下利，里急后重，皮毛焦槁，心烦咽干无汗，故只清其燥而痢止。"适夜笑梅便回去翻书，只见此方为刘仕廉《医学集成·卷二》"秋燥者，秋分后燥金主气，大感之而为痢也，宜养阴润燥舒氏方"，心中实在敬佩师父的博览群书及临证思路。

又治一师太，患有气上冲腹，腹部坚硬一块，呕吐不能饮食，前来智果寺求诊，师父想考考笑梅的临床诊治，便让其先问诊，裘笑梅一张口便问"经水如何"，答曰"有数月未至"，再问"是否有胎"，师太暴怒。师父赶忙圆场，考虑其奔豚证，予以桂枝、吴茱萸、东洋参、当归、白芍、半夏、茯苓等治疗。待妇人走后教导："妇人诸病，当问月水，或前或后。师尼寡妇，气血凝滞，两尺多滑，不可言胎，室女亦同。乃因有怀不遂，法当开郁而理其经为妥。初诊病人，易犯时常问诊习惯，当分人分病。"笑梅一直将此事记于心中，时刻提醒自己，问诊的技巧，因人因时因地而所问之不同。

又见师父治一患者，笑梅亲身见证中医急救也有立竿见影的效果，更加决心要学好祖国医学。该患者足月第二胎，于 10 时顺利分娩，分娩后 2 小时阴道出血量多，突然胸闷泛恶，头晕目眩，四肢厥冷，渐则自汗淋漓，不省人事，面色苍白，眼闭口开。脉沉，舌质淡红无苔，此属脱血急症。当时家人急请师父上门诊治，师父见此状，嘱咐笑梅拿出诊箱里一枝珍藏 20 年的野山参，也不问人家要钱，急拟参附汤加味。1 剂服，药后汗收，四肢渐温，眼睁，胸闷瘥，神志清，脉转细数。此家人千恩万谢，却也家徒四壁，无以为报，便将孩子取名"恩华"，感恩清华之意，表达其感激之情。笑梅感动于师父医术精湛，仁心仁术，心中暗暗下定决心自己也要成为一名好医生，急人所急，想人所想，救人于水火。

四、巧用经方

清华师父当年传授医术的同时赠给笑梅两句话："学医要矢志不移，志不强者智不达；读书要精勤不倦，熟读深思义自明。"白日里抄方抓药，夜晚完成老师规定读书的篇目、考题，不敢稍事懈怠。那几年随师学医虽是艰苦，却为以后行医打下了扎实的基础。

深受清华师父的影响，裘笑梅一生手不释卷，博览名家著作，提炼吸取历代名医著作之精髓，融会贯通，临证用药时选先贤经方，均离不开跟师时的童子功。如《医宗金鉴》之龙胆泻肝汤。功能泻肝胆实火，清三焦之湿热，临床常用于治疗头痛目赤、耳聋淋浊等症。后期裘笑梅依据足厥阴肝经绕阴

器过少腹上行胁肋之走向，根据整体辨证，尊古人言"同病异治，异病同治"之训，而将此方用于妇科阴痒、带下、崩漏、倒经、乳疹、经前抑郁等病症，每获奇效。治疗倒经时去生地、木通、车前草，加川牛膝、炙卷柏、煅瓦楞子、益母草以引血下行，祛瘀行血；治疗崩漏之肝经郁热者加制大黄炭、荆芥炭，中病即止。血止后复以党参、黄芪、熟地、龟板益气养血，以摄奇经而杜覆辙。治疗阴痒则去当归、生地、甘草，加地肤子、白鲜皮、忍冬藤、白花蛇舌草清热解毒，祛湿止痒。

第二节　博览群书研古籍

一、辨识药性，研习医理

"书中自有黄金屋，书中自有颜如玉"。读书长大的笑梅不但博学多才，也从书中学得了"仁厚之心"；亦因其自小体虚多病，深知疾病之苦恼，跟随清华师父学医之后，笑梅对患疾之人可将心比心，希望能尽自己最大的努力解除病人的痛苦。

抱着一颗"悬壶济世"之心，为了充实自己的医学基础，笑梅将家中带来的医学古籍与师父赠予的医书一并放在书架上，将其一一研读，还四处求取医书及民间散落的单方、验方、医案，孜孜不倦。她总是手中攥着一本医学古籍，一有闲暇便诵读。早上天蒙蒙亮，寺院后院就会响起笑梅的诵读声："夫四时阴阳者，万物之根本也，所以圣人春夏养阳，秋冬养阴，以从其根；故与万物沉浮于生长之门，逆其根，则伐其本，坏其真矣……"晚上在一盏昏暗的油灯下，手捧黄卷，几乎常常学习到午夜以至通宵达旦，且持之以恒，乐此不疲。

清华师父要求笑梅先从中医入门之书开始学习。由于从小培养的阅读习惯，笑梅的读书效率超乎常人。短短几个月，已对师父要求的《医学心悟》《濒湖脉学》《药性赋》《汤头歌诀》等入门之书了然于心，可全文背诵。师父的考问，总难不倒她。研读《药性赋》《汤头歌诀》之后，笑梅开始了解中药的四气五味、功效主治、配伍禁忌如十八反，十九畏、妊娠禁忌等等。渐渐地，笑梅能略读懂师父的药方，知道其主方的作用，明白其中的配伍。师父要求笑梅不只"识药性"，也要"识药身"。笑梅喜爱手捧《本草纲目》，在中药房里闻药香；也和师父一起四处采药，虎跑山上、葛岭山脚下、北高峰之巅，其至在江西的三清山、金华地区都曾有师徒二人的足迹。笑梅一边将草药与书中植物印证比对，一边背诵其药性归经。

二、学以致用，药食结合

笑梅对中药的学习着了魔，一日晚饭，笑梅做了四个素菜，分别是"黑木耳炒山药"，"家常炒藕片"，"西湖莼菜羹"，"生姜炒冬瓜丝"。笑梅指着每一道菜，开始对师兄们细细解说，"黑木耳，入胃、大肠经。具有滋补润燥、养血益胃、活血止血、润肺润肠之功效。《本草纲目》中记载：木耳生于朽木之上，性甘平，功效益气补脾，轻身强志，并有治疗痔疮、血痢下血等作用。山药，归脾、肺、肾经。《本草纲目》指出：山药治诸虚百损、疗五劳七伤、去头面游风、止腰痛、除烦热、补心气不足、开达心孔、益肾气、健脾胃、止泻痢、润毛皮，生捣贴肿，硬毒能治。莲藕，味甘，性凉，主补中焦，养神，益气力。生能清热生津，凉血止血，散瘀血。熟用微温，能补脾止泻，益血生肌。莼菜性味甘寒，具有清热利水、消肿解毒的功效。治热痢、黄疸、痈肿、疔疮。生姜性味辛温，益脾胃，善温中降逆止呕，除湿消痞，止咳祛痰，以降逆止呕为长。冬瓜味甘、性寒，有消热、利水、消肿的功效。"笑梅这一通话，把大家都逗笑了，宏慈师兄乐道："没想到就一桌素宴竟是药膳啊！那你再解释下为什么说"冬吃萝卜夏吃姜，不劳医生开药方"呢？"笑梅不假思索地回答道："萝卜是凉性食物，有清热解毒、止咳化痰、顺气的功效。生姜则是属于暖性的食物，辛辣的口感更助于让人的血液循环更畅通，有暖胃、发汗、止呕、解毒的奇效。"笑梅还没回答完，师兄问道，"那么不是应该夏天吃萝卜，冬天吃生姜吗？"笑梅接着说道："冬天天气寒冷，人的毛孔就呈收缩状态，人体的热气内敛，很多人为了抵御寒冷，也会吃热性滋补的食物来御寒，这时候吃一些凉性的食物，也就是萝卜一类的东西来对身体进行适当的调节，让体内的热气得到平衡。这样在第二年春天，就不会出现上火的情况。夏天天气炎热，毛孔呈开放状态，热气散发，需要补充热性食物，如生姜。正如内经所云'是故圣人春夏养阳，秋冬养阴，此之谓也'。"师父接着问道，"大蒜是个宝，常吃身体好，又是个什么理？"笑梅答道："大蒜温，辛、甘，能温中健胃，消食理气。《名医别录》：'散痈肿魘疮，除风邪，杀毒气。'《新修本草》：'下气，消谷，化肉。'《本草拾遗》：'初食不利目，多食却明。久食令人血清，使毛发白。'"笑梅的这一番话，

获得了师父的夸赞，笑梅却不骄傲，说："我学到的只是皮毛，还要更深入地读古籍，明医理，跟师父学诊病，才能学到更多"。

三、熟读铭记，其义自明

师父对笑梅赞赏有加，但她并不满足于此，笑梅感觉中医学的大门刚刚向她敞开，她对更深层的医学古籍求知若渴。见笑梅已初入中医之门，师父便又给了笑梅2本书，分别是《医宗金鉴》《鹖冠子》。笑梅对此书爱不释手。

一天，笑梅读及《医宗金鉴·凡例》："医者书不熟则理不明，理不明则识不清，临证游移，漫无定见，药证不合，难以奏效"。此时正值假日返家，笑梅便与父亲一同探讨，父亲告之，"熟读古书数十遍，句句默记在心，即可明白其中之理，天下文学，无不出之"。唯有将医书熟读铭记，才能将医理理解渗透，笑梅深知，这正是师父赠书的用心所在。

之后，笑梅读及《鹖冠子·世贤》："卓襄王问扁鹊曰：'子昆弟三人，其孰为善？'扁鹊曰：'长兄最善，中兄次之，扁鹊最为下。'魏文侯曰：'可得闻耶？'扁鹊曰：'长兄于病视神，未有形而除之，故名不出于家。中兄治病，其在毫毛，故名不出于闾。若扁鹊者，镵血脉、投毒药、副肌肤，闲而名出闻于诸侯。'魏文侯曰：'善'。使管子行医术以扁鹊之道，曰桓公几能成其霸乎？"读到此处，笑梅想到了《素问·四气调神大论》之"是故圣人不治已病治未病，不治已乱治未乱，此之谓也。夫病已成而后药之，乱已成而后治之，譬犹渴而穿井，斗而铸锥，不亦晚乎？"，也想到了《难经·七十七难》对上工、中工的解说："所谓上工治未病者，见肝之病，则知肝当传之于脾，故先实其脾气，无令得受肝之邪也，故曰治未病焉。中工者，见肝之病，不晓相传，但一心治肝，故曰治已病也。"笑梅在笔记中写道："做一名好的医生，必须认识到：人体是一个有机的整体，是以五脏为中心，配以六腑，通过经络系统'内属于脏腑，外络于肢节'的作用实现的。在生理情况下，五脏相互资生、相互制约，以维持人体的正常生命活动；在病理情况下，五脏病邪相互影响、互相传变。因此，当一脏发病后，治疗必须照顾整体，即在治疗本脏病变的同时应积极调治其他脏腑，以防止疾病的传变。""'五脏有病则各传其所胜'。正如《素问·五运行大论》说：'气有余，则制己所胜而侮所不胜；其不及，则己所不胜侮而乘之，己所胜轻而侮之。'"

笑梅理解其中之理后，与清华师父探讨，对师父说"我一女子，虽然无大志气，只求治病救人，但也不敢做下医，伤病人钱财，更让人受疾病折磨，我要做中医之上，才能安心！"清华师父对笑梅的品性更是赞叹，心下感叹："这个女徒弟没有收错，不只有悟性，有魄力，更有医者谦虚仁德之心，不可多得啊！"

除此，她还研读了《难经》《脉经》《濒湖脉学》《诊家正眼》等经典著作等。在研读古籍和随师抄方的过程中，笑梅也常常会遇到很多难题。例如在《难经》里关于四诊有这样一句话"望而知之谓之神，闻而知之谓之圣，问而知之谓之工，切而知之谓之巧。"诊脉为巧工，按顺序排位列四诊之末。《内经》云："微妙在脉，不得不察。夫人脏腑气血，虚实阴阳，全现以脉！"脉学书中一些词如"如水漂木"、"如捻葱管"、"轻刀刮竹"等，这些笑梅虽能理解，但在随师临证时一把脉也是"心中了了，指下难明"。笑梅非常苦恼，回到家中，父亲见笑梅眉头紧锁，似有所思，便询问为何，笑梅将心中所惑告知父亲。父亲一句话为笑梅拨开了云雾，父亲说"你读过《卖油翁》么？"笑梅瞬间懂了父亲话语之含义，正是那句"无他，唯手熟耳"。笑梅顿悟，开始了"疯狂"的诊脉学习，先是将家中、邻里，无论男女老少、普通人、病人一一诊脉。随师看诊过程中，也无论是普通的感冒咳嗽还是各种疑难杂症，任何脉象都不放过，浮脉、沉脉、迟脉、数脉、弦脉、滑脉等等一样一样地学习，慢慢地，笑梅心里逐渐琢磨出了点门道，开始得心应手，从实践中理解了古籍之理，感叹"古人诚不欺我也"。

四、博闻强识，通古研今

接下来的五年期间，笑梅将《内经》《难经》《金匮要略》《伤寒论》《景岳全书》《傅青主女科》《丹溪心法》《诸病源候论》朝习暮研，书中条文，信手拈来，不懂之处，便向师父请教，循序渐进，深切吸取其精髓。

其中《丹溪心法》对其影响最大。《丹溪心法》为元代朱震亨所著。该书较全面地整理了朱氏丰富的临床经验，内、外、妇、儿诸科疾病，几无不备，内容极为丰富。该书在开篇即设"审察病机，无失气宜"，"治病必求于本"的专题论述。"治病必求于本"出自《素问·阴阳应象大论》，曰："阴阳者，天地之道也，万物之纲纪，变化之父母，生杀之本始，神明之府也，治病必求于本。"笑梅早已将此句烂熟于心，虽能理解，但在诊病时应用却欠佳。《丹

溪心法》云：“将以施其疗疾之法，当以穷其受病之源。盖疾之原，不离于阴阳之二邪也，穷此而疗之。”“病之有本，变化无穷，苟非必求其本而治之，欲去深感之患，不可得也。”笑梅更是对“治病必求于本”有了更深层次的理解。在笔记中写道：“治病不可只观其标，机体的变化是为本质，包括气血脏腑衰盛，虚邪贼风，七情所伤，饮食劳倦等任何病因病机，它们最终的表现形式，就是阴阳失调。不可见热象，就用寒药，临证时必求六气变化规律，确定相应治疗原则。”

丹溪将治法要诀贯穿于整个杂病的治疗体系中。该治疗原则对笑梅今后学术思想的造就有重要的意义。乃至之后数十年的带徒时期，笑梅必先强调“治病求本”的重要性。

“阳常有余，阴常不足”，力倡养阴是丹溪的主要学术思想。丹溪以气、血、痰、火、郁为纲，六气致病为目，分辨标本先后、地土方宜以诊病求因，审因论治，是其辨证论治思想的突出特点。丹溪基于宋代周敦颐的《太极图说》，结合《内经》“少火”“壮火”论，吸取河间的火热论、东垣的阴火说，创造性地发展了中医学的火热证治理论。他认为：“火者有二，曰君火，人火也；曰相火，天火也。火内阴而外阳，主乎动者也。故凡动皆属火……”从病理角度强调了内伤、七情、房事等诸因，均可使相火妄动而阴精耗伤，更会使阳有余、阴不足的偏盛偏衰之象加重，致使内伤疾病丛生。因此，全书力倡固护阴精，宜节房事，调养心神，不为外物所感，防止相火妄动。笑梅读之亦悟之，结合跟随师父看诊之阴虚血热而致月经紊乱、功能失调性子宫出血，更是深刻领悟了阴血之重要性。这也是日后裘老创立“三子汤”治疗月经不调的基础。笑梅对《丹溪心法》一书爱不释手，昼夜研习，哪怕步行、洗脸之际，都能听到她对书中词句的背诵。从裘老留给后世的验方中，不难看出裘老受丹溪的影响，在治疗过程中保养脾胃之气、维持气血通畅的学术思想。

清华师父曾与笑梅讲起朱丹溪先生的故事，其师父罗知悌是宋末元初的医学家，对丹溪的学术造就有举足轻重的作用。罗知悌曾对丹溪说：“学医之要，必本于《素问》、《难经》，而湿热相火为病最多，人罕有知其秘者。”提及湿热之邪为病之多，而医家识之者少，治疗之难。笑梅出生于杭州，亦属江南水乡，杭州不但降水量大，还有大量的湖泊河流，著名的西湖、钱塘江皆在杭州，以及杭州城内处处可见的溪水。水乡之人多湿气，湿气不除，郁久化热，便成湿热之邪，因而江南之人多见湿热之证。笑梅从中领悟了地域为病的特殊性。亦是日后开创"复方大血藤方"治疗盆腔炎、慢性盆腔痛等之基础。

张仲景之《金匮要略》同样对笑梅产生了举足轻重的影响。《金匮要略·妇人杂病脉证并治》云："妇人年五十所,病下利数十日不止。暮即发热,少腹里急,腹满,手掌烦热,唇口干燥,何也?师曰:此病属带下,何以故?曾经半产,瘀血在少腹不去。何以知之?其证唇口干燥,故知之,当以温经汤主之。""亦主妇人少腹寒,久不受胎,兼取崩中去血,或月水来过多,及至期不来。"笑梅不解,为何"手掌烦热,唇口干燥"之阴虚之象,圣人却以"吴茱萸、桂枝"之温热之药,岂不伤阴?笑梅再次请教师父,师父点头笑而不语,将《金匮要略论注》一书赠予她。笑梅喜获至宝,迫不及待地研读此书,读及"药用温经汤者,其证因半产之虚而积冷气结,血乃瘀而不去。故以归、芍、芎调血,吴茱、桂枝以温其血分之气而行其瘀。肺为气主,麦冬、阿胶以补其本。土以统血,参、甘以补其虚,丹皮以去标热。然下利已久,脾气有伤,故以姜、半正脾气。名曰温经汤,治其本也。惟温经,故凡血分虚寒而不停者,皆主之。"她恍然大悟,对前人之智慧更是敬佩之至。这也是日后笑梅创立卵巢早衰之名方"桂仙汤"的基础。

笑梅师古不泥古,敢于创新,她博采百家之长,融会剖析的基础上,善于化裁。这些思想的形成,笑梅的弟弟在其中起了莫大的作用。笑梅的弟弟,便是大名鼎鼎的裘法祖先生(1914.12.6～2008.6.14),是我国现代普通外科的主要开拓者、肝胆外科和器官移植外科的主要创始人和奠基人之一、晚期血吸虫病外科治疗的开创者、中国科学院资深院士,其"裘氏刀法"以精准见长,被誉为"中国外科之父"。笑梅习医之时,裘法祖正在同济大学医学院读书,主学西医,弟弟回家时,常和笑梅切磋医学。这些中西医的交流使笑梅深刻体会到"不囿于一偏之见,不执著于一家之言",一中一西,相得益彰。弟弟也把自己的西医书籍赠予姐姐,其中就有一本《妇产科学》。笑梅对西医理论充满了好奇,细细研读,不懂之处虚心求教弟弟,集思广益,对妇产科疾病有了进一步的认识。笑梅从书中学到了子宫、卵巢的基本解剖结构,学到了下丘脑-垂体-卵巢轴,学到了性激素在月经各个阶段的变化。这也是裘老后期采用中药周期疗法治疗月经不调的基础。

韩愈曾说:"业精于勤,荒于嬉。"南北朝医家褚澄亦谓:"博涉知病,多诊识脉,屡用达药。"笑梅终成为一代名医,这与她勤奋学习,勇于实践是分不开的。通过多年不懈的研读古籍,笑梅对医理有了自己的见解,中西

医结合的裘氏妇科学术思想在此萌芽。

晚年裘老追忆这个时期，说："那几年，虽是艰苦，却为我步入医林打下了基础。我不但读了许多医学典籍，学到了一些临床经验，更重要的是培养了一种习医求学问的能力。"真是"衣带渐宽终不悔，为伊消得人憔悴"啊！

第三节　勤撷精要究医理

在跟随清华师父学医的过程中，笑梅一面熟读典籍，研究各类医家的临证思维，一面勤思医理，善于灵活化裁，师古而不泥古，形成了具有裘氏特色的辨证论治风格。

一、精研医籍，夯实基础

笑梅最先接触的是《濒湖脉学》《药性赋》《汤头歌诀》等一些中医入门之书。从这些书中，笑梅形成了对中医初步的理解。之后笑梅又精心研究晋代王叔和的《脉经》。其中关于脉相的描述笑梅都熟记于心，浮脉惟从肉上行，如循榆荚似毛轻。三秋得令知无恙，久病逢之却可惊。水行润下脉来沉，筋骨之间软滑匀。女子寸兮男子尺，四时如此号为平……笑梅不仅能流利背诵，而且也有自己独特的理解方式，读到浮脉的脉象特征：浮如木在水中浮，笑梅并不理解水中浮木的感觉，于是她便去家附近的河边，看到水里漂着的木头，便自己伸手去感受，有时在河边一坐就是半天。体会到浮脉形成的机理，多因外邪侵袭肌表，体内卫阳之气抵抗外邪则正气外充，阳气浮越，鼓于表而致脉浮。

对于《药性赋》药物之性味归经，笑梅更是烂熟于心，常能信手拈来。每每师父提问她时，笑梅总能一字不差地背诵下来。《汤头歌诀》中的方剂，笑梅不仅能熟练背诵，而且，每个方中各种药物的运用、配伍，笑梅都能仔细地分析出来。在每个药方后都做满了密密麻麻的笔记。一次在家，父亲无意翻到了笑梅的笔记，笑着问："笑梅的笔记这么厚，真的都记住了吗？你就背诵解释一下右归饮吧。"笑梅从容地回答："右归饮治命门衰，附桂山萸杜仲施；地草淮山枸杞子，便溏阳痿服之宜；左归饮主真阴弱，附桂当除易麦龟。右归饮方用熟地黄、山药、枸杞子、山茱萸、甘草、肉桂、杜仲、制附子共同作用温补肾阳，填精养血。其中附子、肉桂温壮元阳。熟地黄、山茱萸、枸杞子、山药滋阴益肾，填精补髓，并养肝补脾。并以杜仲补肝肾，强腰膝，甘草补气和中，调和诸药。是治疗肾阳不足之气怯神疲，腹痛，腰酸，手足不温，阳痿遗精，大便溏薄，小便频多，舌淡苔白，脉来虚细等症。而这些症状大多由于元阳不足，或先天禀衰，或劳伤过度，以致命门火衰，不能生土，而为脾胃虚寒。治疗当以温补命门，填精益髓。即王冰所说：益火之源，以消阴翳。而左归饮所治之证则是真阴不足所致。肾精亏虚，不能主骨，则腰酸腿软；不能生髓，则髓海空虚而头目眩晕；肾精亏虚，且失于封藏，故遗精滑泄，自汗盗汗，也会导致口燥舌干，舌光少苔，脉细等阴精不足之象。所以方中运用熟地黄滋肾阴，填精髓，以补真阴不足；山茱萸补养肝肾，固秘精气，山药、枸杞子补脾益阴，滋肾固精，茯苓健脾渗湿，配山药补脾而助健运。"父亲听后欣慰地说："让你回答右归饮，没想到左归饮你也理解得如此透彻，看来你已经学会举一反三了！"。

二、博览经典，探究医理

笑梅对知识的渴望远不止此，她认为这些医书只是中医的敲门砖，还有更多更深奥的知识等待她去一一钻研。于是《伤寒论》《黄帝内经》《医宗金鉴》《丹溪心法》《诸病源候论》《妇人大全良方》《傅青主女科》等书籍就出现在了笑梅的桌上及枕边，笑梅每天手不释卷，恨不得吃饭睡觉都在看书，学习简直是狂热的状态。

（一）研习《伤寒论》

《伤寒论》中有一篇介绍外感热入血室：妇人中风，七八日续来寒热，发作有时，经水适断，此为热入血室，其血必结，故使如疟状，发作有时，小柴胡汤主之。笑梅读到此，很是不解，多次研读之后，顿悟，认为中风为感冒之后受了风邪，七八天之后出现"续来寒热"，之前是没有寒热的，感冒一周出现寒热发作有时，凡是寒热发作有时，大部分在少阳经。仲景说"此为热入血室"，是因为趁女性来月经，血室空虚的时候，热到血室去了，"其血必结"，热与邪结在一起了，热闭住了，月经不来了。"故使如疟状，发作有时"，发烧的特点像疟疾一样呈阵发性发作，发作有规律。仲景是如何治疗呢？外感之邪乘虚入血室，血室与肝经相通，寒热发作有时，如疟状这种热型，说明邪有外透之机，可小柴胡汤主之。

（二）熟读《黄帝内经》

《黄帝内经》中关于女子七七的讲述也令笑梅着迷不已。女子七岁，肾气盛，齿更发长；二七而天癸至，任脉通，太冲脉盛，月事以时下，故有子；三七，肾气平均，故真牙生而长极；四七，筋骨坚，发长极，身体盛壮；五七阳明脉衰，面始焦，发始堕；六七，三阳脉衰于上，面皆焦，发始白；七七，任脉虚，太冲脉衰少，天癸竭，地道不通，故形坏而无子也。任脉走行于人体前面的正中线，从会阴至人中。任脉主血，所以任脉主胞胎，它主女子的生长发育。女子到十四岁时，由于任脉通畅，起于会阴的冲脉主阳气，冲脉气带着任脉血而行，于是女子十四岁就会来月经，可以孕育。女子三七二十一岁的时候，肾气平均，真牙生而长极，就是身体开始达到一个高峰状态，可持续到四七二十八岁。而到五七三十五岁时，便会开始衰老，阳明胃经开始衰败，由于阳明经走于脸和额头，因此，妇女到三十五岁左右，面部便可能会衰老，脸色开始憔悴。六七四十二岁时会出现三阳脉衰之象。阳明经走额头，少阳经走头两侧，太阳经走后脑。三阳脉衰指头发开始两鬓斑白，前额、后脑也出现白发。等到七七四十九岁的时候，任脉的血便开始稀少，太冲脉衰少，就阳气阴血亏虚，无法孕育。当笑梅向师父阐述自己的见解时，不苟言笑的师父总是会微微点头，这时笑梅便会知道，自己的理解是正确的。

（三）理解《太平惠民和剂局方》

对于每部经典，笑梅都会认真研读，仔细分析书中的每句话，每个方子，每味药。《太平惠民和剂局方》因其方药简单实用，是医家经典。笑梅更是经常背诵其中的经典，如"逍遥散"，治血虚劳倦，五心烦热，肢体疼痛，头目昏重，心悸颊赤，口燥咽干，发热盗汗，减食嗜卧，及血热相搏，月水不调，脐腹胀痛，寒热如疟。又疗室女血弱阴虚，荣卫不和，痰嗽潮热，肌体羸瘦，渐成骨蒸。笑梅对这句话的理解很是透彻：逍遥散为肝郁血虚，脾失健运之证而设。肝为藏血之脏，性喜条达而主疏泄，体阴而用阳。若七情郁结，肝失条达，或阴血暗耗，或生化之源不足，肝体失养，皆可使肝气横逆，胁痛、寒热、头痛等症随之而来。神疲食少，是脾虚运化无力之故。脾虚气弱则统血无权，肝郁血虚则疏泄不利，所以月经不调，乳房胀痛。此时疏肝解郁，固然是当务之急，而养血柔肝，亦是不可偏废之法。方中既有柴胡疏肝解郁，又有当归、白芍养血柔肝。尤其当归之芳香可以行气，味甘可以缓急，更是肝郁血虚之要药。白术、茯苓健脾祛湿，使运化有权，气血有源。炙甘草益气补中，缓肝之急，虽为佐使之品，却有襄赞之功。生姜烧过，温胃和中之力益专，薄荷少许，助柴胡疏肝解郁。如此配伍既补肝体，又助肝用，气血兼顾，肝脾并治，立法全面，用药周到。故为调和肝脾之要方。

三、师徒探讨，研习血证

笑梅在学习经典的同时，也常常和师父一起讨论自己不懂的地方。在学习唐容川《血证论》时，书中说到治疗血证的四大原则分别是：止血、消瘀、宁血、补虚。而止血为第一要法。所谓止血者，即谓此未经溢出，仍可复还之血，止之使之不溢，则存得一分血，便保得一命。笑梅便对止血后消瘀不甚理解，便去向师父请教，师父说："当其出血之时，往往因来势较剧，若不迅速止血，势必导致亡血、虚脱等恶果。所以应急者治其标，应着重止血，此即止血为第一步；血止之后，容易留瘀血不去而新血难安，所以续用消除瘀血，等瘀血得去，则血易归经，此即消瘀为第二步；血既消，但数日之后复出血者，是病因未除，脉络不宁，血不安其经故也，当审因论治，寒者热之温之，实者泻之之类，使血得安则愈，此为宁血第三步；失血之后，营血必虚，虽病因得除，若不复其本原，恐疗效不能巩固，故须调补以善后，此即补血为第四步。"笑梅听后，恍然大悟。一日，笑梅在跟随师父坐诊的过程中，来了一位 16 岁的学生，患者诉月经开始数月尚属正常，于一次月经期间劳累过度，以致量多暴崩不止。患者来时面色苍白，头晕、心悸、腹痛，脉濡大带芤，苔薄质淡。既往脾胃虚弱，纳不佳。师父了解病情后，予炒党参 15 克、仙鹤草 30 克、陈棕炭 12 克、地榆炭 12 克、煅龙骨 30 克、煅牡蛎 30 克、黄芩炭 4.5 克、山楂炭 12 克、三七末 1 克（吞服）、香附炭 6 克。三剂。服后出血量减少。二诊：阴道出血量明显减少，经色转淡，腹痛已除，仍感头晕心悸、脉象转缓，重按无力。再从原法去山楂、香附，加红枣 4 枚、茯神 12 克、石榴皮 12 克、黄芪 12 克。六剂。三诊：阴道出血已净，尚有少量淡黄色分泌物，夜寐不酣，心悸怔忡，面色稍转红润。脉象细濡，苔薄白。方用：炒党参 12 克、山萸肉 12 克、煅龙骨 30 克、煅牡蛎 30 克、石榴皮 12 克、炒枣仁 9 克、荆芥炭 4.5 克、红枣 15 克、白及末 1.5 克（吞服）、制远志 4.5 克、白术 12 克、山药 15 克。五剂。四诊：阴道未再出血，唯感乏力肢倦，胃纳不佳。脉细弱，苔薄白微腻。

前方去荆芥炭。加六神曲 9 克、谷芽 12 克。五剂。患者后来致谢，诉无不适。师父让笑梅分析几次用药的道理。笑梅说道：师父，患者初次就诊时，本来脾胃虚弱，又加劳累过度，元气受损，脾不统血，致经量如崩，导致气阴俱伤，阴不抱阳，阳不摄阴，势将阴阳离诀。急拟摄气血，固血止崩，以防厥脱。所以方中运用了大量收涩止血之药以治其标。患者服药后症状显著减轻，在原方的基础上增加补脾胃、宁心神之药。正如唐容川所说："其气（指脾气）上输心肺，下达肝肾，外灌溉四旁，充盈肌肉，所谓局中央畅四方者如是；血即随之运行不息，所谓脾统血亦即如是。"师父听后，甚感欣慰。接着对笑梅讲："既然如此，那为师就再考你妇女血证如何辨证论治。"笑梅仍淡定回答："所谓血证，即凡是血液不循常道而溢出脉外者皆属于此。其治疗应该分为以下六个方面：一为补气摄血法，就如您这个患者，一般李东垣的补中益气汤、严用和《济生方》中的归脾汤皆可用之；二为清热凉血法，严用和曾说：夫血之妄行也，未有不因热之所发。盖血得热则溢。张景岳说：血本阴精不宜动也，而动则为病，盖动者多由于火，火盛则迫血妄行。《医方集解》中的龙胆泻肝汤、《嵩崖尊生》中的固经汤等可为。三为养血止血法，血证患者，常由于血去过多，导致营血不足，应补养气血，调补冲任。人参养荣汤可为首选。四为调气止血法，气与血同源而异流。各具阴阳之性，互为其根。血之升降运行，皆从乎气，故血证每由气机失调引起。如唐容川所言：气结则血凝，气虚则血脱，气迫则血走。所以在治疗上，往往采取降其逆气，平其肝气，补其脾气等，使气血调和，血自归经。顺经汤、逍遥散亦为良方。五为祛瘀生血法，《黄帝内经》有云：血实者宜决之。唐容川说：瘀血不行，则新血无生。血证可由瘀血阻滞经脉而致，尤其出血之后，每多留瘀。瘀血不去，新血难安，血必复出。桃红四物汤、失笑散等加减用之。六为温经止血法，出血之证固然以血热者居多，然亦有因寒而引起者。盖气属阳，血属阴，阴阳相互维系。若外寒伤阳，或阳气素虚，致阳不固阴，血不循经而成血证。当用温经止血。当用理中汤、温经汤等。"听完笑梅的回答，平日严肃的师父竟然嘴角露出一丝微笑。这更加激发了笑梅学习的动力。

四、实践运用，小试技艺

笑梅的苦学终于换来了实践的快乐，一次，邻居一位阿姨患妇科疾患，平时羞于就医，听闻笑梅在学习医术，便想先来咨询：她每次来月经量多伴少腹作痛，已有数年，笑梅仔细问诊，得知其经色淡红，有血块，腹痛喜按喜温，畏寒怯冷，常感腰酸，平时带多，质清稀，现经期将至，脉沉细迟，舌质淡苔薄白。笑梅凭症参脉，认为她为阳虚宫寒，冲任失固，治宜温经摄血，可用张仲景《金匮要略》中的温经汤加减：炒当归9克、肉桂末1.2克、吴茱萸3克、干姜炭4.5克、艾叶炭9克、炒小茴香3克、炒白芍10克、炒党参10克、牡丹皮4.5克、炒麦冬10克、炙甘草4.5克。嘱其服五剂观察疗效。没想到第五天，邻居阿姨高兴地告诉笑梅说她的方子很有效，现在月经已来三天，量较前减少，腹痛亦显著减轻。笑梅诊舌脉如前，告诉阿姨，原方再服三天。服完后，笑梅用金匮肾气丸加减：熟地黄12克、茯苓9克、山萸肉9克、怀山药12克、牡丹皮6克、泽泻6克、肉桂末1.2克、淡附子4.5克、仙灵脾6克、菟丝子12克。五剂。服后再无不适。笑梅将此案例告诉了师父，师父问笑梅："你为何会想到用此方？"笑梅答道："《金匮要略》原文说：妇人年五十所，病下利数十日不止，暮即发热，少腹里急，腹满，手掌烦热，唇口干燥，何也？师曰：此病属带下。何以故？曾经半产，瘀血在少腹不去。何以知之？其证唇口干燥，故知之。当以温经汤主之。温经汤治证皆因冲任虚寒后瘀血阻滞所致。冲任虚寒，血凝气滞，故小腹冷痛，月经不调，失血伤阴，新血不能化生，则唇口干燥，甚至傍晚发热，以温经散寒与养血祛瘀并用。而这个病人经来量多色淡，伴腹痛喜按，畏寒怯冷，脉沉迟细，皆为阳虚之候，故用温经汤加减。经净后用肾气丸温肾以益冲任，亦为治本之法。"师父听完笑梅的分析，不由捻须微笑。

又一次，笑梅跟随师父看诊，一经期延长的妇女前来就诊，师父让笑梅先看，笑梅也毫不含糊，看患者面色淡，舌淡有齿痕，苔少，脉细数。再问，患者答月经淋漓10余日未净，量少，月经色淡，口干，大便干燥，解时费力，小便淡黄。开出三剂"举元煎加阿胶、乌贼骨、女贞子、墨旱莲"，师父问笑梅，何以加"女贞子、墨旱莲"？笑梅答："该妇人一派气虚之象中，脉细数，口干，大便干燥，为阴虚之象，遂加二至丸，以补益肝肾，滋阴止血。且妇人已淋漓10余日，需滋肾阴以鼓舞阳气，方能止血"。师父甚是满意，3剂药后，妇人复诊，果然止血。从理论和实践中走来的笑梅，此时已能独当一面。

笑梅跟随师父看诊中发现，临床中沿用仲景治"脏躁"的甘麦大枣汤治疗围绝经期综合征，发现有不少病例不能取得满意疗效。好学的她重温了《素问·上古天真论》中有关妇女生长发育衰老的论述："女子七岁，肾气盛，齿更发长；二七而天癸至，任脉通，太冲脉盛，月事以时下，故有子；

三七，肾气平均，故真牙生而长极；四七，筋骨坚，发长极，身体盛壮；五七，阳明脉衰，面始焦，发始堕；六七，三阳脉衰于上，面皆焦，发始白；七七，任脉虚，太冲脉衰少，天癸竭，地道不通，故形坏而无子也。"张景岳说："夫癸者，天之水，干名也……故天癸者，言天一之阴气耳。"《类经·藏象类》曰："气化为水，因名天癸，……其在人身，是谓元阴，亦曰元气"。笑梅认识到：天癸的形成，来源于先天之精，具有化生精血的功能，女子14岁左右，肾气充盈，冲任两脉功能充沛，从而使男女具有生殖能力。认识到女子在49岁左右，正是冲任两脉功能逐渐衰退的一个过渡时期，机体平衡容易失调。这也是后期裘老创立平肝安神、滋阴潜阳之二齿安神汤的基础。

命运不会轻怠每个努力刻苦的人，正是笑梅对各位医家理论的熟读精通及实践摸索，才有了以后"华夏奇指，送子观音"的美名。"宝剑锋从磨砺出，梅花香自苦寒来"就是对她的真实写照。

第三章

声名鹊起

第一节　一代名医初显露

一、出师行医，一举成名

寒窗三载，随师五年，苦读勤记，用心推敲，裘笑梅跟随师父从最基本的认药、煎药到抄方、诊脉，跟师行医于之江大地。这期间，裘笑梅还参加了当年的民国政府组织的行医部执照考试。从地方到省一级一级地过关，笑梅都取得了优异成绩，最终以全省考试第二名的佳绩成为当时杭城第一位领有中医证书及开业执照的女中医师。在最后的省一级考试中，她遇到了一个难题，问的是"一个产妇如果血崩昏迷，煎药已经来不及，你有什么办法救急？"这道题的答案是"弄一个铁秤砣，煤炉里烧红，一碗醋浇上去，冲病人鼻窍上一闻一刺激，人就醒过来了。"看来并非很难的问题，却难倒了当年临床经验还不是很丰富的笑梅。这次考试给笑梅很深的印象，后来一直到她80多岁还时常讲给学生听，以此告诫学生必须理论与实际结合，重视临床经验的积累。

从此，裘笑梅在杭州城里下城区天水桥旁边租了一间房屋，门口挂起了"裘笑梅女医师"这块牌子，正式开始行医生涯。父亲为她准备了一方砚台，一张书桌，一条长凳，在这间简陋的小诊所里，裘笑梅迈出了她岐黄生涯的第一步。这一年她23岁。日后诊所门口"裘笑梅女医师"的牌子，逐渐成为了杭城百姓心中的希望，黑暗中的明灯。

诊所刚开张时病人不多，但因有一次出诊，笑梅出手不凡，让她行医初

起便一举成名。一天，一位开绸缎庄的大户人家前来请大夫出诊，为家中妇人看病。当时城中的大户人家请大夫非常仔细，先考评医生的"三风"。所谓"三风"：一是"衣风"，看大夫衣着是否讲究，有没有医师的架势，男大夫多穿长衫，女大夫则穿旗袍；二是"谈风"，大夫谈吐如何，和病人谈话是否得体，是否能体察患者的苦处；三是"笔风"，大夫落笔开方是否洒脱自如、一气呵成，有没有一手漂亮的毛笔字。

笑梅到绸缎庄老板家的那一天，患者家人先默不作声，奉上茶水，便暗暗在一旁察看"三风"。"衣风"，只见这位女大夫身着虽是旧旗袍，但洗得洁净，熨烫平整。这便是母亲谦逊有礼、勤俭持家的品德一直影响着笑梅，使得她一贯朴素，虽衣服多是补过的，但都熨烫过，洗得雪白，鞋子也是一尘不染。"谈风"，她谈吐落落大方，问诊温和关切，体察病人心事，病情说得准，道理也辨得明，病家听了，连连点头。接着，病家又看着女大夫的"笔风"，只见她端坐书写药方，捧起一看，笔风更是了得，因为笑梅从小就下苦功夫练成一手好字，她的小楷字体端润隽秀，这药方让病家眼睛一亮，大为赞许，后来病人痊愈了还将药方当成墨宝仔细地收了起来。

看过这"三风"，病人对这位女医师印象非常好，吃下去的药也特别灵，没几天身体就好了起来。识人无数的绸缎庄老板从此成了笑梅的义务宣传员，逢人便夸赞笑梅。裘笑梅女医师医术好，态度温和又关切病人，开具药方手到病除的美名很快流传了开来。

又一日，一户人家苦于疾患来请大夫，裘笑梅见病家愁绪不已，原是新产后的夫人产后六周恶露已净后又复转，且量逐日增多，持续难清。笑梅问得其恶露血色鲜红，另伴腰酸下坠，自汗不休，查舌质偏绛红，脉弦细。笑梅考虑患者产后恶露净后又现，究其主要病因当是瘀血内停，留于胞宫，又郁而化热，而新血不宁。产后病虚实夹杂，治疗标本应先后清楚，辨证明晰，当机立断，先祛其实后补其虚，取《太平惠民和剂局方》中震灵丹之意加减化裁，方以紫石英 20 克、蒲黄炭 10 克、代赭石 12 克、禹余粮 9 克、赤石脂 10 克、贯众炭 12 克、生地榆 30 克、川断炭 12 克、狗脊炭 12 克、黄芩炭 6 克、槐米炭 20 克，先予三剂，以祛瘀清热，调节冲任。三日后笑梅二次前去，见患者愁容已退去大半，还向她连连道谢，原来是药后病人恶露量已明显减少，仅偶有点滴，色仍鲜红，尚有腰酸，稍有腹痛，舌质艳红，脉转细缓。笑梅见瘀血消除，产后肾气已伤，乘势追击，治用补肾清热止血，方以川断炭 12

克、狗脊炭 12 克、黄芩炭 6 克、川柏炭 6 克、贯众炭 9 克、炙樗皮 10 克、槐米炭 20 克、石榴皮 10 克、太子参 30 克、炒白芍 10 克，共予五剂。三诊，患者恶露已净，仅有带下，腰酸下坠，舌质红润，脉细，笑梅继予补肾益气健脾，药用川断 9 克、狗脊 9 克、菟丝子 9 克、炒杜仲 10 克、太子参 30 克、炒白术 9 克、炒扁豆 9 克、冬桑叶 12 克、桑寄生 15 克，上方再服十剂，患者产后诸症消除，一家人笑逐颜开。

二、不骄不躁，潜心钻研

面对日渐增加的病人的来诊需求，笑梅深知自己不能懈怠，中医之精妙浩瀚如海，她明白想要更好地服务病人，解除她们的疾苦，要更刻苦地研究中医学术，不断坚实自己的理论基础，审视自己对古医籍的理解。她每日看了病人，又带着问题到书中相应的章节进行琢磨，她简化日常行事，挤出所能提供的一切时间，常常就着一盏油灯学习到午夜甚至通宵达旦，持之以恒熟读《黄帝内经》、《伤寒论》、《本草纲目》、《丹溪心法》、《傅青主女科》等经典。对于临床有疑问的病例，她总是回到医书中寻找答案，反复咀嚼，对重点的章节、关键之处一字字地推敲，领会其中的精髓，印证临证之对错。她甘心投入大量的时间心力，练习实践中医辨证论治，观察临床疗效，上下求索，不断增进医术。

这日一 33 岁许姓患者向笑梅医师倾吐隐疾，患者 4 年余来常自觉阴道排气，簌簌有声。裘笑梅翻阅复习《医学顾问大全·妇人科》云："谷气不能上升清道，复不能循经下走后阴，阴阳乖僻，遂使阴户出声"，是为妇女阴道排气亦即阴吹病的总病机，分析病因应有中气下陷、肝气郁结、肠胃燥结、饮停中焦四个方面。笑梅查看病人，此人形体消瘦，面色㿠白，患病期间自觉头晕目眩，两腰酸坠，下肢酸软，食欲不振，脘腹胀坠，舌质淡红，苔薄腻，脉沉细。笑梅认为此实属脾气虚弱，中气下陷所致，日久则波及肝肾，故有腰脊酸软等症，以李东垣"陷者举之"之法，补中益气汤化裁，治以健脾益气升提，佐以补肾，药用：炒潞参 9 克、生黄芪 6 克、柴胡 9 克、煨升麻 6 克、炒枳壳 9 克、炒山楂 9 克、炒鸡金 10 克、炒谷麦芽各 9 克、制川断 10 克、菟丝子 10 克、煨狗脊 10 克，患者服药五剂阴吹明显减少，腰酸减轻，再服七剂多年隐疾消除。

三、集思广益，灵活施治

临床病证比起古医籍医案的记载更呈现出变化多端的特点。裘笑梅仔细地将临床所见进行日常的随笔摘记整理，加以思考揣摩。例如常见的月经病，各有不同的年龄层次、经色、质、量、行经或停闭时长及伴随症状。她认为应当化繁为简，看准疾病要点，抓住辨证论治的准绳，选对治疗原则，以正确地遣方用药。裘笑梅不拘泥于呆板的生搬硬套，而是聪慧地将古医籍的理论加以分析归纳，《黄帝内经》中讲述先天肾气、天癸、月事的关联，气血的重要性，张仲景以六经、寒热虚实立论治疗，朱丹溪从痰论治月经病，主张清养脾胃，傅山以滋肾为主，兼治肝脾。裘笑梅经过思考总结，在调治月经病上，也重视理气扶脾、调补肝肾，调理后天，培补先天，还根据青春期、育龄期、更年期的生理特点有侧重地平衡脏腑气血和功能。

如同为崩漏病，有 17 岁王姓患者，来诊时经淋难净已四月，头晕目眩，时有低热，手足心灼热，足跟疼痛，耳鸣，口干咽燥，脉弦细，舌质微绛，笑梅辨证为肝肾阴亏，冲任不固而致经漏，以参麦地黄汤加味治疗，滋养冲任之源而崩漏自止。有 50 岁商姓患者，诉经汛先期，色黯量多如崩，伴有腥气，持续十余天未净，平时带下色黑，腰酸如折，口苦，纳差，脉弦，舌绛，苔薄黄。笑梅先予龙胆泻肝汤加减以清泄肝经湿热，经血已净，再投以归脾汤补益气血，以摄奇经，缓图其功，以杜覆辙。

裘笑梅看诊重视倾听病人的倾诉，总是同情病人的疾苦，耐心细致地把脉问诊，写方胸有成竹一气呵成，总是药到病除，疗效显著。渐入佳境的一代名医裘笑梅，凭借她的天资聪颖和勤奋刻苦，逐渐显露出她过人的医术和德行。笑梅在这简陋的诊所里，接诊的病患越来越多，出诊的次数也越来越多，对贫苦的患者不但减免诊金，有时还舍药于他们，很多被治愈的患者，也成了义务宣传员，逢人便夸裘笑梅女医师医德高尚，医术精湛。

此后，笑梅的名气越来越大，口碑也越来越好，因此陆续受邀坐诊于当时的同益堂、慧明堂、崇德堂。因为是女医师，诊病方便，患妇科病和儿科病的病人找上门来特别多。笑梅不畏任何天气、环境、条件等影响，坚持出诊，凡有求治，不论贫富贵贱，不论路途远近，有诊必应，诊治诸多妇科常见、多发的经、带、胎产疾病，对于月经不调、崩漏、带下异常、痛经、妇人腹痛、胎漏及胎动不安、产后恶露不净等女科疾病，在熟练应用传统医学经典方药的同时摸索了许多行之有效的诊疗方案，总结了很多流传后世的验方。

她如海绵一般求知若渴，虚心求教，集思广益，在同益堂诊病期间，她广泛学习吸收同期其他医师诊治经验，经常设法挤出时间向药工学习各种中药不同的炮制药性，在药堂观察撮药，得以领略各家配伍特点、药量轻重等，加以自身体会，学以致用。对临床鲜见却又治疗棘手的急症、重症，她更是勤加讨教，随时记录在她自备的"随记免忘录"中，思考琢磨，不断提高医技。

第二节　药到病除治顽疾

一、治病救人，美名远扬

裘笑梅行医数载，于杭城声名鹊起，后因适逢抗战，被迫随家人往返于浙江金华、江西上饶、福建建阳等地，仍不忘治病救人。

在金华，曾有位妇人过期妊娠近2周，胎膜已破，胎死腹中不下，笑梅见此妇面色紫黯少神，危在顷刻，须速下死胎，思考一番后遂以疗儿散治之。一剂药后孕妇双手中指尖搏动，腹阵痛难忍，笑梅以针刺至阴穴助产，宫口洞开后死胎下，产妇转危为安，患者家属见状感激涕零，感恩其为华佗再世，看诊完后一定要雇上轿夫，带上自家种的蔬菜、土豆送裘笑梅回家，一路上逢人便夸裘笑梅的医术，笑梅只是笑着连连摇头，直说此乃医生本分。

又有一回，浙江淳安一18岁姑娘，月经来潮之时涉雨一路跑回家，到家后因琐事与父亲起了争执，被父亲痛骂一顿，一时间气郁于心，不得疏解，后月经突然停闭，人事不省。家人因耳闻裘笑梅医术超群，妙手回春，遂深夜冒雨用门板将女青年抬至裘笑梅家中，接诊时病人已口吐白沫，神志不清，呼之不应，仅剩下一点微弱的呼吸。裘笑梅见状问家属，得知病人既往并无癫痫等病史，姑娘病情危重，邻居甚至家人皆劝："病人或只有一时三刻好活了，不要接诊了，还是让家属送到医院去抢救吧，万一死在你这里，都是你的事了……"考虑去医院路途遥远，时间一耽搁就真的回天乏术了，笑梅没有犹豫，凭着自己的行医经验，诊断该病人是瘀阻迷闷，肝气郁结，上闭心窍，下阻胞宫，立刻开出桃红四物汤合失笑散及花蕊石散，交代病人家属当晚煎服一剂，多次频频服下，不可耽搁，次日务必复诊。而裘笑梅在家中辗转反侧，难以入眠，一直牵挂该患者病情。第二日，天刚蒙蒙亮，裘家就

传来了敲门声，"咚咚"的敲门声每一下都敲在裘笑梅的心上，裘笑梅急忙将家属迎进门，家属诉服药后患者于今晨月经来潮，但量不多，已不吐白沫，得此消息，裘笑梅心里的一块大石头终于落地了，又于原方基础上加减了几味药让家属带回，再服两剂后患者神志逐渐清醒，人也渐渐康复了起来。裘笑梅凭借她高超的医术，强烈的责任心，将花一样年纪的姑娘硬是从死亡线上拉了回来，此后被救回的姑娘逢年过节都要来看望裘老，常常感叹自己这条命是裘老从死神手里抢回来的，裘老是她的再生父母。

在江西上饶期间，曾碰到一顽固性阴痒患者，37岁，病起六年，外阴周围皮肤粗糙奇痒，月经前后及夜间尤为明显，坐卧不安，西医曾行白带检查多次均未见真菌、滴虫等，阴道塞药、外洗等西医治疗疗效不显，后也曾多次求诊于当地中医，屡服中药汤剂治疗，均未获疗效。阴痒为妇科常见疾病，部位隐私，患者常常难以启齿，但又不堪其扰，近年来痒势增剧，严重影响正常生活，痛苦不堪。患者听闻杭州来的裘笑梅医师，技术超群，品格高尚，辗转前来求诊。初诊见患者焦虑不安，面红目赤，尿频尿赤，舌红苔薄黄，脉弦。结合患者病史后裘笑梅认为该患者为肝经湿热，兼杂风邪下注所致，治拟清泄肝经湿热，佐以祛风止痒。方用龙胆泻肝汤口服合自创蛇床子洗剂外洗。药物：龙胆草9克，柴胡9克，车前子9克，荆芥穗4.5克，焦栀子9克，泽泻9克，地肤子9克，防风2.4克，黄芩9克，黄柏4.5克，7剂口服；另蛇床子9克，五倍子9克，苦参9克，黄柏9克，苏叶3克，7剂煎汤外洗。前方使用7天后外阴痒势显著减轻，患者生活质量明显提高，尿频尿赤亦瘥，再从前法出入：去地肤子、柴胡、车前子，加败酱草9克，土茯苓30克，绵茵陈12克，另用苏叶3克，黄柏9克，花椒9克，煎汤外洗，连用7天。药后诸症显著好转，嘱停内服药，仅外洗，方如前法。纠缠数年的顽疾一朝而去，患者感激不尽，特地给裘笑梅送去锦旗，上书"妙手回春"。裘笑梅在当地的名声也越来越大，上门求诊之人也越来越多。

阴痒为妇科常见疾病，患者常常难以启齿，又不堪其扰，裘笑梅认为其病变多为肝、脾二脏功能失调，肝郁化火，脾虚湿阻，兼感外邪，湿热下注，带脉失摄所致。现代医学多诊断为念珠菌阴道炎、滴虫阴道炎等。故对本病的治疗常采取内服和外洗兼治的方法。裘老后来进入浙江省中医院，自创外用药蛇床子洗剂、青马一四膏等，便来源于临床的经验积累，药如蛇床子、七叶一枝花、苏叶、苦参、花椒、狼毒之类，若局部破溃者，忌用狼毒，治疗顽固性阴痒疗效显著。

后在福建又遇到一不孕患者，婚后 6 年未避孕未孕，丈夫各项检查无殊。追问病史，患者平素月经周期规则，经期延长，7 ～ 10 天淋漓方净，量少色黯。因久婚不孕，患者承受来自家庭及邻里较大的压力，辗转多方治疗无果后至裘笑梅处求诊，初诊时见：面色黯淡，精神不悦，腰酸，舌质微紫，苔薄，脉细。裘笑梅辨证属肾虚冲任不固，兼之瘀血内阻，新血不得归经之证。治宜补肾清热，活血祛瘀，调和冲任。方用：炒五灵脂 4.5 克、荆芥炭 4.5 克、狗脊炭 12 克、蒲黄炭 12 克、炙椿皮 9 克、煅龙牡各 30 克、石榴皮 12 克、续断炭 9 克，3 剂煎服。药后经净，仅感腰酸，纳眠尚可，脉细弦，舌红少津。血瘀之证缓解，现拟滋养继之，药用：孩儿参 30 克、怀山药 12 克、茯苓 9 克、墨旱莲 9 克、山萸肉 15 克、煅牡蛎 30 克、熟地 30 克、泽泻 9 克、煅龙骨 12 克，7 剂煎服。服药后转经，自诉本次月经量较多，色鲜红，腰酸腹胀，治以前意出入：冬桑叶 30 克、当归炭 4.5 克、续断炭 9 克、炒生地 30 克、炒川芎 12 克、狗脊炭 15 克、香附炭 9 克、煅牡蛎 30 克、赤石脂 12 克，5 剂。经治疗后月经规律，改用八珍健脾调经，气血双补：党参 9 克、炙甘草 3 克、生熟地各 15 克、枸杞子 9 克、炒白术 9 克、炒当归 9 克、生炒白芍各 9 克、青陈皮各 4.5 克、茯苓 12 克、炒川芎 2.4 克、菟丝子 9 克。经治疗后于次年 1 月怀孕，后顺产一女。

不孕患者病程长，相关因素复杂，影响患者的家庭生活，裘笑梅治疗不孕症衷于中医理论体系，不断地总结自己的临床经验，认为中医对本病的病因病机认识，除先天性生理缺陷，如古代文献所称的"五不女"外，常责之肾气虚衰、气血不足、肝气郁结、痰湿阻滞等，以致冲任失调，不能受精成孕。裘笑梅认为不孕症患者多有肝郁，常伴经前乳胀，心烦易怒，经行腹痛，应从肝论治。而本例不孕症因月经不调引起，而月经不调之因实由肾虚冲任不足，兼瘀血内滞使然，瘀血亦因肝郁气滞而起，所以当先调经，再治肝肾。这也体现了裘老善于抓住疾病的主要矛盾、治病求本之义。

二、中西合参，屡显奇效

战乱结束，裘笑梅随家人回到杭城，在杭城继续为广大人民服务。这时裘笑梅在杭城的名气已经越来越大了。新中国成立后，党和政府对裘笑梅等一批从旧社会过来的著名中医师格外重视，为他们创造了更广阔的行医空间。1951 年，裘笑梅作为杭城名医与史沛棠、叶熙春等老一辈名医同时应聘加入

浙江中医临床名家·裘笑梅

杭州市中医门诊部。1956年,浙江省中医院筹建,医名远扬的裘笑梅应邀加盟,创立了省中医院中医妇科。在随后的四十余年行医生涯里,裘笑梅力究医理,探索辨证论治的应用形式和学术内容,扩大辨证论治的临床范围,在临床实践中不断努力,理论与实际结合,在妇科经、带、胎、产及疑难杂症的诊治中形成了独到的临诊思路和创新疗法,形成了独树一帜且声名远扬的裘氏妇科。

裘笑梅精湛的医术得益于勤奋好学,更离不开其虚怀若谷、善于接受新鲜事物的性格,1956年,受弟弟裘法祖的影响,裘笑梅还报考了杭州市西医进修班,学习生理、病理、解剖、生化等西医课程,遇到一些不理解的便向弟弟和西医师请教,为以后临床中的中西医结合诊疗患者奠定了坚实的基础。

通过系统学习西医的知识,裘笑梅了解了月经形成的生理及激素的周期性变化,认识到不孕症中存在的黄体功能不全或排卵障碍、子宫发育欠佳所致的患者,中医上均属于肾虚证(主要是肾阳虚为主)。这类患者临床常同时伴有月经量少,月经后期或先后无定期,血色不鲜,腰酸肢冷,畏寒,性欲低下,带下清稀,苔薄脉细,测基础体温双相不典型或呈爬坡样上升,或黄体期持续时间过短等。裘笑梅根据月经周期的生理特点,很早就开始用中药分阶段治疗,采用不同的治疗方药与西医的卵泡发育、排卵、黄体形成同步进行。月经净后五天即排卵前期(卵泡渐趋成熟至排卵期)服用温肾助阳促排卵方,以桂仙汤加促排卵药滋养精血,以助阳调气,使阳施阴化。月经期是采用活血化瘀法,一般以桃红四物或血府逐瘀汤为主,活血祛瘀,养血调经。这为以后裘氏妇科的月经周期治疗奠定基础。在服药的同时嘱患者测基础体温,观察排卵及黄体分泌情况,随证增减。如此治疗,周而复始,不孕症成功受孕者甚多。

对妇科疑难重症,笑梅也常能出奇制胜,拯危救急,力起沉疴。临安城附近有一宫颈癌患者,病情晚期,出现直肠阴道瘘,奇臭难忍,亲人都不愿靠近,当地医院无法处理,建议到上级医院就诊。患者家境较贫,自觉医院住院费用高,无法承受,打算放弃治疗,后在邻里介绍下求诊于裘笑梅,就诊时诊室里其他病人全都掩鼻而出,唯有裘笑梅眉头都不皱,替她检查,自己配制中药给她内服及灌洗、上药,七八个月后患者瘘管竟修复,生活质量大大提高,连当地医院的医生都啧啧称奇。

曾有一严重继发性痛经患者朱某,痛经十余年,近两年来痛势加剧难忍,伴胸闷烦渴,呕吐,自汗如珠,痛时床上翻滚,自诉痛比生产,撕衣拉被,甚则四肢厥冷不省人事,约半小时可自行清醒,屡须急诊,使用大量止痛药效果不显，疼痛不减，须卧床数天，待见肉样组织排出后腹痛方可减轻，经色黯量少，月经周期正常。脉沉涩，舌质偏绛紫，面色苍白无神，由于每月痛势难忍，情绪消沉。裘笑梅当时辨证为气血瘀滞，脉络受阻，治当行气活血，软坚散结。自创经验方活血祛瘀化癥汤加减：京三棱9克、苏木屑9克、五灵脂6克、生蒲黄9克、当归9克、川芎4克、赤芍9克、花蕊石12克、乳香4克、没药4克、延胡索9克、木香9克、小茴香3克、鳖甲12克、台乌药9克、红花9克、山楂10克、王不留行9克。服上方三个月，月经按期已转3次，量较前增多，腹痛大有减轻，但经色仍偏黯，面色如前，食欲不振，脉沉细，舌质尚润带紫。改用疏肝健脾，养血软坚：当归9克、丹参15克、肉桂末（吞服）1.2克、白术9克、山楂9克、茯苓9克、柴胡9克、薄荷4克、鳖甲15克、蒲公英12克、木香9克、香附9克、乳香4克、没药4克。服上方20余剂，最近一次月经经色量均正常，经行无腹痛，无泛恶自汗，又无胸闷烦渴或畏寒厥逆，精神愉快，略有腰酸。脉细缓，苔薄白，质红润。前方去鳖甲、蒲公英、乳香、没药、肉桂，加菟丝子10克、续断9克、狗脊10克、补骨脂9克。嘱服10剂，连服3个月。1个月后患者尿妊娠试验阳性，治用健脾和胃安胎，后足月分娩。继以养血健脾，疏肝补肾，使气血调和，冲任脉盛，奇经得复。该患者病程较长，每遇行经，惊郁万分，严重影响正常生活，然仍有生育要求，无法行子宫切除术。经裘笑梅治疗后症散痛除，十年顽疾，收效理想。

不论疾病多么凶险疑难，裘笑梅总能用她渊博的理论知识，潜心设计中西医结合的治疗方案，帮助一位又一位的患者重拾信心，重温幸福，重获新生，深受广大患者崇敬和爱戴。

第三节　妙手仁心传杭城

由于裘笑梅医术精湛，待人和气，不厌其烦，有时下班回家了，还有很多患者找到家中求诊。病人之间口口相传裘笑梅医师的仁心仁术，在杭州城里可谓家喻户晓。

一、活血化瘀治闭经

一日晚间，一年逾四十的妇人由家人搀扶着来就诊。因其已闭经约1年，

其夫生意繁忙，长期远出，兼无酒德，妻久郁结，遂成病，现腹中胀痛难忍，痛有时止，胀则时时如此，脉弦涩，舌质紫黯。笑梅诊毕，道：女子以肝为先天，此因情志不舒，郁结于内，气滞而碍血，导致经血不下。气机不畅则腹胀，兼大便不利，饮食不下，瘀血停滞则腹痛，又因气机受阻，脾运不健，水湿停聚故下肢浮肿。故处方：三棱9克、赤芍9克、刘寄奴9克、丹参15克、五灵脂10克、蒲黄9克、当归12克、官桂6克、柴胡10克、莪术9克、苍术10克，嘱服5剂，经期继服。3天后患者家属前来报信，谓之经汛已至，色量正常。笑梅嘱其按时就诊，调畅情志气机，其后渐愈。

二、温经散寒治痛经

又有一日清晨，笑梅尚在吃早饭，忽然听见门外一阵嘈杂声，吵闹声后是急促的脚步声和敲门声，原来是城东有一户人家推着板车将一年轻女子拉来看病，病家叙述：患者19岁，行经三年，月经时有后错，伴每月经行腹痛，行经前三天明显，每次行经时即卧床于家中，口服烫红糖水，待排出膜样血块方好转，最近两次痛经有加重趋势，今天行经第一天，早饭后患者便腹痛不能站立，腿麻伴腰酸，恶心呕吐，大汗淋漓，父母忧心之下也顾不得时辰尚早，赶紧将其送到裘笑梅医师家中求诊。笑梅见状连忙放下饭碗，径至板车旁，拉起患者的手诊脉，只觉脉沉涩，苔薄白。考虑寒湿凝滞。笑梅追问年轻女子病史，患者诉：三年前曾在行经期涉水，自此，每次经前三天腹痛感冷，至经行时则腹痛加剧难忍，得温略减，四肢不温，不能进食，呕吐清水，自汗头晕，卧不起床，经色黯淡，经量少，淋而不畅，或夹有血块，腰酸腹坠，面色苍白憔悴，形态忧愁，经常不能正常学习工作。笑梅暗自点头，概因患者经行不慎，涉水而感受寒邪，寒滞于胞宫，血得寒则凝，以致经来逾期，寒气郁于下焦，故致经血运行不畅而少腹作痛，得温略减。诚如张景岳所说："经水临行，误食冷物，若寒滞于经，或外寒所逆，或素不慎寒凉，以致凝结不行，则留聚为痛。"治当"温经散寒"，于是选用桂枝汤复加肉桂，意在助阳逐瘀，调和荣卫，为寒者热之之法。方用：桂枝4.5克、炒白芍9克、当归12克、川芎4.5克、炙甘草3克、艾叶4克、丹参15克、香附9克、郁金6克、木香9克、炮姜4.5克、肉桂末2.4克（研粉和丸吞）。5剂，嘱其速去抓药煎药后热服。数天后，患者再次就诊，这次已能独身前往，患者见笑梅医师，眉开眼笑，千恩万谢。原来患者在服用前方后，自觉腹痛减轻，略能进食不呕，自汗已除，面容转华，精神喜悦。笑梅再次为患者诊治，只觉患者脉象迟缓，苔薄白，因前方有效，效不更方，原法出入。方用：桂枝 4.5 克、当归 9 克、丹参 10 克、川芎 3 克、炒白芍 9 克、香附 9 克、艾叶 3 克、续断 9 克、炮姜 3 克、肉桂末 1.5 克（研粉和丸吞）。为温通行血法，胞宫寒凝，得暖而散，腹痛已除，嗣后每于行经前，服上方 5 剂，诸恙未现，腹痛若杳，经期恢复正常活动。时隔五个月后，经行已无腹痛，病家父母带着女儿前来感谢，并送锦旗"妙手回春"，满心欢喜而去。

痛经为妇科常见疾病，多数人尚可忍受，然少数严重者每遇经汛疼痛难忍，冷汗淋漓，甚至扯衣撕被，晕厥不醒，严重影响工作和生活。裘笑梅从整体观念出发，认为月经期间抵抗力下降，易受六淫侵袭和七情所伤，临床常以行经前后或经期少腹及腰部疼痛为主证，主要病机为气血运行不畅，冲任受损，病久瘀血难祛，迁延难愈，甚至病情加重。若寒邪客于冲任，与血相结而致经血凝滞；若郁怒伤肝，致肝气郁滞，营血不畅；若体质虚弱，气血不足，肝肾亏虚，胞脉失养，均可引起痛经。《景岳全书·妇人规》说："经行腹痛，证有虚实。实者，或因寒滞，或因血滞，或因气滞，或因热滞；虚者，有因血虚，有因气虚。"治疗当分虚、实两大类型，寒者热之，热者寒之，瘀则化之，虚则补之，若是临证混淆证型，则易拖延病情。裘笑梅一直非常重视辨证施治，并强调要辨病辨证、结合全身证候和舌脉，做出正确判断，同时用药如用兵，方能药到病除。

三、当机立断治崩漏

又有一回，正午时分，正当笑梅要准备午饭，一中年女人，由两个男人抬过来，大热的天气，却盖着厚厚的被子，走进一看，只见脸色苍白，被子已经被血染了一半。原来这位女士，家住城西，现已至六七之年，去年初开始出现经汛紊乱，半月一行，量多如崩，色鲜红，夹有血块，伴腰酸，带多，头晕。这次本以为熬一熬，像上次一样就过去了，没想到因为月经过多，冷汗淋漓，甚至晕厥过去。笑梅观患者口唇泛白干裂，舌质苍白泛紫，脉弱弦细，当属气随血脱。笑梅当即毫不犹豫地把师父所赠的一枝珍贵的野山参切片煎煮后给患者服下，稍顷患者恢复了过来。考虑月经量多崩下不止，中医辨证属肾阴亏损，冲任不固。应补肾固冲，拟一方：炒生地 24 克、山萸肉 12 克、续断炭 9 克、煅牡蛎 30 克、煅龙骨 12 克、制黄精 12 克、墨旱莲 12 克、炙

龟板 30 克、狗脊炭 9 克。7 剂。服药后患者经量减少渐止。二诊：前投养阴补肾之剂，此次经期推迟四天，经来量减少，5 天即净，惟感潮热，头晕，腰酸，脉舌如前，阴虚内热之象。治宜秦艽鳖甲汤化裁：地骨皮 12 克、炒知母 9 克、青蒿 9 克、柴胡 9 克、天花粉 9 克、秦艽 9 克、石仙桃 9 克、茯神 12 克、当归 9 克。7 剂。此后，经期转正，潮热渐退。患者此次鬼门关前被裘笑梅拉回，千言万语不知该如何感谢，可是这样的事情对笑梅来说已经是数不胜数了，笑梅只是笑着对患者说道："医只医能医之人，你福大命大，命不该绝。"此后，这位患者成了笑梅的好朋友，无论邻居或亲戚，谁生病，她都领着到笑梅这里来就诊，逢人就夸笑梅是造福一方百姓的"活菩萨"。

《钱氏秘传》谓：妇人崩漏，皆因脏腑或冲任二脉损伤，气血虚弱。且二脉乃经脉之海，血气之行，外循经络，内荣脏腑，气血均调，经下依时，脏腑过劳，俱伤冲任之气，故虚不能约制，其经血忽然而下，谓之崩中。治宜大补气血，滋养脾胃，镇坠心火，助火补阴，经自止矣。又紫血成块，如产血之状，过多不止，乃谓血热妄行……病发于肾者，多因素体怯弱，或房室过度，肾阴耗损，或久病下元虚衰，冲任不固，阴血不能内守而妄行所致……肾阳不足者，治以温阳益肾，方用右归丸加减；肾阴虚者，主滋阴清热，方用固经汤、参麦地黄汤化裁。本例患者初来时气随血脱，急以独参汤益气固脱，之后因其月经量多、色鲜红、潮热时作、舌质红，诊断为阴亏内热，冲任不固，故以滋养肾阴，"壮水之主，以制阳光"。服药后阴液得养，虚阳渐敛，是以月经转调，惟潮热未退，继用秦艽鳖甲汤化裁而取效。这些疑难病例的治疗成功，都为笑梅积累了临证经验，进一步增强了为医者的信心。

四、仁心仁术治不孕

杭城城北一对夫妻，结婚十余年无子，夫妻俩四处求医无果，转眼就近不惑之年了，正当两人绝望放弃之际，有人向他们推荐了裘笑梅医生。夫妻俩起了个大早，天蒙蒙亮就赶到裘笑梅的诊室，只见诊室外已经排满了患者。笑梅一到立即忙着悉心看诊，连水都没顾得上喝一口。一直到晌午时分，终于轮到了他们，妻子把这些年的求诊经历和药方，一沓沓尽数放到笑梅面前，笑梅耐心听妻子倾诉这些年的求医经历，查看那一沓沓的药方，并边询问病情边记录，裘笑梅医生温和亲切的语气，坚定简洁的判断使患者的紧张情绪得以舒缓，妻子终于把这些年的求医之路，和不能得嗣的烦闷倾吐完全，她感觉浑身忽然轻松了许多。

笑梅详细了解了夫妻二人的情况，男方基本正常，女方经汛尚规则，但色淡清稀，量尚可，性欲淡漠，神倦乏力，腰酸腿软。舌质润苔薄白，脉沉细。由此认为此属肾精亏虚，加之多年求子不成，心情抑郁，忧思伤脾，脾运不健，导致生化乏源，脾肾两亏，故受孕困难。根据患者病情，治宜填补下元，开郁健脾。药用：枸杞子9克、车前子9克、熟地30克、菟丝子9克、覆盆子9克、补骨脂9克、五味子9克、肉苁蓉9克、制首乌15克、怀山药20克、佛手柑9克、八月札9克。5天后，患者复诊，恰适值经行两天，量中等，未净，经期前后面浮足肿，腰酸神倦。脉细，舌润。再拟原意出入：前方除补骨脂，加鹿衔草9克。7剂。三诊：月经已转，色量正常，经期前后仍有面浮肢肿，腰脊酸楚之感。脉细，舌润苔薄。治宜补肾以调冲任，健脾以行水湿，佐以理气解郁之品：菟丝子9克、肉苁蓉9克、山药15克、绿萼梅4.5克、炒白芍9克、覆盆子9克、茯苓皮9克、桑白皮9克、晒白术9克、桑寄生15克、青陈皮各4.5克、赤小豆15克、佛手柑9克，5剂。就这样治疗了半年，由于笑梅的细心开导，精心调治，夫妻俩渐渐放下了心理包袱，终于有一天，月经逾期未至，夫妻俩赶紧找到笑梅家，笑梅一把脉，果然是喜脉，忙让她去验了个尿妊娠试验，结果显示妊娠，妻子流下了喜悦的泪水。笑梅又给患者开了些安胎药，嘱其回家静养。过了几天，夫妻俩又上门求诊，诉腰酸、阴道出血，笑梅见他们脸色煞白站在门口，赶紧把夫妻俩请进门，切脉纽滑应指，苔薄舌淡，方松了口气。辨证属脾肾两虚，胎元不固。治宜健脾补肾，止血安胎，方用：党参炭25克、菟丝饼12克、升麻炭4.5克、阿胶珠12克、黄芪炭15克、怀山药12克、炒白芍9克、陈棕炭12克、蓖麻根炭30克、晒白术9克、炙甘草2.4克、桑寄生12克。2剂药下去，患者出血便止了，续用健脾益肾安胎之剂直到孕3月。孕39周多时，产程自然发动，顺利产下一女，夫妻俩喜极而泣，将女儿取名为"念梅"，希望自己及女儿永远铭记裘笑梅医师的恩情，并送锦旗"华夏奇指，人间观音"。

五、清热解毒治带下

城南一徐姓女士，31岁，因不慎流产后半个月，就诊时形寒壮热（体

温 39℃），带下量多色黄稠，脓样，有腥臭味，少腹隐隐作痛，腰酸如折。笑梅查看患者，见患者舌苔黄腻，舌下脉络紫黯，脉弦小滑。笑梅给患者体检，按压下腹部子宫位置时，患者痛得大叫，一脸痛苦表情。笑梅寻思盖患者流产后，不注意调护，感染邪毒所致。中医辨证当属：热毒壅盛，积聚胞宫。治宜清热解毒止痛。方拟：忍冬藤 30 克、红藤 30 克、大青叶 9 克、紫草根 9 克、丹皮 9 克、赤芍 9 克、制军 9 克、川楝子 9 克、制元胡 9 克。患者服药 5 剂后，再次上门求诊，诉腰痛腰酸已除，但胃纳不振，不思饮食，笑梅去原方制军，加山楂、神曲各 12 克。再用 3 剂。3 天后，徐氏拿着一篮子鸡蛋一早赶到笑梅诊室叩谢。笑梅婉言谢绝："这是我医家本责，不必厚谢，此后多注意经前产后调护，断不再发，若再不注意，可能一身与此病相伴。"

本例患者乃气血郁结，湿热下注而引起的盆腔炎。此类病证常表现为腰酸腹痛，带下黄色，尿频赤热。本方以忍冬藤、红藤、大青叶清热解毒，紫草根、赤芍、丹皮凉血活血，大黄泻血中之热而导浊出，元胡、川楝子行气活血止痛。本方的特点是清热解毒药与凉血药合并组成，以清热解毒为主，凉血活血为辅。活血药必须取以偏于苦寒的凉血活血药，如丹皮、赤芍之类，否则热毒易蔓延扩散。这张方剂也是裘老后来整理出来的著名验方"二藤汤"，经过临床观察适用于妇科一切湿热下注兼有热毒等病证。

经裘笑梅之手治愈的疑难患者越来越多，百姓们对她的赞誉也越传越广，但她始终不忘初心，不骄不躁，虚怀若谷，沉心专研医术、总结经验，攻克一个又一个疑难杂症，给无数患者带来健康和希望。

第四节　送子观音万人颂

裘老行医之初，擅长内、儿、妇科，之后专事妇科。她是一位学有所本，经验宏富的医家，对妇科经、带、胎、产诸疾，均有丰富的诊治经验，更擅长治疗崩漏、痛经、先兆流产、习惯性流产、子痫、不孕症等疑难疾患。对不孕症的治疗，堪称经验独到，经其手治愈得子者，不胜枚举，给无数不孕症家庭带去了福音，在杭城享有"送子观音"之美誉。

不孕症病因较复杂，临床以内分泌紊乱，如卵巢功能失调、黄体功能不足及生殖器疾病（如输卵管炎症、生殖器结核等）为多见。中医学对本病病因病机的认识，除先天性生理缺陷外，裘老常责之肾气虚衰、气血不足、肝气郁结、痰湿阻滞等，以致冲任失调，不能受精成孕。

分型论治，孕育新生

（一）治疗肾虚型不孕

肾藏精，主生殖，关系到人体的生殖、发育、生长和衰老。女子的生长、发育和生育能力，均有赖肾气的作用，与藏精的功能有关。古代文献还有"命门者男子以藏精，女子以系胞"的记载，说明命门与生殖功能亦有密切的关系。命门一般认为是指"右肾"，为真阳之根，亦即"命门火"，它是人体生殖的动力。基于肾和命门与人体性机能和生殖系统有密切的关系，裘笑梅认为不孕症的病因病机，首当责之肾和命门的功能失调。多因禀赋素弱，先天不足，或房事不节，肾精耗伤所致，临床当分肾阴不足和命门火衰（亦即肾阳虚）两种类型而治。肾阴不足者，常表现为经行先期，腰酸足跟疼痛，手足心烦热，盗汗，头晕咽干，脉细数，舌红少津等。治宜滋填肾阴，方用大补阴丸、左归丸等。命门火衰者，证见月经后期、经色淡、质稀，腰膝酸软，恶寒怯冷，小便清长，舌淡润，尺脉沉迟等。治宜温补肾阳，方用桂仙汤、养精种玉汤、升提汤、五子衍宗丸加肉桂等。

一患者，32岁，结婚八年未孕，于1973年上半年经某医院诊断性刮宫，为子宫内膜不规则增生。同年下半年做子宫输卵管碘油造影术，为两侧输卵管远端阻塞。妇科检查：外阴正常，宫颈光滑，子宫后倾，大小正常，附件未触及。经西药治疗无效，转诊至裘老。自诉经汛后期，量少，经前乳胀，腰酸，少腹时感不暖。两脉沉细，苔薄白。治宜温肾暖宫，佐以疏肝理气：仙灵脾9克、紫石英12克、陈艾叶2.4克、菟丝子12克、制香附12克、天仙藤9克、阳起石9克、陈山萸萸15克、枸杞子9克、五味子4.5克、桑椹子15克、茯苓9克。此后均以此方为基本方，随症加减治之。惟后一阶段考虑两侧输卵管阻塞，加用荆芥穗、防风、路路通。间歇服药近两年，乃生育一女。裘笑梅指出，本例证属肾阳不足，命门火衰而引起胞宫虚寒，不能受精成孕，故用桂仙汤随症加减，乃获良效。对于输卵管阻塞，可随症配入路路通、防风、荆芥穗三味，甚或酌加皂角刺、穿山甲、王不留行等药以达疏通之功。

（二）治疗气血亏虚型不孕

妇女以血为本，摄精育胎，贵在养血。妇女有月经、胎、产等生理特点，

最赖营血为之充养，同时也最易耗损营血，故有"妇女以血为本"之称。若平素体弱，或久病，失血伤营，或脾胃虚弱，化源不充，均能导致营血不足、冲任空虚、胞脉失养，以致不能摄精成孕。其临床表现为月经量少，周期退后，甚则经闭，面色萎黄，形体瘦弱。舌质淡红，脉濡细等。治宜补养气血，方用养精种玉汤加黄芪、党参以益气，是取"阳生阴长"之义，或加紫河车、阿胶、龟板、鹿角胶等血肉有情之品。亦可选用归脾汤、八珍汤等方，随症加减。

有患者周某，36 岁，1969 年 5 月就诊。婚后 16 年未孕，平时常觉头晕、心悸、腰酸，经事恒多后期、量少色淡。诊得脉象濡细，舌质淡红苔薄白。凭证参脉，显系营血内亏，胞宫失养，以致难以摄精受孕。治宜养血调经为主：当归 9 克、黄芩 9 克、炒白芍 9 克、黄芪 12 克、枸杞子 12 克、熟地 15 克、菟丝子 12 克、覆盆子 9 克、川芎 4.5 克。上方随症加减治疗半年余，月经渐调，乃于次年 2 月受孕。裘老示：本例不孕而伴见头晕、心悸、脉细，舌淡红，且经事后期量少，为血虚之明证，故用益气养血，兼补冲任，以奏全功。

（三）治疗肝气郁结型不孕

疏肝解郁调气机，冲任通达易受孕。肝主疏泄，性喜条达而恶郁结。肝的疏泄功能，关系到人体气机的升降和调畅。气机，是内脏功能活动基本形式的概括。气机通畅，升降有序，是内脏功能活动正常的表现；气机不调，升降失常，则表现为某些内脏的病理性活动。在女子，若肝气通达，气能行血，则月经调和，容易受孕；反之若肝气郁结，气滞血瘀，就会引起月经异常、不孕等病变。另一方面，足厥阴肝经绕阴部，抵少腹（胞宫居少腹部），其支者上连目系，与任脉交会，故肝与女子的生殖器官关系甚为密切。妇女若情志不遂，最易引起肝气郁结，疏泄失常，以致气血不和，冲任失调，出现月经异常而不能受精成孕。其临床表现：月经后期量少，行而不畅，经前少腹胀痛，乳房胀痛，抑郁易怒，脉弦或细涩，舌红带紫。治宜疏肝理气，方用逍遥散加减，或和蔾麦散。疏肝理气的药物常用柴胡、橘核、橘络、青皮、八月札、白蒺藜、大麦芽、香附、川楝子、延胡索之类。若气滞而兼血瘀者，当加入活血化瘀之品，以疏通冲任而利胞脉。

患者杨某，28 岁，1976 年 12 月 8 日初诊，婚后四年未孕，某医院行子宫输卵管碘油造影，诊断为"宫腔极度屈位倒置，两侧输卵管显影通畅"。自诉经前腹痛，乳房作胀。脉沉细，舌红润。治用疏肝理气，兼以益肾：橘核 4.5 克、橘络 4.5 克、柴胡 9 克、薄荷梗 4.5 克、白蒺藜 9 克、大麦芽 15 克、覆盆子9克、菟丝子9克、车前子9克、枸杞子9克、五味子4.5克、熟地30克、制首乌15克。上方随症加减服20余剂，于次年2月怀孕。裘老分析，本例不孕而兼经前腹痛、乳胀、脉沉细、舌红润，显系肝郁肾虚之象，故用蒺麦散合五子衍宗丸化裁，肝肾两调而获效。

（四）治疗痰湿阻滞型不孕

痰湿壅滞胞宫，亦是不孕症的常见原因之一，多见于形体肥胖者。究其病机，多由于脾失健运，聚湿生痰，痰湿壅阻胞宫，影响受精，不能成孕；或因真阳不足，命火衰微，不能化气行水，寒湿注于胞宫，宫寒不孕。其主要症状：形体肥胖，面色㿠白，白带多，经色淡红如水，心悸头晕，苔白微腻，脉滑等。图治之法，化痰祛湿治其标，运脾温肾固其本。常用启宫丸、苍附导痰丸；肾阳虚者，合桂仙汤，或五子衍宗丸；若兼血虚，配合四物汤。在选药上，常取苍术、平地木、赤小豆、荷包草之类以燥湿利水，屡有效验。

患者倪某，37岁，1976年12月3日初诊。患者为继发不孕症，形体肥胖，经汛不规则，时有闭经，曾用绒毛膜促性腺激素及西药人工周期治疗，开始经转，以后无效。1974年性激素测定"激素水平高度低落"。患者晨起多痰，食欲不振，闭经已八个月。脉沉细，舌质微胖。中医辨证系脾肾阳虚，痰湿阻宫，拟温肾运脾，化痰祛湿，兼以理血调经：制苍术9克、仙茅9克、仙灵脾9克、大豆卷12克、平地木15克、赤小豆30克、马料豆30克、荷包草15克、酒当归15克、川芎4.5克。上方随症加减，连服20余剂，经转后受孕。裘老认为，本例因脾肾阳虚，痰湿内蕴，以致冲任失调，胞宫阻滞而致经闭、不孕。用温肾运脾、化痰祛湿之剂后，经事乃转，得以受孕。

裘笑梅根据各种不同证型患者，采用各种不同治疗方案，但始终围绕肝脾肾三脏，重视情绪治疗，屡获奇功，治愈一位又一位不孕患者。患者为了感谢铭记裘老的恩德，多给孩子取名为"颂梅""念梅""爱梅"。

第四章

高超医术

第一节 岐黄生涯六十载

"医之一道，其理甚微，其责甚重，活人生人，均在三指二剂之中"，出生书香世家的裘笑梅幼而聪敏好学，因旧病复发而辍学，感怀病痛疾苦，期以己之力相助他人而决心钻研传统中医学。寒窗三年，博览古籍，先以《素问》《明堂针经》等书，讲明切究，乃知十二经络；又精研张仲景原文及李杲、朱丹溪、刘完素、薛雪、陈修园诸家暨近代名医著作，推究疾病之表、里、虚、实，脉理之浮、沉、迟、数，药性之寒、热、温、平。随师清华师父习医五年，跟师伺诊刻苦学习临床经验，经当时卫生部考试，成为杭州市第一位领有中医证书及开业执照的女中医师，1935年起行医于武林钱塘。

自从医以来，裘笑梅初为儿、妇科出诊，不辞辛劳，善于思考，并不断向其他名医吸取经验，秉持无贵无贱、无长无少、道之所存、师之所存的优良学风，精益求精；嗣后专事妇科，擅治经、带、胎、产、杂病，医术精湛，硕果累累，岐黄生涯六十余载，救治妇科患者无数。裘笑梅临床善于探究疾病本源，坚持临床、教学、科研三结合，并重视结合当代西医科学研究之成果，摸索中西医临床诊治之方法，衷中参西、证病同治，不拘于一家一派之说，随病因立案处方，作为化裁运用之凭。自创新方40余首，对疑难杂症见解独到，治疗别出心裁而有奇效，被杭州城百姓誉为"华夏奇指，人间观音"。在临床诊疗过程中不懈精进医技，并将平生所读之书，意味深长之理，临床有效之方，与学生讲解切磋，取其精华，去其糟粕，先后培养学生百余人，为后人继承发扬中医留下了极为宝贵的财富。

一、行医早年遍迹浙闽

在杭城初露锋芒的裘笑梅，陆续受邀坐诊于当时的同益堂、惠明堂、崇德堂。在这些医馆坐诊期间，她常挤出时间去药堂观看药工抓药，不断求索学习各家名医遣方用药之轻重，君臣佐使之配伍，尤其关注危症病人的处方，领略急治之急、汤液荡涤之急、毒味烈性之急、气味俱厚之急、急则治标之急等急重症之法。还向药工请教药材的生熟之分、炮制之别，将收获随即记入自备'随记免忘录'，不断开阔思路，深入探索，提高医技，融会贯通。

1937 年，抗日战争全面爆发，为避战乱，25 岁的裘笑梅不得不随家人暂离家乡杭州城，隐居乡间。八年中她往返于浙江金华、江西上饶、福建建阳等地，克服环境、地域的变化，一视同仁地为当地百姓诊病。她的声名在浙闽一带口耳相传。百姓以他们质朴的乡风回应这位医术高超、不畏辛苦的好医生，裘笑梅在金华行医时，病家打着灯笼来请她出诊，她顾不上旅途劳累，起身便赶到病人家中，为一过期妊娠的患者把脉诊治，起落之间药到病除，病家感激不已，裘笑梅被病家抬着轿子护送回家，轿杠上还捆着赠予的鸡和菜。在这段时期裘笑梅接诊了大量的妇科病患，所积累的临床经验为裘氏妇科流派的创立奠定了深厚的基础。

1945 年抗战胜利后，裘笑梅回到杭州，家乡求诊的百姓慕名接踵而来。裘笑梅对妇科常见的月经、带下、孕产及杂病诊治可谓驾轻就熟，但又不拘一格，灵活施治。有一 21 岁室女，经来量多似崩 10 余日，继而淋漓 10 余日，复又经量多如崩，反复 3 月余未净。来诊求医，经色鲜红，少腹微胀，面赤口渴，大便秘结难下，小便赤热频数，脉弦有力，苔薄黄，味苦，舌质红绛，唇艳红。裘笑梅考虑其为血热型崩漏，阳乘于阴，血热阻络，经崩淋漓难净。治拟验方三黄忍冬藤汤化裁，以清热凉血：制军炭 9 克、黄芩炭 9 克、川柏炭 6 克、忍冬藤炭 15 克、贯众炭 10 克、冬桑叶 15 克、丹皮 6 克、地榆炭 10 克、煅龙牡各 30 克。二诊病人药后经量骤减未清，大便已下，小溲清利，少腹感舒适，尚感头晕目眩，心悸，口干喉燥，面色苍白。脉细弱，苔薄白。改用固气补血，以澄其源：炒潞参 12 克、清炙芪 10 克、炒白术 9 克、陈萸肉 6 克、炒白芍 9 克、忍冬藤炭 12 克、冬桑叶 15 克、黄芩炭 6 克、阿胶 10 克（另烊，冲入）、当归炭 9 克、陈皮 4 克、红枣 12 克。三诊服药 15 剂，上症均改善，经转 6 天净，量中如前，无腹痛感。此案裘笑梅初以清热凉血泻其余火，为仿急下存阴之法；

次以固气补血，复血海之虚，重用冬桑叶，滋阴调冲，虚火自平，崩漏始止。裘笑梅行医生涯中这样的患者不胜枚举，经过她的诊治后大都解除了病痛。经过十余年的临床探索，看到患者治愈后开心的笑脸，裘笑梅更加坚定了行医的信心和决心。

二、衷中参西中西并举

1956年进入浙江省中医院工作后，裘笑梅为了适应新时代的发展，除了更加精研中医理论，还努力学习西医知识，吸取西医所长，衷中参西而独树一帜。她的学术思想，来源依托于中医经典医著《黄帝内经》《金匮要略》《伤寒论》《景岳全书·妇人规》《傅青主女科》等，在潜心研究并临床实践中医理论的基础上，她学习西医《妇产科学》《诊断学》《病理学》，大胆运用中西医结合的视角深入探讨临床表观、机体内部的病理实质，将西医检查检验、诊断治疗手段融入中医诊疗，摸索出了一套中西医结合治疗妇科疾病的思路和方法，使临床诊疗更迅捷、规范、有效，给广大的妇科病患带来了福音。

裘老不但乐于学习西医知识，而且善于运用中西医结合的思路来整理和研究中医中药，从而受益匪浅。她将研究成果撰写、发表论文40多篇，与同道分享。她及时总结临床治疗中西医结合研究工作成果，撰写《祖国医学对宫颈炎冷冻治疗后的运用》《中西医结合治疗闭经体会》《中医中药防治子痫经验介绍》《中医治疗功能性子宫出血》等多篇论文。随着现代医学免疫学和遗传工程等学科的发展，裘老还选择"母儿ABO血型不合""染色体错位""不孕症"等妇科高难课题的中医治法进行研究。1983年她受聘为浙江省中西医结合学术研究委员会顾问；1988年她受到中国中西医结合研究会的嘉奖，表彰其为我国开展中西医结合科研工作和培养中西医结合人才所做出的杰出贡献。

三、创立裘氏妇科学术思想

岐黄生涯六十载，裘笑梅深思力索，持之以恒，参透古医籍记载的医理，领略各家各流派学说，独立思考致力于临床，在总结前人的基础上，在每一例的临诊中应用体会，分析治疗效果、收集患者反馈，再与典籍对照，理论结合于实践，并博采众长，化裁创新，形成了独具特色、独树一帜的中医妇科理论体系，创立了裘氏妇科。她在妇科疾病的探索中，致力于研究妇女生理、病理与肾、肝、脾三脏的关系，其学术思想推崇从肾论治，倡导治肝六法，重视调理脾胃，善治妇科血证；临证特色有因证制宜，治疗闭经；痛经证治，明辨虚实；崩漏证治，分清标本等。

对于月经失调病，裘笑梅主张分期论治。在理气、扶脾、调补肝肾的基础上，青春期偏重于补肾，育龄期重以疏肝补肾，更年期重以健脾补肾。擅用"中药周期疗法"，辨证为主，辨证与辨病相结合，调整脏腑、冲任功能，临床掌握时机，灵活应用。治疗崩漏病，主张虚则补之、热则清之、郁则疏之、瘀则行之，并重视消瘀法，求其"经脉以通，血气以从"，通因通用。她审视带下病，不外乎脾虚气陷、下焦湿热、肝经郁火、肾虚失固，其病因有寒、热、虚、实，临证需根据量、色、质、味详细分辨，审证施治。在妊娠病的治疗上，注意治病与安胎并举，临床上重以补肾、健脾、清热、安胎为主。在产后病的治疗上，本着"勿拘于产后，亦勿忘于产后"的原则。认为产后血虚伤津，百脉空虚，元气损耗，自然宜于补养，这是常法，但应观其变，邪实者也不少，特别是虚中夹实，更属多见，临证需权衡邪正之进退，标本之缓急。临床上，她力究在动态中辨证施治、审因求本。四诊观察或理论判断都从整体出发，对病程的各个阶段通过动态辨证，作出正确的诊断，从而立案处方，得心应手。她主张用药处方，最宜变通，不可执滞，而用药贵在精专简练、配伍有度，反对杂乱，药量应轻则轻、该重则重，临证时必须加以权衡。

四、时刻坚定政治信念

裘笑梅在工作中坚定自身的政治信念，艰苦奋斗，努力服务于临床。1956 年 4 月，裘笑梅加入中国农工民主党。1964 至 1988 年间，历任浙江省人民代表大会第三届至第六届人大代表。1979 年 9 月被推举为中国农工民主党第八次全国代表大会代表。1980 至 1988 年任中国农工民主党浙江省第四次至第六次代表大会代表，其中 1983 年 12 月为中国农工民主党第九次全国代表大会代表，1984 年 11 月担任中国农工民主党浙江省第五届委员会常务委员。1981 年至 2000 年任杭州市政协第四届至第七届政协委员。1985 年光荣加入中国共产党。

"文革"十年动乱期间，裘笑梅等医药卫生工作者的身心及工作环境都遭

受了莫大冲击，但裘老的意志却始终不曾动摇，未曾有一刻忘记从医的初心是为治病救人。在艰苦的环境里，她反而更细心地分析患者境况，当时有很多因受忧、思、悲、恐刺激而导致各种妇科疾患的病人，她结合患者的发病诱因，有的放矢地辅以心理疏导，配合中药调畅情志，为很多患者解除了痛苦。

五、投身科研服务百姓

为了让几十年来的医学成就更多地服务于广大的人民，裘老在繁忙的临床工作之余，勇攀高峰，积极投身于中医妇科科研项目。她善于创新，敢辟新径，在继承活用古方的基础上，结合临床经验，自创有效验方40余首，涵盖临床常见、多发的疾病，如阴道炎、盆腔炎、输卵管阻塞、月经异常、痛经、围绝经期综合征、子宫内膜异位症等多种妇科疾病，并探索熏、蒸、敷等传统医疗方法，内服外治以加强疗效，开创了浙江省中医院妇科疾病外治的先河，如复方大血藤灌肠剂可用于盆腔炎、宫外孕术后、子宫内膜异位症等多种疾病的外治，取得了非常显著的疗效。这些验方在医院制剂室的配合下做成多种口服及外用的院内制剂，至今仍在造福患者。

裘老还运用现代医学科技手段，积极参与电脑治病的整理、归纳、输入工作，将自己多年的临床成就总结为科研成果，同时又将科研成果无私地推广应用于临床。1987年，裘老与浙江中医学院合作（参与医理设计及归纳、总结工作）完成"名老中医裘笑梅诊治闭经、崩漏电脑双系统QXM87"课题。该电脑模拟系统于1987年10月8日在人民日报海外版作了报道。1991年，该课题获得浙江省先进科技成果二等奖。

六、传道后世发扬光大

几十年来，裘老不藏私心，乐于传授，将潜心研究的裘氏学术思想成果倾囊托出，通过传道教学及文献论述等形式，毫无保留地传授给裘氏弟子，惠及世人。

裘笑梅于1980年6月由浙江省卫技人员高级职务评委会评定为中医妇科主任中医师。她在医疗、科研工作之余，润物无声、始终如一地进行教学工作。早年起她即定期到浙江中医学院（现浙江中医药大学）讲学，又为中国中西医结合研究会讲学，并坚持临床实习带教。1985年6月，她被特聘为浙江中医学院妇科刊授中心顾问。1991年，她被批准为首批国家老中医药专家学术经验继承工作指导老师。她先后传承带教4批学生，向嫡传弟子言传身教，以身作则，传授高尚的医德医风。将平生所学所悟，意味深长之理，临床有效治法，与学生讲解切磋，不断雕琢打磨。她常鼓励学生"敢于疑古，勇于创新"。裴笑梅教授学生，祖国医学历史悠久，蕴藏丰厚，又难免庞杂芜错，存在一些偏颇、粗劣的东西，继承和发扬中医学，既需前人之经验，又需自身之领悟，要用历史发展的眼光看问题，要考虑到一切事物的变化。她常说，"医者，意也"，三指二剂之间，无穷奥妙，无穷变幻，始方出于古人，用方在于今人，要不断实践，不拘于成方，敢辟新径。在裴老的精心培养之下，她的弟子盛玉凤、王金生、张萍青、李承铟、裴华芳、王幸儿、吴燕平，作为裴氏妇科传人，铭记教诲，深谙己任，体贴疾苦，业精于勤，反复钻研，善于思考，继承贯彻裴师学术精华，渗入自身思索领悟，各有发展建树，也均成为经验丰富的中医妇科名师，成为中医妇科的骨干力量。裴笑梅更带教了众多的进修生，她的学生遍及全国各地，甚至还有日本、韩国、欧美等外国留学生。其亲自培养的学生先后有百余人。历年来她多次被浙江省卫生厅、浙江中医学院评为各类进修班优秀讲习老师、优秀临床带教老师，获得多项荣誉称号。

为了传道后世，数十年来她笔耕不辍，先后编写和主编多部医学专著，硕果累累。1958年，裴笑梅整理编著《叶熙春医案》妇科部分。还逐年为浙江中医学院妇科刊授中心编写讲义。1982年，她主编《裴笑梅妇科临床经验选》，由浙江科学技术出版社出版，并于1984年再版，1986年该书获浙江省高等院校自然科学研究成果奖一等奖。1992年，她主编《裴氏妇科临证医案精萃》，由浙江科学技术出版社出版。以上书籍内容详尽，通过真实医案验案记载，辨析其中奥义，展示裴笑梅治疗月经、带下、胎产、杂病的丰富学术精华，以供后世学习揣摩。

从事医、教、研中医事业的裴笑梅，在1986年获浙江省卫生厅特授荣誉证书。1992年，她作为国家级突出贡献专家获得国务院嘉奖，并享受国务院颁发的政府特殊津贴。

七、岐黄生涯奉献一生

晚年的裴笑梅，仍精神矍铄地坚持工作，除了繁忙的门诊工作，百忙之

中还不忘参加各种对社会有益的义诊活动,对医务事业力行不倦。她认为"要力从心欲,须善于养身",善养身,即是要生精、保气、宁神,具体说,饮食起居,喜怒哀乐,寒热温凉都要调理适当。她主张生活上应低标准,菜饭饱、布衣暖,清心而淡泊;精神上则应保持积极向上,充实而愉快。常嬉言:"我健康长寿,主要靠'三乐'",一曰自得其乐,即把工作看病作为人生最大之乐事,并在工作之余,散散步,听听音乐,乐在其中;二曰知足常乐,即生活上求得逐步改善与提高,求得每月收支平衡,略有结余,千万不要追求高期望、高消费,知足便能常乐;三曰助人为乐,即把帮助他人作为自己的快乐,尤其是要帮助病人解除病痛,既是助人为乐,也是为他人之乐而乐。

裴笑梅一生恪守医德,她谨记"夫医者非仁爱之士不可托也;非聪明理达不可任也;非廉洁淳良不可信也"的古训,以治病救人为天职,无限忠诚于病人,视人之病犹己之病,并立下行医准则以自律:凡有求治,风雨寒暑勿避,远近晨夜勿拘,贵贱贫富、好恶亲疏勿问,亦不得瞻前顾后,自虑吉凶,护惜身名。她真正做到了急病人所急,痛病人所痛,为了病人的健康不计时间,不辞劳苦,竭尽全力。她一生淡泊名利,她常说"我与病人只结情,不结金,对'名利'二字,我看得很淡,那都是身外之物,这样我反而活得轻松"。她多次拒绝病家的送钱送物,也谢绝了国外和国内一些单位对她的重金聘任。她的高风亮节、高尚医德为后人所称道和敬仰。

垂暮之年,裴老体弱多病,仍拄着拐杖,支撑病体,坚持去医院门诊;一直到因病入院前的早上,还坚持为一位从外地找来求诊的患者诊治,这正是"春蚕到死丝方尽,蜡炬成灰泪始干"的最好写照吧!

2001年5月,裴老因病医治无效,与世长辞,享年90岁。这位为祖国医疗事业贡献一生,被人们誉为"杏林老梅"的裴笑梅名中医师,一位深受人们敬重和爱戴的中医妇科专家,六十年风雨探索,孜孜以求,植根于祖国医学的深厚沃土,虬枝苍劲,如岁寒梅花,花香傲骨,鞠躬尽瘁,死而后已。"一身正气、两袖清风、三餐温饱、四大皆空",正是她一生的写照。她"生命不息、奋斗不止"的钻研精神,虚怀若谷的学习态度,不计得失、兢兢业业为保障妇女人民的健康服务的高风亮节,诠释了何为"大医精诚"。

第二节　调治月经有神效

裴老对于妇科经、带、胎、产、杂病有着自己的丰富临床经验和自成一派的理论体系。在治疗月经病上,她认为月经的产生、调节与脏腑、经络、气血、冲任、胞宫相关,这其中脏腑是月经的根本,尤其离不开肾、肝、脾的正常调控。归纳其学术思想主要有以下几个方面:

一、月经与肾的关系

李时珍《本草纲目·妇人月水》曰:"女子,阴类也。以血为主。其血上应太阴,下应海潮。月有盈亏,潮有朝夕,月事一月一行,与之相符,故谓之月信、月水、月经。经者,常也,有常轨也。"月经的来潮有赖于肾气的充盛,正如《素问·上古天真论》言:"女子七岁,肾气盛,齿更发长;二七而天癸至,任脉通,太冲脉盛,月事以时下,故有子;三七,肾气平均,故真牙生而长极……六七,三阳脉衰于上,面皆焦,发始白;七七,任脉虚,太冲脉衰少,天癸竭,地道不通,故形坏而无子也。"由此裘老认为月经的产生机理与肾的关系最为密切,而肾的功能则涵盖了肾气、天癸、冲任、胞宫几方面。

1. 肾气

肾为先天之本,元气之根,主藏精气,所藏精气有二,一为本脏所藏之精气,二为贮藏五脏六腑之后天化生之源的精气。两者贮藏与输送,循环往复,相资转化则使肾气充盛,促使人体的生长发育。

2. 天癸

天癸来源于肾,前人认为"癸者,水也"。肾为水脏,肾之精气在一定的条件下产生特定功能的体现。天癸的至,具体表现在月经的来潮,为生殖系统成熟的标志。天癸的"至"与"竭"是导致月经来潮与停闭的重要因素。

3. 冲任

冲脉起于胞中,分为三支,前行于腹,后行于背,上至头,下至足,内外表里无所不涉。前与任脉相并,后通督脉,面部灌诸阳,下肢部渗三阴,与十二经相通。由于冲脉容纳了来自五脏六腑和十二经脉的气血,故有"五脏六腑之海"、"十二经脉之海"、"血海"之称。任脉经络循行起于小腹内,下出于会阴部,向前上行于毛际,沿着腹内,向上经过关元等穴,到达咽喉部,再上行环绕口唇,经过面部进入目眶下。任脉通过经络与全身阴脉会于膻中穴,主一身之阴经,为阴经之海。凡精、血、津、液都属任脉所司。任为女性妊养之本,起于胞中,故王冰说:"任主胞胎。"故二者涵蓄十二经气血,

浙江中医临床名家·裘笑梅

调节月经盈亏，具有运行气血、联系脏腑，调节阴阳，沟通人体上下内外的作用，运行不息，满而后溢于奇恒之府——胞宫，形成月经周期。

4. 胞宫

胞宫位于小腹正中，带脉之下，前下为膀胱，后为直肠，下接阴道。具有脏与腑双重功能的独特器官。胞宫的功能为排出月经和孕育胎儿。月经来潮及分娩时似"腑"，妊娠及月经间歇期似"脏"，两者相互转化。

二、月经与肝的关系

肝为五脏之一，主疏泄，主身之筋膜，开窍于目，其华在爪。古人有云"女子以肝为先天"，肝以血为体，以气为用，主疏泄，喜条达而恶抑郁。肝疏泄正常，气机条达，则气血和调，血行流畅，为月事按时而下的重要条件。若肝失疏泄，升发不足，气机郁结，或升发太过，肝气上逆，横逆克脾可致月经失调。

（一）调肝之法

裘老认为，调肝需疏达肝气。肝为刚脏，在志为怒，肝气疏泄太过，亦可变生他病，须疏肝柔肝结合。肝为厥阴风木，故裘老在选用疏肝之品时，善用风药及舒达肝气之品，如柴胡、香附、枳壳、佛手、郁金、乌药、甘松、川楝子等，方如逍遥散、柴胡疏肝散。叶天士曾言"肝为刚脏，必柔以济之，自臻效验耳"，"柴胡劫肝阴"。故需注意不可疏泄太过。裘老认为临床使用柴胡时，若为疏肝解郁法治疗肝郁血虚者，6～9克便可，且常须与当归、白芍配伍，采用疏肝之品，不可疏肝太过，可根据病情，酌加白芍、枸杞子、山茱萸等以养肝柔肝。

（二）补肝之法

肝者，体阴用阳，裘老提出补肝气与柔肝阴结合。补肝气裘老选黄芪、党参、山药、白术，调脾气以补肝；补肝阳选用肉苁蓉、巴戟天、仙灵脾等；柔肝选白芍、山萸肉等。肝血不足，以养营血为主，如四物汤、当归补血汤，可佐以健脾以助营血生化。肝病日久，木不疏土，必及于脾，故常见肝脾同病，须二脏同调。

肝气相对过盛，可横逆克脾。反之，肝血肝气不足，则疏泄无力。《医学衷中参西录》云："人多谓肝木过盛，可克伤脾土，即不能消食，不知肝木过弱，不能疏泄脾土，也不能消食。"肝为刚脏，常表现为疏泄太过，但亦有疏泄无力的情况，临证中补肝健脾，养肝之体亦为常用。《金匮要略》关于调肝之法"肝之病，补用酸，助用焦苦，益用甘味之药调之。肝虚则用此法，实则不再用之。"为治肝虚之法，亦适用于月经病。

裴老提出肝者本味为酸，肝虚者，以酸补其体，且女子以血为用，须养血补肝，白芍、山茱萸可常用，白芍为养肝中阴血的妙药，可为方中君药。助用焦苦，用焦苦之味以泻君火之有余，如丹栀逍遥散中丹皮、栀子的使用。益用甘味之药，以补益脾土之品以益肝，以防肝病传脾。

（三）暖肝之法

调肝之法众多，暖肝之法易被忽视，如寒凝肝脉证。《素问·举痛论》有云："寒气入经则稽迟，泣而不行"，肝脉行于少腹，肝脉受寒，可致月经后期、痛经等，此证多有小腹不温，少腹疼痛，裴老同意用仲景的当归四逆加吴茱萸生姜汤，以吴茱萸暖肝散寒，当归、白芍滋养肝血，细辛、桂枝以通达阳气，和姜、枣、草顾护胃气，如《金匮要略》温经汤暖肝温经养血亦可采用。

三、月经与脾胃的关系

脾与胃位于中焦，互为表里。脾胃为仓廪之官，在体为肉，开窍于口。《周易》有言"地势坤，君子以厚德载物"。脾为坤土，承载化生万物，为孕育之本，与月事亦关系密切。月经虽本于肾，亦赖于脾胃后天水谷滋养，方可冲任盈满，月事按时而下；且脾主统血，经血循常道需脾之统摄功能。

（一）调经须治脾

裴老认为脾虚生化乏源，经脉空虚，可致月经过少，月经后期，甚则闭经。脾失统摄，则月经过多或先期而至，重者出现崩漏。脾运化失职，水湿不行，湿浊内阻，经行不畅，亦可发为月经过少、月经后期。妇人多思虑，饮食劳倦常损伤脾胃，故调经需调治脾土功能。女子以血为本，而血之化生源于脾胃。张景岳有言："调经之要，贵在补脾胃以资生血之源。"裴老治疗月经病中常采用健脾益气生血之法，方药多选用如归脾汤、人参养荣汤、圣愈汤等，补气之品常用黄芪、党参、白术等，养血药常用当归、熟地、白芍等，调补

气血，常须以脾入手，气血同调。

（二）治脾须益气

月经过多，月经经期延长可由中气下陷所致，裘老调经时十分重视气机升降，益气升提，恢复脾土正常功能。《女科经纶·月经门》提出"大抵血生于脾土，故云脾统血。凡血病当用苦甘之药，以助阳气而生阴血也"。妇人月经不调出血日久，多有气血亏虚，只重补血往往难收良效，可益气升提以止血，止血之味，含于补气药之中。气虚则血无以摄，血虚则气无所依，裘老的补气药常和补血合并，方常选用如补中益气汤、举元煎、当归补血汤等。脾主升清，脾以升为健，常使用李东垣之升阳益胃汤、升阳举经汤、黄芪当归人参汤、升阳除湿汤等升举脾胃、升阳举陷之法治疗月经失调。

（三）醒脾兼利湿

裘老在滋补脾胃之时，还注重醒脾、利湿之法。脾胃虚弱、运化水湿功能失常，水饮停滞常导致妇人月经病。故健脾补益同时，兼以疏导、补中寓运。方药选用四君子汤、四物汤、逍遥散等单用、合用或加减，补脾同时少佐香附、肉桂、木香、乌药等疏气开导之品，使补而不腻。有湿之人，处方时亦常根据妇人情况佐以健脾利湿之品，如白术、茯苓、砂仁、法半夏、薏苡仁、山楂、陈皮等。特别指出钱塘潮湿地带，更须重视脾胃运化功能，否则补益之品不能奏效，反碍脾胃。

月经不调，如月经过少、月经后期、经期延长，亦可由脾土失运，痰湿积聚引起，常见于现代之多囊卵巢综合征。《陈素庵妇科补解·调经门》认为"经水不通有属积痰者，大率脾气虚，土不能制水，水谷不化精，生痰不生血，痰久则下流胞门，闭塞不行，或积久成块，占住血海，经水闭绝"，痰湿所致经水不通，方用四物合二陈汤。对于素体痰湿较盛者，裘老时用苍附导痰汤、陈夏六君汤等加减治疗月经过少、月经后期。化湿运脾亦为治月经不调之法，非独补脾为主，重点在于恢复脾胃正常功能。

四、周期性调节月经

月经具有周期性、节律性，是女性生殖过程中肾阴阳消长、气血盈亏规律性变化的体现。月经周期可划分为月经期，经后期，经间期，经前期。在不同的阶段，阴阳、气血的消长有如潮水之涨落，月相之盈亏。裘老善于在不同月经阶段，结合脏腑气血冲任的虚实特点，分期治疗各类月经病。例如各类月经失调疾病，月经后常以补气血滋阴为主，肾虚者补肾阴，脾虚者健脾气，肝郁者疏肝，肝血亏者养血柔肝；经间期养血活血理气；经前期平补阴阳；月经期活血化瘀调经。又如分阶段治疗痛经：月经前以活血祛瘀为主，兼用行气止痛；经后期清化逐瘀为主，兼用软坚散结；经前期以养血活血为主，兼用温肾通络。

五、医案举隅

（一）月经不调

月经不调指月经期、量、色、质发生异常的疾病。包括月经先期、月经后期、月经先后不定期、月经过少、月经过多、经期延长等。

1. 月经先期

石某，41 岁，1987 年 4 月 12 日初诊：月经周期提前 2 个月。月经初潮 17 岁，既往经汛规则，一月一行，量中色红，无血块，5 天净。1987 年 2 月开始经汛提前，半月一行，量多，持续 7～10 天净，伴经前乳胀、心悸、腰酸。末次月经时间为 1987 年 4 月 7 日。舌红苔白脉细。证属阴虚血热，冲任失固。治拟滋阴清热，调补冲任。方用固经汤加减：炙龟板 30 克，续断炭 9 克，香附炭 4.5 克，黄柏炭 4.5 克，狗脊炭 9 克，炒生地 30 克，黄芩炭 9 克，炙椿皮 9 克，煅牡蛎 30 克。服药 14 剂。

二诊（1987 年 5 月 5 日）：上方共服 14 剂，于 1987 年 5 月 3 日好转，量尚多，少腹隐痛，头晕心悸。舌脉如前。再拟固经汤意：原方去黄芩炭，加紫珠草 15 克。上方连服 10 余剂，观察一年余，经汛规则，经量减少，7 天净。

按： 本例经汛超前，半月一行，量多，伴腰酸、脉细、舌红，证属阴虚血热，冲任失固，故用固经汤加减。方中龟板、生地滋阴清热；狗脊、续断补肾而固冲任；黄芩、黄柏、椿皮清热止血固经；更入牡蛎以增强固涩之力；复加香附理气调气。诸药合和，共奏滋阴清热、补肾固经之效。

2. 月经后期

王某，34 岁，1965 年 7 月 4 日初诊。

月经后错 8 个月。月经初潮 15 岁，既往经汛规则，28 天一行，量偏少色黯红，无血块，7 天净。1964 年 12 月开始无明显诱因下出现经汛后错，40

多天一行，量少，色淡，有小血块，持续 7～8 天净。伴经前乳胀，腰酸、眩晕，手足不温，时常形寒怕冷。末次月经时间为 1965 年 5 月 28 日。舌淡苔白润脉细弱。证属肾虚寒凝。治拟温阳暖宫，填精益肾。方用裘老经验方桂仙汤加减：仙灵脾 15 克，仙茅 9 克，肉桂末 1.5 克（吞），苁蓉 9 克，巴戟天 9 克，紫石英 30 克，当归 15 克，香附 9 克，狗脊 15 克。共服 7 剂。

二诊（1965 年 7 月 11 日）：上方共服 7 剂，于 1965 年 7 月 9 日月经来潮，量中等，色转红，腰酸、怕冷、眩晕明显好转。舌脉如前。再拟桂仙汤意：原方去狗脊，加木香 6 克。上方连服 10 余剂，观察半年余，经汛规则，一月一行，经量增多，色红，7 天净。

按：本例经汛后错，40 多天一行，量少，色淡，有小血块，持续 7～8 天净。伴经前乳胀、腰酸、眩晕，手足不温，时常形寒怕冷，证属肾虚寒凝，故用裘老经验方桂仙汤加减。血海空虚，胞宫虚寒，犹如贫寒之地，不生草木，重阴之渊，不长鱼龙，方中仙灵脾、仙茅、肉桂末、苁蓉、巴戟天、紫石英温肾而温心，心肾气旺而火自生，从而冲任脉充，子宫得暖，而寒自散，从而经转；狗脊补肾而固冲任；当归养血活血；复加香附理气调气。诸药合和，共奏温阳暖宫，填精益肾之效。

3. 月经先后不定期

解某，19 岁，1994 年 3 月 9 日初诊。

月经不规则 6 年。月经初潮 13 岁，自月经初潮开始月经不规则，先后不定期，量或多或少，色红或暗，经行淋漓难净，时常持续两周左右。常感腰酸、头晕、耳鸣。近日有齿衄。末次月经时间为 1994 年 2 月 28 日。舌红苔薄白脉弦细。证属肝肾阴亏，冲任受损。正值经期，急则治其标，塞流。方用震灵丹加减：紫石英 30 克，代赭石 15 克，蒲黄炭 10 克，狗脊炭 10 克，炙椿皮 10 克，荆芥炭 10 克，忍冬藤炭 10 克，煅牡蛎 30 克。共服 7 剂。

二诊（1994 年 3 月 16 日）：服药后阴道流血止。舌偏绛苔薄脉细数。腰酸、头晕、耳鸣未除。改用清热养阴，补肾调冲：地骨皮 10 克，川断 10 克，狗脊 10 克，杜仲 10 克，炒白芍 10 克，丹皮 9 克，知母 9 克，山栀 6 克，玄参 5 克，煅牡蛎 20 克，煅龙骨 15 克，忍冬藤 12 克。服 20 余剂。

三诊（1994 年 4 月 14 日）：服药后末次月经 4 月 7 日，量中色红，略有下腹痛可忍，头晕、耳鸣、腰酸均除。舌脉如上。再拟前方出入服药 7 剂以资巩固。

按：本例月经不规则或先或后，潮无定时，量或多或少，色红或暗，经行淋漓难净，时常持续两周左右。伴腰酸、头晕、耳鸣、齿衄。舌红苔薄白脉弦细，证属肝肾亏虚，冲任失固，急则治其标，故用震灵丹加减固冲止血。方中紫石英、代赭石经煅过以增温涩之性，暖宫固下、养血止崩；蒲黄炭活血祛瘀、理气止痛；狗脊炭补肾固冲；更入牡蛎以增强固涩之力；忍冬藤炭、炙椿皮、荆芥炭清热止血固经。诸药合和，共奏活血祛瘀、固经止血之效。

4. 月经过少

方某，27 岁，1998 年 5 月 20 日初诊。

结婚两年，月经量少半年。未避孕一直未孕，近半年来无明显诱因下出现月经量减少，第二天略多，色淡，总量为以前的 1/2，一天只需用 1～2 片日用卫生巾，不能湿透，经期伴腰膝酸冷。经净后行子宫输卵管造影提示：双侧输卵管通畅。末次月经时间为 1998 年 5 月 6 日。舌淡红苔薄白脉沉细。证属肾虚冲任失养。治拟温肾养血调经。方用：仙灵脾 15 克，枸杞子 15 克，怀山药 12 克，葫芦巴 10 克，当归 10 克，川芎 10 克，菟丝子饼 10 克，制续断 10 克，狗脊 10 克，杜仲 10 克，忍冬藤 10 克，半枝莲 10 克。共服 7 剂。

二诊（1998 年 5 月 27 日）：经汛尚规则，经量较少，药后腰膝酸冷缓解，舌脉如前，治以前意出入。大熟地 20 克，巴戟肉 15 克，仙灵脾 12 克，忍冬藤 12 克，仙茅 10 克，肉苁蓉 10 克，当归 10 克，制续断 10 克，狗脊 10 克，半枝莲 10 克，赤芍 9 克，白芍 9 克，川芎 6 克。共 14 剂。

三诊（1998 年 6 月 10 日）：药后经转 6 月 4 日，色量正常。续上法调治月余，经汛未至，泛恶纳减，测尿 HCG 阳性，诊为妊娠。

按：本例为肾虚精亏之月经过少证，裘老常以自拟方养血补肾调经治之，均收获良效。方中仙灵脾、葫芦巴、狗脊温补肾阳，当归、川芎养血调经，枸杞子、菟丝子饼补益肝肾，杜仲、制续断补肾固经，怀山药益气健脾滋养气血生化之源；因经净后行子宫输卵管造影，以忍冬藤、半枝莲清化热毒入侵，未病先防之意。全方达到温肾养血调经而获良效。

5. 月经过多

郭某，18 岁，1976 年 8 月 1 日初诊。

月经量多 1 年，伴头晕乏力 3 天。月经初潮 15 岁，1 年前因经期受刺激后突然出现月经量增多，前 5 天量多，色红，一天需用 8～10 片日用卫生巾，均湿透，持续 7～8 天净。伴腰酸，夜间盗汗，心烦易怒。末次月经时间为 1976 年 7 月 28 日，量多色鲜红，夹血块，3 天前头晕乏力，面色㿠白。急查

浙江中医临床名家·裘笑梅

血常规示：血红蛋白78g/L。舌红苔薄白脉细数。证属阴虚血热，治拟养阴清热，固涩止血。方用生地龙牡汤加减：大生地30克，煅龙骨15克，煅牡蛎30克，冬桑叶30克，墨旱莲12克，蒲黄炭9克，地骨皮12克，浮小麦15克，丹皮9克，杜仲12克，红枣4枚。共7剂。

二诊（1976年8月8日）：服药后经量较前减少后已净，腰膝酸冷、盗汗缓解，心烦、头晕乏力仍有，夜寐欠安，舌脉如前，治以前意出入。大生地30克，煅龙骨15克，煅牡蛎30克，冬桑叶30克，墨旱莲12克，茯神9克，地骨皮12克，丹皮9克，石榴皮12克，龙眼肉12克，炒枣仁9克，制远志4.5克。共14剂。

三诊（1976年8月23日）：服药后阴道未再流血，头晕乏力、夜寐较前明显好转，现肢体倦怠，胃纳不佳。查血常规示：血红蛋白94g/L。舌淡苔白微腻脉细弱。前方去墨旱莲，加六神曲9克、炒谷芽12克。共再服10余剂，随访半年月经规则，量不多。

按： 本例为月经量多、色红，伴腰酸，夜间盗汗，心烦易怒，头晕乏力，面色㿠白，证属阴虚血热，冲任失固，故用裘老经验方生地龙牡汤加减。方中重用生地滋阴清热；龙骨、牡蛎镇潜固涩，合墨旱莲、冬桑叶清热凉血，益肾止血；加蒲黄炭祛瘀止血；丹皮、地骨皮、浮小麦清热除烦；杜仲补肾益气；复加红枣健脾和胃。诸药合和，共奏滋阴清热、补肾固经之效。

6. 经期延长

高某，24岁，1975年7月20日初诊。

月经经期延长半年。室女，既往经汛不规则，20～26天一行，7～8天净，近半年出现经期时间长，7～20天方净，前3天量中后减少，其后淋漓不清，色时黯时鲜红。末次月经时间为1975年月7月1日，量少，只需用护垫，色时黯时鲜红，面色潮红，便秘难下，尿赤，少腹常感微胀不适，咽喉干燥，头晕胀闷。经外院治疗无效，患者及家属均不愿用西药人工周期治疗，要求服中药，遂转至裘老处。症见舌质偏绛苔微黄脉弦细。证属血热妄行。治拟清热凉血，止血调经。方用：黄连3克，黄芩炭9克，黄柏炭6克，忍冬藤15克，贯众炭12克，香附炭9克，煅牡蛎30克，蒲黄炭9克。5剂。

二诊：服药后经淋量减少，色转淡红，腹感舒适，面色潮红已除，溲转清。舌脉如前。继予原方增减：去香附炭、蒲黄炭，加椿根皮9克、石榴皮9克、荆芥炭4.5克。

三诊：服药5剂，经淋已净，唯感胃纳不振，困倦，脉细。用调理脾胃以收全功。

按： 本例经期时间延长，7～20天方净，前3天量中后减少，其后淋漓不清，色时黯时鲜红。伴面色潮红，便秘难下，尿赤，少腹常感微胀不适，咽喉干燥，头晕胀闷。舌质偏绛苔微黄脉弦细，证属血热妄行，故用裘老经验方三黄忍冬藤汤加减清热凉血止血。方中三黄清泻三焦之火，使得阳热得泄，血不受迫，自不妄行，辅忍冬藤、贯众炭以增强清热凉血之功。蒲黄炭活血祛瘀、理气止痛；更入牡蛎以增强固涩之力；忍冬藤炭、炙椿皮、荆芥炭清热止血固经。诸药合和，共奏活血祛瘀、固经止血之效。

（二）崩漏

崩漏是指妇女于非经行期间阴道大量出血，或淋漓下血不止，前者谓之"崩中"，后者谓之"漏下"。该病是月经周期、经期、经量严重失常的一种月经病。

陈某，15岁，1991年9月4日初诊。

月经紊乱半年。月经初潮14岁，出现月经淋漓难净半年，量或多或少，色红或黯甚则咖啡色，无腹痛腹胀，伴腰酸，形体消瘦，面色少华，食欲不振。患者既往有肾炎史。舌质微紫苔薄脉细弦。证属肾虚不固，瘀血内阻。急则治其标。方用震灵丹加减：紫石英30克，代赭石15克，禹粮石10克，补骨脂10克，赤石脂10克，贯众10克，蒲黄炭10克，山楂炭10克，当归15克，炒麦芽15克，炒谷芽15克，乳香3克。共服7剂。

二诊（1991年9月11日）：服药7剂后血止，患者腰酸，形体消瘦，面色少华，食欲不振，既往有肾炎史。素体肾气不足，封藏不固，冲任失摄，兼有瘀血内阻，新血难安以致崩漏。改用固本调冲法，投以滋阴清热，益肾固冲。冬桑叶15克，制黄精10克，墨旱莲10克，制玉竹10克，炒潞参10克，地骨皮10克，煨升麻10克，炒扁豆10克，生地10克，陈萸肉10克，甘杞子10克，炒知母6克，玄参6克，煅牡蛎20克。随症增减治疗20天，2个月后回访月经规则。

按： 本例月经紊乱，量或多或少，色红或黯甚则咖啡色，经行已半年淋漓难净。伴腰酸，形体消瘦，面色少华，食欲不振。患者既往有肾炎史。舌质微紫苔薄脉细弦，证属素体肾气不足，封藏不固，冲任失摄，兼有瘀血内阻，新血难安以致崩漏。急则治其标，故用震灵丹加减固冲止血。方中紫石英、代赭石、补骨脂、禹粮石经煅过以增温涩之性，暖宫固下，养血止崩；蒲黄炭、

山楂炭活血祛瘀、理气止痛；当归养血止血；贯众清热凉血；山楂、炒二芽健脾和胃，调中理气。诸药合和，共奏固冲止血、祛瘀和胃之效。后因血止，则调冲治本。生地、黄精、玉竹、玄参滋阴清热；墨旱莲、甘杞子滋阴益肾；冬桑叶清热凉血，使补阴而无浮动之虑，缩血而无寒热之苦；党参、升麻健脾益气；陈萸肉补肾固涩；地骨皮、知母清透邪热；煅牡蛎镇潜固涩；炒扁豆健脾化湿和中。全方合用，共起滋阴清热，益肾固涩之功。

（三）痛经

痛经亦称经行腹痛，是指发生于经期或经行前后的周期性小腹疼痛，痛引腰骶，伴恶心呕吐，甚至晕厥，严重影响正常生活及工作。

1. 痛经

封某，26岁，已婚，1952年4月8日初诊。

痛经3年。3年前出现经行少腹坠胀，伴疼痛拒按，痛势较剧，畏寒欲呕，伴经量少，似行不畅，经色紫夹小血块，持续3～4天痛减。月经周期规则，一月一行，末次月经时间为1952年3月12日。舌质尚润伴紫苔薄白脉沉弦。证属气滞血瘀。治拟疏肝理气，祛瘀止痛。方用血府逐瘀汤加减：桃仁9克，红花9克，当归12克，赤芍9克，川芎4.5克，延胡索9克，木香9克，枳壳9克，香附9克，乳香4克，没药4克，苏木9克。共服7剂。

二诊（1952年4月15日）：服药7剂，末次月经时间为1952年4月10日，此次经转较前畅行，经量增多夹紫血块，痛势显减。舌黯苔薄白脉细涩。改用疏肝顺气：香附9克，木香9克，乌药6克，当归9克，川芎3克，延胡索9克，砂仁3克，白芍9克，熟地24克。嘱隔日1剂，时隔5月随访，经行已无腹痛4个月矣。

按：本例3年前出现经行少腹坠胀，伴疼痛拒按，痛势较剧，畏寒欲呕，伴经量少，似行不畅，经色紫夹小血块，持续3～4天痛减。证属肝经郁结，气机失宣，气滞血瘀，而致经脉运行不畅，血阻胞宫而作痛，故用疏肝理气，祛瘀止痛立法。当归、赤芍、红花养血活血，延胡索、香附、川芎、枳壳疏肝理气，桃仁、苏木、乳香、没药行气祛瘀，为塞者通之。后用《证治准绳》加味乌药汤以收全功。

2. 膜样痛经

朱某，32岁，已婚，1979年6月20日初诊。

痛经10余年，加重2年。10多年前出现经行少腹胀痛，近2年来痛势加剧难忍，伴胸闷烦渴，呕吐，大汗淋漓，痛时床上地上乱滚，撕衣扯被，甚则四肢厥冷不省人事，约半小时苏醒，屡须急诊，虽用大量止痛药，疼痛不止，须卧床数天，直至见到肉样组织物排出后，腹痛减轻，经色黯量少。月经周期规则，一月一行，末次月经时间为 1979 年 5 月 25 日。面色苍白无神，因每月痛势难忍，情绪消沉。舌质偏绛带紫苔薄白脉沉细。证属气血瘀滞，脉络受阻。治拟行气活血，软坚消结。方用裘老经验方加减：京三棱 9 克，苏木屑 9 克，五灵脂 6 克，生蒲黄 9 克，当归 9 克，川芎 4 克，赤芍 9 克，花蕊石 12 克，乳香 4 克，没药 4 克，延胡索 9 克，木香 9 克，小茴香 3 克，炙鳖甲 13 克，台乌药 9 克，红花 9 克，山楂 10 克，王不留行 9 克。

二诊（1979 年 10 月 1 日）：服上方三个月，月经按期已转三次，经量较前增多，痛势显减，但经色仍黯红，面色如前，食欲不振。舌质尚润带紫苔薄白脉沉细。改用疏肝健脾，养血软坚：丹参 15 克，木香 9 克，香附 9 克，当归 9 克，肉桂末 1.2 克（吞），白术 9 克，山楂 9 克，茯苓 9 克，柴胡 9 克，薄荷 4 克，炙鳖甲 15 克，蒲公英 12 克，乳香 4 克，没药 4 克。

三诊：服上方 20 余剂，末次月经时间 1979 年 10 月 20 日，量中色红，未见肉样组织物，经行无腹痛，略有腰酸，无胸闷泛恶，精神愉快。舌红润苔薄白脉细缓。前方去鳖甲、蒲公英、乳香、没药、肉桂，加菟丝子 10 克、续断 9 克、狗脊 10 克、补骨脂 9 克，嘱服 10 剂，隔日 1 剂。

四诊（1979 年 12 月 1 日）：月经逾期未至，现自觉纳减择食，呕吐泛酸，脉缓滑，苔薄白。测尿妊娠试验阳性。治用健脾和胃安胎，后足月分娩。

按：本例西医诊断为膜样痛经，与中医学的气滞血瘀型痛经有类似临床表现。瘀血久留积成块物，每在行经疼痛难忍，膜样内膜系有形之物，属癥瘕之类，加之情绪忧虑，肝气郁结更深，故以经验方活血祛瘀化癥。药用当归、川芎、赤芍、红花养血活血，合失笑散、三棱破癥生新，苏木、王不留行通导脉络，木香、小茴香、乌药疏肝理气，乳香、没药、延胡索行气止痛，山楂、鳖甲软坚散结，妙在一味花蕊石入厥阴血分，行中有止，一药二用。药后症散病除，十年顽疾，收获理想。继以养血健脾，疏肝补肾，使气血调和，自然受孕。

（四）闭经

闭经是指女子年满 16 周岁，月经尚未来潮，或月经来潮后又中断 6 个月以上或 3 个自身月经周期者。前者称为原发性闭经，后者称为继发性闭经。

张某，女性，30岁，1994年3月9日初诊。

月经稀发3年，闭经8个月。3年前出现溢乳，量多色白，质地稀薄，继而出现月经逐月减少，月经推迟，现已闭经8个月，末次月经时间为1993年7月底。现乳汁分泌较多，无乳头胀痛，无头晕，伴乏力，腰酸，带下量增多。查性激素提示：催乳素（PRL）136ng/ml，其余激素未见明显异常。舌质润苔薄脉细缓。证属肝肾亏虚，上溢为乳。治拟养血调经，收敛止乳。药用裘老经验方加减：天花粉12克，大麦芽15克，芡实20克，米仁20克，生牡蛎30克，生蛤壳15克，当归10克，赤芍10克，甘杞子10克，熟地10克，香附10克，鹿角片10克，泽兰叶9克，7剂。

二诊（1994年3月16日）：服药后3月13日经已转，经量不多，色黯红，近日乳汁较多。舌脉如上。继续予前方出入，前方去芡实、米仁、当归、赤芍、甘杞子，加珍珠母15克、陈萸肉10克、山楂10克、制香附9克。

三诊（1994年3月29日）：服上方10余剂，乳汁显著减少，诸证好转。末次月经时间1994年4月4日，量中色红。嘱上方加制蜈蚣2条继服半月，隔日一次后复查血PRL 25.2ng/ml。

按： 本例西医诊断为"泌乳性闭经"，中医并无此病名。根据症状属"闭经"、"乳泣"范畴。古人对于闭经而溢乳鲜有评述。《竹林女科》论闭经曰："以乳众血枯名。"《济阴纲目》"乳病门"谈到有"未产前乳汁自出者，谓之乳泣，生于多不育……"对溢乳与月经失调的关系已有所建树。《胎产心法》探讨了本病的病因病机，云："肝经郁火上冲，乳胀而溢。"我们认为，经乳二物在性质上是一源二歧，均来源于水谷，化生于五脏，由胃的摄纳滋养，肝的疏泄，冲任的通调而下注血海，满盈而化为月经。孕育胎儿分娩后胃气旺盛，上行化为乳汁，以哺育婴儿。裘老临床观察后发现溢乳闭经病机有二：一为素体虚弱，房劳太过，产后肝肾不足，虚火内炽，气血统摄失司，阴血不能按时下注胞宫而为月经，反顺为逆，血不归正而上溢为乳汁。二为素体阴亏，肝气郁结，郁者冲脉之气失于调畅而造成里急，里急则冲气无由下达，血亦无下达之路，遂不化经后上逆为乳，溢乳闭经遂成。本例溢乳3年，量多色白，质地稀薄，继而月经逐月减少，闭经8个月，伴乏力，腰酸，带下量增多，证属肝肾亏虚，精血亏损，肝失条达，冲脉之气失于条畅，不能按时下注胞宫为月经，反顺为逆而上溢为乳汁。方用天花粉、大麦芽、生牡蛎、生蛤壳、芡实收涩回乳；当归、赤芍、熟地养血调经；杞子、鹿角片调补肝肾；香附理气降气；更加泽兰活血祛瘀，下行利乳；米仁健脾化湿。全方共奏养血调经，收敛止乳之功。

（五）月经前后诸症

月经前后诸症是指女性每于行经前后或行经期间，周期性反复出现明显不适的全身或局部症状。裘老治疗月经前后诸症，重在发病前的预防，根据其证型对症施治。

1. 倒经

潘某，24 岁，1980 年 3 月 26 日初诊。

经行鼻衄 1 年余。月经初潮 14 岁，1 年前出现经行鼻衄，色鲜红，量多，末次月经时间为 1980 年 2 月 17 日，鼻衄持续 3 天，月经 4 天干净。此次月经延期伴少腹胀痛，性情烦躁。室女，否认性生活史。舌质微紫苔薄脉弦细。证属肝郁血瘀。治拟引血下行归经。药用归经汤（裘老验方）加减：川牛膝 15 克，煅瓦楞子 30 克，牡丹皮 9 克，茺蔚子 15 克，炒当归 10 克，制延胡索 9 克，赤芍 10 克，炙卷柏 9 克，泽兰 9 克，制乳香 3 克，制没药 3 克，三棱 9 克，制香附 9 克，服 5 剂。

二诊（1980 年 4 月 28 日）：自服药后 4 月 6 日经已转，经量不多，色黯红，鼻衄未现。舌脉如上。治守原方，防其覆辙。

按： 在经行期间或经行前后，出现吐血、鼻衄，甚或眼目出血，一般持续几天便能自止，往往伴有经量减少，甚至不行经的，称为"经行吐衄"或"倒经"。《素问·至真要大论》说："诸逆冲上，皆属于火"。倒经是一种病势向上的病变，多由血热气逆所致。本例经行鼻衄，色鲜红，此次月经延期伴少腹胀痛，性情烦躁，证属肝郁血瘀，经水不循常道，裘老认为治疗该病有三个原则：一是清，实热者清热凉血，甚至佐以泻火；虚热者滋阴清热，壮水制火。二是降，以降气为主，引血下行，盖气随血行，气降则血下。三是止，凉血止血。此三者的关键是清，里热不清，血无宁日，焉能自止。归经汤中以瓦楞子之味咸、质重平冲降逆，合益母草、当归、赤芍祛瘀生新，配牛膝、泽兰助瓦楞子引血下行，更加卷柏清热凉血，乳香、没药、三棱活血祛瘀，香附疏肝理气降气。全方共奏引血下行归经，使经行常道，而无逆行之患。

2. 经行发热

付某，31 岁，1991 年 9 月 1 日初诊。

经行壮热 2 天。正值经期，前日感邪，月经即止，形寒壮热无汗，头痛欲裂，

烦躁不安，神昏谵语，胸闷胀痛。舌质紫绛苔黄腻脉弦数。证属热入血室。治宜邪泄热，清营凉血。方用小柴胡汤加减：柴胡 4.5 克，黄芩 4.5 克，知母 9 克，连翘 9 克，赤芍 9 克，焦栀子 9 克，天花粉 9 克，茜草 9 克，丹皮 9 克，孩儿参 10 克，生甘草 3 克，鲜芦根 2 尺，3 剂。

二诊（1991 年 9 月 4 日）：药后汗出，壮热渐除，神志清楚，错语已无；月经再次得下，色黯量中，大便秘结，数日未解。脉细数，苔黄干。拟清润祛邪：铁皮石斛 12 克，杏仁 9 克，丹皮 9 克，知母 9 克，茯神 12 克，天花粉 9 克，黄芩 9 克，瓜蒌仁 9 克，柏子仁 9 克，焦栀子 9 克，炙鸡内金 9 克，连翘 9 克，鲜芦根 2 尺，3 剂。

三诊（1991 年 9 月 7 日）：大便已下，余邪得解，月经干净，胃纳欠佳，心悸怔忡。舌淡苔薄脉细弱。遂予归脾汤补益心脾后病乃痊愈。

按： 本例正值经期，血海空虚，热邪乘虚而入，与经血相博，正邪相争，博结于血室，而致经水停止，血结胞宫，为热入血室。《伤寒论》云："妇人中风，七八日续得寒热，发作有时，经水适断者，此为热入血室。其血必结，故使如疟状，发作有时，小柴胡汤主之。"故本例治疗效仿仲景法，用小柴胡汤为主。方中柴胡疏肝理气，达表解肌升阳，使陷入血室之外邪透达而出；黄芩养阴清热，半表半里之热邪得以内化；参、草补气调中，使邪不得复传入里。再用连翘、丹皮、焦栀子、知母清热凉血，使热邪退，月经下。因大热已去，热去伤阴，继予清润佐祛余邪，病得痊愈。

（六）绝经前后诸症

妇女在绝经前后，伴随月经紊乱或绝经出现如烘热汗出、烦躁易怒、潮热面红、眩晕耳鸣，心悸失眠、情志不宁等症状称为绝经前后诸症。

王某，45 岁，1991 年 9 月 4 日初诊。

月经紊乱半年，失眠数月。半年前月经周期不规则，量或多或少，常感心悸烦躁，夜来失眠，头晕目眩，神倦胸闷，甚则悲伤欲哭。舌淡润苔薄脉细弦。证属肾气渐衰，心营不足。治拟养血宁心安神。方用二齿安神汤合甘麦大枣汤加减：紫贝齿 30 克，青龙齿 15 克，紫丹参 24 克，灵磁石 30 克，淮小麦 30 克，红枣 15 克，茯神 12 克，九节菖蒲 3 克，炙甘草 6 克，琥珀末 1.2 克（吞），7 剂。

二诊（1991 年 9 月 11 日）：服药 7 剂后心悸减少，寐而少梦，略安睡，胸闷尚有，舌脉如上。继续予前方加生脉饮，5 剂。

68

三诊（1991年9月16日）：服上方后诸症皆除，夜寐安，舌质润脉细缓。原法治疗月余，诸症未现。

按： 本例为绝经前后，夜寐欠安，心悸烦躁，头晕目眩，神倦胸闷，甚则悲伤欲哭。证属肾气衰退，心营不足。方中贝齿、龙齿入心肝二经，镇惊安神；配灵磁石咸能润下，重可去怯，性禀冲和，无猛悍之气，更有补肾益精、潜阳纳气之功；合琥珀、茯神镇惊安神；丹参养血活血；淮小麦益气养阴，安神除烦；大枣益气和中，润燥缓急；更入菖蒲开心窍；甘草补益心气，和中缓急。全方共奏镇惊安神，清心除烦之功。

综上所述，裴老认为规律的月经不仅有赖于气血的充足，脉络的通畅，更有赖于肝脾肾三脏的共同调控，并根据月经周期的各个阶段采用不用的治疗方案。裴老擅长分期分经，辨证论治，独创多个验方如生地龙牡汤治疗崩漏，归经汤治倒经，二齿安神汤治疗经前紧张征，三黄忍冬藤汤治疗月经过多等难治性月经病，临床使用颇具疗效。

第三节　孕期安胎效堪夸

早在《周易》已认识到"男女媾精，万物化生"创造人的生命。《灵枢·决气》指出"两神相搏，合而成形，常先身生，是谓精。"这是人类认识生命起源的最早的记载。《女科正宗·广嗣总论》说："男精壮而女经调，有子之道也。"《女科经纶》引朱丹溪语曰："人之育胎，阳精之施也，阴血能摄之，精成其子，血成其胞，胎孕乃成。"受孕成胎乃男精女血之结合。裴老认为妊娠疾病离不开肝脾肾三脏的调控：肾为藏精之室，肝为藏血之脏，闭藏为肾所司，疏泄乃肝所主，二脏协调胎孕乃成。孕后胎长，仍须依赖母体的气血聚以养胎，气血由脾胃化生，胎系于肾，肾中精气充盛，脾胃壮健，则胎有所系，孕有所长，才能气血充实，可保十月分娩。孕期由于多种多样的因素，使得妊娠妇女会出现各种妊娠期疾病，进而危害胎儿的健康成长，甚至威胁孕妇的生命，故妊娠病须本着"安胎以益母，祛病则胎自安"的治疗原则，保证母体和胎儿的健康。

一、诊治妊娠剧吐

妊娠剧吐是孕早期常见疾病，中医称为"恶阻"，又称"子病"、"病儿"。

《胎产心法》云："恶阻者，谓有胎气，恶心阻其饮食也。"《金匮要略·妇人妊娠病脉证并治》曰："妇人得平脉，阴脉弱小，其人渴，不能食，无寒热，名妊娠，桂枝汤主之。"又提出干姜人参半夏丸治疗妊娠呕吐不止。隋代巢元方《诸病源候论·恶阻候》指出"此由妇人元本虚羸，血气不足，肾气又弱，兼当风饮冷太过，心下有痰水挟之，而有娠也"。宋代《妇人大全良方》谓"妊娠呕吐恶食，体倦嗜卧，此胃气虚而恶阻也"。《傅青主女科》"肝血太燥、肝急则火动而逆也"。裘老在充分理解各家思想的基础上，又根据多年的临床经验，从以下几个方面论述恶阻的病因病机及诊疗思路。

（一）恶阻责之冲气上逆

恶阻的发生与妊娠期机体特殊的生理状态有关，妇人受孕之后，精血下聚养胎，经血不泻，冲脉之气上逆，冲脉隶属于阳明；故而恶阻发生的主要致病机理是冲气上逆，胃失和降。其成因有三：其一，素禀脾胃虚弱，冲气循经上逆犯胃，夹胃气上逆而致恶心、呕吐；其二，脾虚不运，痰湿内生，则孕后冲脉气盛，夹痰上逆，胃失和降而致呕恶，正如《证治要诀》曰："恶阻者，盖其人宿有痰饮，血壅恶而不行，故饮随气上"；其三，肝体阴而用阳，孕后精血下聚养胎，阴血不足，肝失血养，肝体不足而肝阳偏亢，若孕妇忧思郁怒，肝失条达，肝气愈旺，火升气逆，胃失和降发为呕吐。

呕则伤气，吐则伤阴，呕吐日久，加之食入即吐，浆水不入，阴血不足，气无所依，而致气阴两虚。然胃阴伤不能下润大肠，便秘日甚，腑气不通，加重呕吐；而肾阴伤则肝气急，肝气上逆则呕吐愈甚，如此恶性循环，出现阴亏气耗之恶阻重症。

（二）调气和中，降逆止呕辨治恶阻

恶阻既以呕吐为主症，则其辨证当以呕吐物的性质及口感为要领，如呕吐清水、口淡无味者多属脾虚；呕吐痰涎、口中黏腻者多属脾虚夹痰；呕吐酸苦水、口干而苦者多属肝胃不和；而呕吐血性黏液者多属气阴两虚。其治疗当治病与安胎并举，治以调气和中，降逆止呕为总则，随症辨治。裘老强调用药时应注意避免升散、重坠之品，以防耗气动胎之虞。临床常见：脾胃虚弱证、痰浊中阻证、肝胃不和证，此三证失治误治而成气阴两虚证时则应中西医结合诊治。

1. 脾胃虚弱

临证由于脾胃虚弱，升降失常，冲气上逆犯胃，胃失和降而现。妊娠呕吐清涎，食少纳呆，甚则食入即吐，口淡乏味，头晕体倦，脘痞腹胀，神疲思睡，舌淡苔白，脉缓滑。治当健脾和胃，降逆止呕。药用香砂六君子汤加减：党参、白术、甘草、制半夏、陈皮、木香、砂仁。方中以四君子健脾胃，和中气；砂仁、半夏醒脾和胃，降逆止呕；木香、陈皮理气和中；生姜温胃止呕。全方补脾胃，降逆气，使呕吐得止。呕吐甚剧者加乌梅，呕吐痰涎者加化橘红和胃、降逆止呕；伴腰酸腹痛者加杜仲、菟丝子、桑寄生等固肾安胎。

2. 痰浊中阻

临证由于痰湿之体，或脾虚饮停，痰湿随冲气上逆犯胃而现：呕吐痰涎或黏沫，晨起尤甚，胸脘满闷，口中淡腻，头晕且重，倦怠嗜卧，舌淡胖，苔白腻，脉濡滑。裘老认为此证可由脾胃虚弱证进一步发展而来，乃因脾胃虚弱，运化失健，聚液成痰，蕴积胸中所致。治当化痰祛湿，降逆止呕。药用小半夏加茯苓汤加减：制半夏、生姜、茯苓、白术、砂仁、陈皮。方中茯苓、白术健脾祛湿；生姜、砂仁、半夏温胃醒脾，豁痰止呕；陈皮化痰理气，行滞止呕。诸药合用，则痰化湿祛，逆气得降，呕吐自平。若痰湿较重，可加用枇杷叶祛痰止呕；痰湿化热，症见吐黄水，苔黄腻，则加黄芩、竹茹清热化痰，降逆止呕；食少纳呆，加苏梗宽中理气。

3. 肝胃不和

临证由于肝火上逆犯胃，胃失和降而现。妊娠呕吐酸苦水，恶闻油腻，烦热口渴，口苦而干，头胀而晕，胸满胁痛，嗳气叹息，溲赤便结，舌红苔微黄，脉弦滑数。治当清肝和胃，降逆止呕。药用橘皮竹茹汤加减：橘皮、竹茹、大枣、党参、生姜、甘草。方中橘皮理气和胃、降逆止呕，合竹茹清热化痰、除烦止呕；党参补益中气，与橘皮合用使行中有补，生姜温胃止呕，配竹茹则一温一凉，共奏和中止呕之效；甘草、大枣益气和胃。诸药合用使肝胃得和，肝热自除，则呕吐自平。裘老临证常加枇杷叶、白芍、煅石决明以增强清肝、柔肝、降逆止呕之效。若口干神烦不得眠，加枣仁、炒栀子；头晕头胀甚，加钩藤清热平肝；呕甚伤津口渴喜饮则加沙参、石斛以养胃阴。

4. 气阴两虚

以上三型都可因呕吐不止，不能进食，而导致阴液亏损，精气耗散而现本证。精神萎靡，形体消瘦，眼眶凹陷，双目无神，肢软乏力，甚则呕吐带

浙江中医临床名家 · 裘笑梅

血样物，发热口渴，尿少便秘，唇舌干燥，舌质红，苔薄黄而干或光剥，脉细滑数无力。治宜益气养阴，和胃止呕。方用生脉散合增液汤加减：党参、麦冬、五味子、生地、玄参。方中生脉散益气生津，增液汤增液补阴，清热除烦，降逆止呕。若呕吐带血样物者，加白及、藕节凉血止血。裘老认为此证病情严重，须中西医结合治疗以纠正电解质和酸碱代谢紊乱。

（三）恶阻之治重在肺、脾、肝

裘老认为妊娠恶阻多由于脾胃虚弱、肝气上逆犯胃，胃失和降所致。由于阴血养胎，经血不泻，冲气旺盛，若孕妇忧思郁怒，肝失条达，肝气愈旺，肝木过旺，木反侮金，使肺金之气不得下降而成肺、脾、肝三脏同病。治当健脾和胃，清肺化痰，平肝降逆而止呕。裘老自拟验方健脾和胃饮，药用：党参 12 克、白术 9 克、陈皮 3 克、淡竹茹 9 克、法半夏 9 克、苏梗 2.4 克、砂仁 3 克、炙枇杷叶 9 克、煅石决明 30 克。方中党参、白术健脾补气，气充则脾健而胃强，运化得健；竹茹性寒味甘，入肺胃经，既能清肺降气又善清胃止呕；枇杷叶能清肺和胃，肺金清则肝气易平；砂仁、苏梗行滞利气；陈皮、半夏化痰理气、降逆止呕；石决明之重以平肝降逆。如此则肝逆得降，肺金得清，脾健胃强，恶阻自除矣。健脾和胃饮组方周密，肺、脾、肝三脏同治，对肝逆犯胃、肺气不降之恶阻，用之获效迅捷。

（四）恶阻临证注意

1. 临证治疗结合心理疏导

恶阻一证的发生尚与患者中枢神经系统功能不稳定有关，精神过度紧张、情绪不稳定的孕妇较易发生本病，临证中除药物治疗外，尚须结合心理疏导，应耐心倾听患者叙述，细心解释疾病病因及发展过程，正确认识妊娠早期所出现的恶心呕吐为正常的早孕反应，不久即会消失，不必过分重视或形成思想负担，解除患者顾虑，消除紧张恐惧心理；并嘱家属积极配合，避免精神刺激，保持乐观情绪；多听轻松舒缓的音乐，转移情志，帮助患者顺利度过早孕反应期。

2. 注意安胎以防伤动胎气

裘老认为：胎儿依靠母体的精血来营养，胚胎存于胞中，系于冲任，呕吐日久耗气伤阴，冲任之气受损，胎失所养，或阴虚火旺，扰动冲任而致胎漏、胎动不安；妊娠剧吐造成酮症酸中毒可影响胚胎生长，以致胎儿发育异常，或由于呕吐食少引起的营养不平衡也可以影响胎儿正常生长，如此则胎元不健而致胎动不安甚至造成流产。诸如此类，则临证治疗中应注意治病与安胎并举，裘老常于上述方剂中加入杜仲、桑寄生、菟丝子、枸杞子等益肾安胎之品以防伤动胎气。

3. 中西医结合救治恶阻重症

裘老认为恶阻早期病情较轻，不拒食之时应积极采用中药辨证论治，但若失于治疗或治疗不当，病情加重，甚则变生他证之时则应中西医结合，多法合用，积极施救。此时患者多药食不能进，则当静脉补液纠正电解质紊乱，配合针灸涌泉、足三里、内关等穴位，一旦危象纠正，即以中药益气养阴、健脾补肾之剂救治以防竭阴耗气而转为晚期。裘老强调本病虽为呕吐之证，如若失治误治，病情加重，发展为晚期，亦可亡阴亡阳而危及生命，此时则应考虑终止妊娠以"去胎救母"。

4. 强调饮食疗法

恶阻以"吐"为主，在治疗中应注意将中药浓煎，少量多次给予，徐徐将药服下，不宜急服多饮，以防药入即吐，或先服数滴生姜汁再服中药汁以温中止呕。在饮食上也以清淡而易于消化的食物为宜，少食多餐，切忌油腻、肥甘、辛辣之物，以免重伤胃气，劫津伤阴或困阻脾胃。呕吐较重时可以流质、半流质饮食为主。此外也可使用饮食疗法调治之。

1）砂仁鲫鱼：鲫鱼1条（约250克），砂仁6克，姜、葱少许。将鲫鱼去肠、肚、鳞、鳃，洗净，将佐料与砂仁粉拌均匀，入鱼腹，封口，紧盖碗内，蒸熟后服，一日一料。适用于恶阻脾胃不和者。

2）糯米250克、生姜汁3匙，将两者同炒，糯米炒至爆破，研粉备用。每次取糯米粉1～2汤匙，温开水调服，每日2次。

3）甘蔗榨汁，加入生姜汁数滴，频频饮服。

（五）验案举例

病案一 秦某，女性，25岁。1984年3月5日初诊。

妊娠70余天，呕吐食少，脘部作胀，神倦便溏。脉细滑，苔薄白，舌质淡红，边有齿痕。治用健脾和胃饮：炒潞参9克、炒白术9克、淡竹茹9克、炙枇杷叶9克、砂仁3克、苏梗3克、盐水炒刀豆子9克、仙半夏9克、煅石决明30克。服3剂，配合内关穴埋针1天，胃脘舒适，呕减思食。再宗前方，续服2剂，呕吐止，纳谷香。

按：患者孕后呕吐食少，伴神倦、便溏，舌淡红，边有齿痕，苔薄，脉细滑，是为妊娠恶阻之脾虚型的辨证要点。脾虚失运，水湿中阻，而现中脘胀闷，裘老以自拟验方健脾和胃饮加减治之，结合针灸穴位埋针获效明显。方中党参、白术益气健脾；砂仁、苏梗行气导滞；淡竹茹清胃止呕；仙半夏化痰理气、降逆止呕；枇杷叶味苦性凉，入肺胃经，功能清肺和胃，降气化痰，配伍刀豆子味甘性温以祛寒，入胃肾经，其入胃可温中降气而止呕，两者一凉一温，寒温并用，共奏降逆止呕之效，且刀豆子入肾经可温补肾元而安胎，用治脾胃虚寒之恶阻有一举两得之意。但方中石决明重镇降逆，应注意中病即止，防止过用动摇胎气，尤对于有胎动不安史患者更应注意，并可适当加用益肾安胎之品。

病案二 刘某，女性，27岁。1985年5月10日初诊。

妊娠2个月余，呕吐20余天。初能食，近1周食入即吐，不食亦吐，空腹时呕吐苦水，头晕心悸，烦渴口苦，小溲短赤；舌红苔黄，脉滑数。证属肝郁火盛上逆犯胃，治用抑肝和胃、清热降逆之剂：炒黄芩9克、黄连5克、苏叶3克、淡竹茹9克、仙半夏9克、旋覆花9克、炒白术10克、化橘红6克、乌梅5枚。煎浓汁分服，服药3剂。药后呕止纳香。

按：患者妊娠呕吐，不能进食，呕吐苦水，伴头晕心悸，烦渴口苦，小溲短赤，舌红苔黄，脉滑数。脉症结合当属肝胃不和，肝火夹胃气上逆作呕之证。裘老用苏叶黄连汤加减治之。方中苏叶和胃理气，降逆止呕；黄连苦寒以降胃气，加旋覆花下气消痰，配伍仙半夏降逆和胃，合黄芩清上焦之热以泻心火而止烦渴。呕吐日久必耗气伤阴，裘老于方中加用乌梅味酸性平，以化生津液而止烦渴，又能抑肝和胃、降逆止呕，配伍白芍酸甘化阴、养血敛阴安胎，则收敛之性更佳。

二、胎漏、胎动不安

胎漏、胎动不安，即西医所称"先兆流产"，也是妊娠期常见疾病。胎动不安之名首见于隋代《诸病源候论》，妊娠期间仅出现腰酸、腹痛或小腹下坠，或伴有少量阴道流血者，称为"胎动不安"，亦称"胎气不安"。胎漏之名首见于晋代《脉经》。《胎产心法》云："胎漏、胎动不安皆能下血，胎动腹痛，胎漏腹不痛。"胎漏仅见出血，胎动不安则以腰腹疼痛下坠为主症，而阴道出血为兼症，二者以有无腰腹疼痛为鉴别要点。裘老通过多年的临床经验总结，提出关于胎漏、胎动不安的以下观点。

（一）治病求因

胎漏、胎动不安的发病机理最早记载于隋代《诸病源候论》"妊娠漏胞候"及"妊娠胎动候"中，指出"漏胎者……冲任气虚，则胞内泄漏"，"胎动不安者多因劳役乏力，或触易冷热，或饮食不适，或居所失宜，轻者致转动不安，重者便致伤堕"。后世则归纳为两个方面原因：胎元方面为夫妇之精气不足，两精虽能结合萌始，但胎元不固，或胎元有缺损，胎多不能成实。《妇人大全良方》云："妊娠胎动不安，胎漏者由于冲任脉虚，受胎不实也。"母体方面为气血虚弱，肾气不足，或房事不节，耗损肾精，或因邪热动胎，或孕后跌仆闪挫，或手术和药物及有毒物质的影响，干扰胎气。

西医学认为，流产的病因包括：①遗传基因的缺陷：早期流产时异常比率为50%～60%，包括数目异常和结构异常。②外界不良因素：化学物质和物理因素的干扰。③母体因素：全身性疾病，生殖器官疾病，内分泌功能失调和创伤。如急性传染病、严重贫血、心脏病、高血压、肾炎或子宫发育不良、子宫畸形、子宫肌瘤均可影响胚胎发育，导致流产。④胎盘内分泌功能不足。⑤免疫因素：父方的组织相容性抗原、血型抗原、胎儿抗原、封闭抗体不足等。在诊治该病时，须先行排除遗传基因和生殖器官缺陷等非药物所能奏效的疾病，中西医手段结合治疗，常能取得较好的疗效。

结合中西医理论，裘老认为，冲为血海，有要冲之意；任主胞胎，有任养、担任之意。冲任气血不调，胎元不固，无力摄取养胎是本病发病的最终原因。主要病机可概括为冲任损伤，胎元不固。中医把母、胎之间的微妙关系以"胎元"来涵盖。而胎元包括胎气、胎儿、胎盘三个方面。胎元方面：父母精气不足，虽能成孕但难成胎；成孕后胎元不固，甚或胎元有缺陷，胎多不能成实。母体方面：素体肾虚、气血不足、素有癥瘕，饮食、生活、外伤等，此二者乃为病因。根据裘老的临床观察，本病之病因病机涵盖肾虚、气血虚弱、阴虚内热、血瘀四个方面，而外伤也可致胎漏下血及腹痛诸症。肾虚常因先天禀赋不足，房劳多产，大病久病，或孕后不节房事等导致肾气虚弱、伤肾耗精。气血虚弱乃由母体气血素虚、大病久病、思虑劳倦过度、饮食不节导致脾胃气虚，气血生化不足，气血虚弱，以致冲任匮乏，不能固摄滋养胎元，胎元不固。若素体阴虚，或房劳多产，久病失养，耗伤阴津，相火偏旺，虚热伤及冲任，或扰动胎元，乃成阴虚内热。血瘀乃宿有癥瘕瘀血、孕后不慎

跌仆闪挫或孕期手术创伤而致瘀阻子宫、冲任，胎元失养而不固。

（二）病因病机

综合各家学说，裘老认为，本病最常见之病因病机可概括为以下几个方面。

1. 脏腑功能失常

妇女以血为主，受孕之后，胞胎更赖营血的充养。然血源于脾胃，统属于心，藏受于肝，而肾精又是生化血液之本。所以脏腑功能活动正常，气血充盈，百脉流畅，是保证胎儿发育成长的根本。若脏腑功能失常，致气血失调，就会影响胞胎。如脾胃虚弱，不能运化水谷之精微而生血，则胎失所养；禀赋素虚，先天不足，肾气虚怯或因房事不节，耗伤肾气，无力系胎；情志不遂，肝气郁结，胎气受阻，壅遏不安。凡此，均可引起胎动不安、妊娠腹痛、胎漏或堕胎等病。

2. 气血失调

气血失调是妇科疾病中重要的发病因素。盖"气为血之帅，血为气之母"，二者相互依存，相互资生，故血旺气得所养，气生血有所依。当妇女受孕之后，血聚以养胎，致使机体相对处于气有余而血不足的状态。若血虚者，则胎失所养，气虚者，则胎元不固，气郁者，则胎气受阻，均可引起胎动不安、胎漏、滑胎等症。

3. 冲任受阻

冲为血海，任主胞胎。女子受孕后，胞胎有赖于冲任两脉的固摄充养。若冲任虚损，胞胎不固，势必引起胎动不安、胎漏、滑胎等症。诚如《医宗金鉴》所说："若冲任两经虚损，则胎不成实。"至于引起冲任受损的原因，或因邪毒感染，或因房事不节，或因气血不和，以及脏腑功能失调累及冲任。

此外，跌仆闪挫损伤胎气，亦会导致胎漏、堕胎等病。

（三）审因论治

历代医家对本病的辨证施治均提出了不同见解。《金匮要略·妇人妊娠病脉证并治》提出属血虚有寒之漏下和妊娠下血，治以胶艾汤；还提出安胎养胎的当归散和白术散，分别代表了一寒一热的安胎方。《诸病源候论》讨论了"劳疫气力"、"触冒冷热"、"饮食不适"、"居处失宜"、"行动倒仆或从高坠落"等因素致胎动不安，特别指出"其母有疾以动胎，治母则胎安；若其胎有不牢固致动以病母者，治胎则母瘥"的分治原则。陈自明《妇人大全良方·妊娠门》有"胎动不安"、"妊娠胎漏下血"等方论。朱丹溪在《丹溪心法·妇人产前》首创"芩、术安胎"，"产前清热"之说，"产前宜清热，令血循经而不妄行，故能养胎"。宋代《女科百问》提出"可预服杜仲丸"解除胎动不安之苦，首创补肾安胎法。明代张景岳《景岳全书·妇人规》提出"安胎之方不可执……但当随证随经，因其病而药之"的辨证论治原则，首先提出观察"腹痛、下血、腰酸、下坠"症状以决定安胎或下胎，完善了"治病与安胎并举"和"下胎"的两大原则。《傅青主女科》有"妊妇有失足跌损，致伤胎元……人只知是外伤之为病也，谁知有内伤之故乎"，"唯内之气血素虚，故略有闪挫，胎便不安"，"若止作闪挫外伤治，断难奏效"，"必须大补气血，而少加以行瘀之品，则瘀散胎安"。

裘老认为妊娠病可由经病发展而来，要消除妊娠病的病因，须在非孕期注意调理肝脾肾三脏，根据机体偏盛偏衰的不同，分别予补肾、健脾、疏肝。孕后胞系于肾，孕妇若禀赋怯弱，肾气素虚，或因房事不慎，耗伤肾阴，无力系胎，均可引起胞胎不固而流产。故孕期尤须重视补益肾气安胎。由于精血下聚养胎，阴聚于下而阳浮于上，阳气偏亢故常有一系列口干、便秘、身热等阴偏虚而阳偏盛之热象，故补肾又当滋肾阴为主。

辨证以妊娠期阴道下血、腰酸胀、腹痛、少腹下坠为四大症状，临床常见肾虚、阴虚血热、气血虚弱、血瘀四型。补肾安胎为基本治则。肾气虚者常有头晕、乏力、夜尿频多，面色晦暗，阴道流血色较淡，腰膝酸软，舌淡，脉沉弱；肾阴亏者，常伴足跟痛，头晕耳鸣，手足心热，两颧潮红，大便秘结，阴道流血色红质稠，舌红绛，脉细滑而数。肾气虚者，宜补气养肾，多用黄芪、党参、白术加菟丝子、桑寄生、怀山药之类。肾阴亏者，宜滋肾清热，常用生地、麦冬、枸杞子、旱莲草、女贞子加黄柏、地榆、苎麻根、桑寄生、杜仲等。辅以清热凉血、益气养血或化瘀固冲。但若安胎失败，胎堕难留或胚胎停止发育时当急以下胎益母。

1. 肾虚型

常因先天禀赋不足，房劳多产，大病久病，导致肾气虚弱，或孕后不节房事等伤肾耗精，冲任损伤，胎元不固发为胎漏、胎动不安。正如《女科经纶》说："女之肾脉系于胎，是母之真气，子之所赖也，若肾气亏损，便不能固摄胎元。"临证见：妊娠期中，腰部酸胀，两腿软弱，小便频数，甚至失禁，少腹下坠，或有阴道流血，胎动不安，甚则流血增多，其胎欲堕，面色苍白，

头晕耳鸣，言语无力，舌淡，苔白滑，脉沉弱。

证候分析：肾气虚不能固摄，无力载胎，冲任不固。胎失所系，因而少腹下坠，甚或阴道流血，胎动不安。肾主骨生髓，脑为髓之海，肾虚则骨不坚，髓不满，故两腿软弱，头晕耳鸣。肾与膀胱相表里，肾虚膀胱失约，故小便频数，甚则失禁。面色苍白，头晕耳鸣，言语无力，舌淡，苔白滑，脉沉弱，均为肾亏之象。

治法：补肾益气。

常用方药：裘老自创验方参芪胶艾汤加味（炒党参、清炙黄芪、阿胶、艾叶炭、菟丝子、桑寄生、怀山药、黄芩、冬桑叶）。本方主用黄芪、党参大补元气，气旺则血有所依，胎有所荫；合阿胶之养血，使气血协调；佐少量艾炭，引血归经。是方补中有敛，使血循常道，则无漏泄崩中之虞。况气血乃异物同源，两者相互依存，相互协调。按先贤之说"气为血之帅"，"调经宜先调气"，故方中以补气为主，使无形之气得以速固，以防下陷，不致气虚失摄，血漏不止。若出血量多或淋漓不尽，酌加止血药地榆炭、陈棕炭、仙鹤草、苎麻根炭、藕节炭、石榴皮等以收敛止血，增强益气固肾安胎之力；肾虚腰背酸楚，加苎麻根炭、杜仲、桑椹子、覆盆子等固肾又安胎。腹痛者，加白芍、甘草，以达解痉止痛之功；腹胀者，加佛手、苏梗、天仙藤、砂仁，以顺气止痛安胎。若出血量多如经，可加牡蛎、龙骨、龟甲加强固涩之力。

2. 阴虚血热型

多系素体阴虚，或房劳多产，久病失养，耗伤阴津，相火偏旺，虚热伤及冲任，扰动胎元，胎元不固。临证见：妊娠期中，阴道出血量多，色深红或鲜红，质黏稠，胎动下坠，心烦少寐，口渴喜冷饮，面时潮红，或有低热，尿少而黄，舌质红绛，苔薄黄，脉细滑而数。《景岳全书》曰："凡胎热者，血易动，血动者，胎不安。"

证候分析：阴虚生内热，热扰冲任，血脉受阻，不能制约，血热妄行，故胎漏下血，或胎动下堕；阴液不敷，致心烦口渴，舌质鲜红或绛红，舌苔薄黄，脉细滑而数，皆属阴亏内热之象。

治法：养阴清热，补肾安胎。

常用方药：保阴煎加减（生地、熟地、怀山药、白芍、黄芩、黄柏、甘草、牡蛎、地榆、紫珠草）合裘老经验方加味三青饮（冬桑叶、清竹茹、丝瓜络炭、熟地、山药、杜仲、菟丝子、当归身、白芍）。若阴道出血量少、舌红等可用保阴煎。如出现舌质绛红，阴道出血量多、质黏等阴虚内热重证，可合加味三青饮加减。方中桑叶滋阴降火，能清血海之热，合竹茹清热止血凉血，丝瓜络炭为治崩中动胎之要药。三者皆色青，故名三青饮。药入厥阴肝经，能清肝经之热，使相火静而安胎。熟地滋阴，山药、杜仲、菟丝子补肾，归身、白芍养血敛阴。诸药合用，共奏清热凉血、补肾安胎之效。

3. 气血虚弱型

多由母体气血素虚，或大病久病耗伤气血，或孕后思虑劳倦过度，或饮食不节，伤及脾阳，导致脾胃气虚，气血生化不足，气血虚弱，冲任匮乏，不能固摄滋养胎元，致胎元不固。《格致余论》曰："血气虚弱，不足荣养，其胎自堕。"临证见：妊娠期阴道少量流血，色淡红，质清稀；或小腹空坠而痛，腰酸，面色㿠白，心悸气短，神疲肢倦，舌质淡，苔薄白，脉细弱略滑。治当补气养血，固肾安胎。方药：胎元饮去当归，加黄芪、阿胶，或参芪胶艾汤加味。

若偏气虚者，症见腰腹酸痛，小腹空坠或阴道流血，色淡质稀，神疲肢软，少气懒言，面色㿠白，舌淡苔薄白，脉缓滑。治当益气固冲安胎。药用举元煎：人参、黄芪、升麻、白术、炙甘草，加杜仲、桑寄生、阿胶。

偏血虚者，症见腰酸腹痛，胎动下坠，阴道少量出血，头昏眼花，心悸失眠，面色萎黄，舌淡苔少，脉细数。治当补血固肾安胎。药用苎麻根汤：干地黄、苎麻根炭、当归、白芍、阿胶加杜仲、桑寄生、甘草。

4. 血瘀型

多由于宿有癥瘕瘀血，或孕后不慎跌仆闪挫，或孕期手术创伤，致气血不和，瘀阻子宫、冲任，使胎元失养而不固。临证见：宿有癥瘕，孕后常有腰酸腹痛下坠，阴道不时下血，舌暗红，或有瘀斑，脉弦滑或沉弦。治当活血消癥，补肾安胎。药用圣愈汤合寿胎丸加减。此法因活血药之应用，亦须中病即止，以防动胎。

（四）验案举例

病案一 吴某，女性，25岁。

初诊：妊娠4个月，宫体大如3个月，间歇性阴道出血1个月，伴腰部酸楚，纳差。舌淡红，苔薄，脉滑无力。辨证属肾虚气弱、胎元不固，治宜补肾益气安胎。药用：炙黄芪30克、炒党参15克、陈阿胶9克、艾叶炭3克、菟丝子12克、桑寄生12克、冬桑叶30克、炒白芍9克、怀山药12克。5剂。

二诊：腰酸除，胎漏止，舌红润，脉较有力。嘱其原方续服，以资巩固。

按：胞系于肾，孕妇若禀赋怯弱，肾气素虚，或因房事不慎，耗伤肾阴，无力系胎，均可引起胞胎不固而流产。本病为肾虚气弱，胎元不固而致胎漏，故用裘老经验方参芪交艾汤加味，益气补肾，清热养血。方中加味乃菟丝子、桑寄生、怀山药、白芍、冬桑叶，去黄芩之苦寒而易为白芍养血柔肝，菟丝子、桑寄生、怀山药增强补肾健脾之力，桑叶清热安胎。全方补肾益气为主，兼顾肝脾，收敛迅速。

病案二 杜某，女性，28岁。

1993年3月16日初诊：停经50天，尿妊娠试验阳性，房事后阴道流血一阵，色红，现减少，已出血2天。伴腰酸，下腹隐痛，胃纳尚可，味淡；脉细滑，苔薄白，舌淡。曾人流一次。辨证乃孕后房事不节，伤于肾气，兼之曾堕胎一次肾气受损，肾气虚则冲任不固，胎失所系，而成漏下。腰为肾之府，肾虚则腰酸。诊为肾虚型胎动不安，治以补肾、益气、止血安胎。药用：炙黄芪15克、炒党参15克、升麻9克、杜仲12克、桑寄生9克、地榆炭10克、炒白芍10克、陈棕炭10克、苎麻根炭20克、炙甘草3克。5剂。

3月21日二诊：阴道出血已除，腰酸腹痛减轻，味淡恶心，脉细滑。治以补肾和胃安胎。药用：炙黄芪15克、炒党参15克、杜仲12克、桑寄生9克、黑山栀6克、白术10克、冬桑叶12克、白芍10克、化橘红4.5克、青竹茹9克。5剂。药后腰酸除，胃纳振，精神佳。嘱前方继服7剂以资巩固。

按：古人认为"精生血"，"精血同源"，故肾精对血的生成有着重要的影响。妇女以血为本，经、孕、产、乳皆以血为用。所以，肾精的充足与否，与妇女的生理、病理关系极为密切。本例患者曾堕胎一次，肾气、肾精受损，兼之房事不慎，更损肾阴，肾虚无力系胎，肾精不足无以养胎，肾阴虚血热妄行，而止胎漏。本方主用黄芪、党参大补元气，气旺则血有所依，胎有所荫；合升麻、地榆炭、陈棕炭、苎麻根炭清热止血升提。俟阴道流血净后再投白术。白芍、橘红、竹茹等品养胃和胃，桑叶、山栀清热凉血，补肾之中共奏安胎之效。

病案三 黄某，女性，26岁。

1992年7月17日初诊：妊娠2个月，腰酸若坠，时有下腹隐痛，5天前出现阴道少量流血，色深红，质黏；胃纳不振，恶心呕吐，夜寐不安，口干便秘；舌质红绛，脉细滑带弦。既往曾两次自然流产。证属阴虚内热。治宜养阴清热安胎。药用：生地炭12克、白芍10克、怀山药15克、黄芩炭9克、黄柏6克、甘草5克、桑寄生9克、杜仲15克、紫珠草15克、菟丝子15克、丝瓜络炭 6 克、冬桑叶 30 克、清竹茹 12 克。7 剂。

7 月 24 日二诊：服前药后阴道出血止，恶心呕吐亦好转。再宜清热益肾安胎，药用：桑寄生 9 克、白芍 12 克、怀山药 15 克、黄芩 6 克、甘草 5 克、生地 12 克、杜仲 15 克、太子参 15 克、菟丝子 15 克、冬桑叶 15 克、清竹茹 10 克、苏梗 5 克、归身 12 克。

服 7 剂，诸症愈。再服 3 个月停药，随访观察，足月分娩。

按：本例患者既往有 2 次自然流产史，多次堕胎损伤肾气，耗伤阴津，肾阴虚相火偏旺，虚热伤及冲任，冲任不固致阴道下血。脉证合参，属阴虚内热，故从养阴清热立法，使阴能合阳，阳热不扰冲任，则胎元自固。药用加味三青饮合保阴煎加减，既能滋肾清虚热止血，又平肝气而止恶心呕吐，故药到病除。二诊略作增减，着重滋肾养阴，以收全功。

病案四 潘某，女性，25 岁。

1987 年 5 月 13 日初诊：妊娠 3 个月，阴道持续出血 20 余天，量多少不一，色鲜红，偶有小血块，腰酸腹痛。曾用西药保胎治疗，血仍未止。脉细滑，苔薄，舌质微紫。辨证属肾阴亏，阴虚内热，胎元不固。治宜滋肾清热安胎，方用保阴煎化裁：生地炭 30 克、陈棕炭 15 克、桑寄生 12 克、煅石决明 15 克、狗脊炭 15 克、炒白芍 15 克、冬桑叶 30 克、怀山药 9 克、乌梅 2 枚、苎麻根炭 30 克、炙甘草 3 克、炒杜仲 15 克、陈山萸肉 9 克。3 剂。

5 月 16 日二诊：药后阴道流血量减少，腰酸亦轻，腹痛除。脉舌同前。治守前法：生地炭 30 克、杜仲 15 克、怀山药 9 克、青竹茹 9 克、狗脊炭 15 克、墨旱莲 15 克、冬桑叶 30 克、桑寄生 15 克、椿皮根 12 克。5 剂。

三诊：阴道出血已净，腰酸尚存。脉细滑，左手明显。治用补肾安胎以巩固：怀山药 12 克、菟丝子 9 克、桑寄生 9 克、冬桑叶 30 克、苎麻根炭 15 克、炙甘草 2.4 克、炒白芍 9 克、白术 4.5 克、制狗脊 12 克、青竹茹 12 克。5 剂。

按：肾阴亏而胞宫有热，以致胎漏，临床屡见不鲜。本例于重用益肾药中，兼清热滋阴安胎。补阴而无浮动之虑，缩血而无寒凉之苦，使子宫清凉，血海自固，胎漏自除。裘老治疗该型患者，对症灵活用药，主方仍为保阴煎加冬桑叶、竹茹，清肝经之热，屡收奇效。

病案五 唐某，女性，30 岁。

1986 年 2 月 15 日初诊：妊娠 2 个半月，阴道不规则出血，量多少不一，色或紫或红已 10 余天，少腹时有隐痛，腰酸下坠；脉细滑，苔薄，舌淡。辨证属脾肾两虚，胎元不固。治宜健脾益气养血，补肾安胎：党参炭 20 克、

菟丝子饼 12 克、升麻炭 4.5 克、阿胶珠 12 克、黄芪炭 15 克、怀山药 12 克、炒白芍 9 克、陈棕炭 12 克、苎麻根炭 30 克、白术 9 克、炙甘草 2.4 克、桑寄生 12 克。3 剂。

2 月 18 日二诊：药后腹痛好转，腰酸减轻，阴道出血量少，色不鲜。脉细滑，舌质淡。药中病所，仍守前法：党参炭 15 克、怀山药 12 克、椿根皮 12 克、陈棕炭 15 克、黄芪炭 15 克、狗脊炭 12 克、石榴皮 9 克、苎麻根炭 30 克、升麻炭 4.5 克、地榆炭 15 克。3 剂。

2 月 21 日三诊：漏红已净两天，腹痛除，腰酸亦瘥，续用健脾益肾安胎之剂善后。

按：胎漏、胎动不安之气血虚弱型，多因脾肾不健，生化乏源所致，使胎失所养，胎元不固。本例妊娠漏红，伴有腹痛，显系流产之兆，而舌淡，脉细滑，腰酸下坠是辨证脾肾两虚、胎元不固的着眼点。首方以党参、黄芪、白术、炙甘草补脾益气，复加升麻以举下陷之中气而载胎；又以菟丝子、山药、桑寄生之类以补肾安胎；佐苎麻根炭、陈棕炭固涩之品以止血安胎。合之共奏健脾补肾、止血安胎之效。药既中病，故嗣后二诊均以原法增减，以收全功。

病案六 朱某，女性，31 岁。

1992 年 3 月 26 日初诊：患者停经 45 天，阴道少量流血 5 天，色淡红；身倦神疲，乏力嗜卧，少腹坠胀感，伴腰酸，苔薄白，舌胖质红，脉细滑。曾于 1 年前自然流产一次，近日 B 超示"宫内活胎"。此乃气虚系胞无力，血虚胞失濡养，气血虚弱不能化精滋肾。治疗宜益气养血，补肾安胎。处方：太子参 30 克、炒白术 9 克、怀山药 12 克、扁豆 10 克、苎麻根炭 30 克、仙鹤草 30 克、侧柏炭 10 克、黄芩炭 10 克、地榆炭 15 克、升麻炭 10 克、桑寄生 12 克、炒杜仲 15 克。5 剂。

二诊：阴道出血已止，少腹坠胀及腰酸已除，身倦乏力仍存。改用八珍汤化裁：太子参 20 克、炒白术 10 克、炙甘草 3 克、陈皮 5 克、归身 10 克、山药 12 克、熟地 12 克、扁豆 10 克、桑寄生 12 克、炒杜仲 12 克。服 7 剂后诸症好转，胃纳较振，续用原方 7 剂以资巩固。

按：本患者阴道出血色淡红，乃血虚之象。身倦神疲，乏力嗜卧，少腹坠胀感，伴腰酸，此乃脾肾两虚，脾运不健，脾气不能升清，腰为肾之府，肾虚则腰酸。此乃气虚系胞无力，血虚胞失濡养，气血虚弱不能化精滋肾。舌质红乃血中有热之象，故首剂大量选用清热止血药物，待血止后继续予补气养血。由于孕后精血下聚养胎，阴血相对不足，且古训有产前宜凉、产后宜温之说，因此补气药常将党参易太子参加强清补之功。这也是裘老治疗妊娠病的特点之一。

病案七 丁某，女性，27 岁。

1996 年 3 月 10 日初诊：妊娠 2 个月余，阴道少量流血 20 余天，间歇有之，量多少不一，色暗；少腹胀痛拒按，腰酸，头晕，肢软；脉细涩滑，舌质紫绛。曾于 1995 年 8 月孕 50 余天流产一次。此属堕胎后瘀血停滞冲任，再孕后新血不得归经，胎元失养，冲任不固。辨证属血瘀型，治宜活血养血、补肾安胎。药用：太子参 15 克、炙黄芪 12 克、杜仲 15 克、白芍 10 克、菟丝子 15 克、桑寄生 15 克、陈阿胶 9 克、当归炭 9 克、川芎 6 克、牡丹皮 9 克、延胡索 9 克、地榆炭 9 克、砂仁 5 克。5 剂。

3 月 15 日二诊，服前药后，次日阴道下血色暗夹小瘀块，腹痛顿除，3 天后阴道出血净。续用八珍汤合寿胎丸善后：太子参 20 克、炒白术 10 克、炙甘草 3 克、陈皮 5 克、归身 10 克、砂仁 5 克、熟地 12 克、桑寄生 15 克、炒杜仲 12 克、苎麻根炭 12 克、阿胶 10 克。服 10 剂，腰酸除，胃纳、精神振。继服 10 剂以资巩固。

按：《内经》说："血实者宜决之。"唐容川说："瘀血不行，则新血断无生理。"血证可由瘀血阻滞经脉而致，尤其是出血之后，每多留瘀。瘀血不去，新血难安，血必复出。因此，消瘀一法，亦是血证治疗的重要措施之一。本例乃堕胎后气滞血瘀引起，瘀血停滞，女子血不归经。其阴道流血色暗夹血块，少腹胀痛拒按，脉细涩，舌质带紫，是瘀血的重要辨证依据，故用圣愈汤合寿胎丸加减行气逐瘀，瘀去新生，血能归经，冲任自固，胎漏自止。药中少加川芎活血行气，归身炭活血止血，陈阿胶取其陈年黏滞之性，活血止血，砂仁理气行血安胎，全方补而不滞，行血活血而无攻下之虞，故药达病所，乃取全效。

裘老在几十年的行医生涯中，凭借高超的医术，使无数患者安胎成功，喜得麟儿，不愧被赞为"华夏奇指"、"人间观音"。

第四节 病证结合诊带下

一、带下病之定义

带下有广义和狭义之分。广义带下是指妇科经、带、胎、产等一切疾患，

因这些疾病多发生在带脉以下，故称为"带下"。《史记》中提及扁鹊为"带下医"，即指诊治妇人疾病的医生。狭义带下有生理和病理之分，女子随着发育成熟，阴道内可有少量白色透明无异味的分泌液排出，在月经期前后或排卵期、妊娠期均可适量增多，此为正常生理性带下，其主要来源是宫颈腺体、子宫内膜、前庭大腺的分泌物及阴道黏膜的渗出液，有着润泽阴道和外阴、抗御细菌感染的作用。绝经前后白带减少而无明显不适，也为生理现象。生理性带下的特征为带下量少、无色或白色、质地黏而不稠，无特殊气味。病理性带下是专指妇女阴道内所排出的分泌液，在量、色、质、气味上有明显的异常，称为"带下病"，可伴有局部不适感或全身症状，如外阴灼热瘙痒、下腹作痛，或头昏目眩，腰膝酸软等。

二、带下病分类

带下病是妇科最常见的疾病之一。过去"带下"常专指带下过多，随着现代医学的发展，带下过少亦得到医家重视，裘老在医案中多次提到，认为带下过少的发病与肝肾亏虚、精亏血少、血瘀等有关，类似现代医学中之卵巢早衰、绝经后卵巢功能下降、手术切除卵巢后、盆腔放疗后、严重卵巢炎及席汉综合征等因卵巢功能衰退导致雌激素水平低下而致阴道分泌物减少。

三、带下过多的治疗

对于带下过多，裘老通过多年临床研究，主要从以下两个方面治疗带下过多。

（一）审病求因

历代医家对带下病的记载甚多，《素问》中首见"带下"之名："任脉为病，女子带下瘕聚"，提出了带下病的病机乃"任脉为病"。《金匮要略》最早记载经、带合病："妇人经水闭不利……下白物，矾石丸主之。"《诸病源候论》专列"带下候"，明确提出带下病之名，并论述其病因病机。

《傅青主女科》将其列为首卷，认为"夫带下俱是湿证，而以带下名者，因带脉不能约束而有此病"。产生带下病的原因，亦众说不一，沈尧封曰："带下有主风冷入浮络者，巢元方、孙思邈……是也，有主湿热者，刘河间，张洁古……是也，有主脾虚气虚者，赵养葵，薛立斋……是也，有主痰湿者，丹溪是也，有主脾肾虚者，张景岳……是也。"刘河间也曾提到：任脉湿热，津液溢而为带下。

裴老概括中医妇科文献对带下病因的记载，乃"虚""郁""湿""热"所致。认为带下病的成因，以湿为主；其病变部位在任带二脉。湿为六淫病邪之一，分为内湿和外湿两种。由于脾气虚弱，水谷之湿不能正常运化，湿邪随脾虚而下注，浸淫带脉而为带下，这是内湿引起的带下病。由于经期不注意卫生，涉水淋雨，或产后胞脉空虚，洗涤用具不洁，正气亏虚，湿毒之邪乘虚入侵胞宫，累及带脉而为带下，这是外湿所引起的带下病。

湿邪虽是致病的条件，但导致湿邪的侵害和转化，还在于人体内肝脾肾三脏功能的失调。如脾虚，则湿滞；若脾肾阳气不足，则湿从寒化；若肝郁化热，则湿从热化。任脉不固，带脉失约，湿浊下注，而为带下。

所有这些病因病理以及外感湿毒，都可能循经脉而浸淫带脉。因此，临床出现的各种类型的带下病，应本着病因为本，症状为标，正气为本，邪气为标等辨证原则，分别进行辨证论治。

裴老认为，带下病不是单纯的妇科疾病，在现代医学理论中，带下仅作为女性生殖系统的多种疾病中的一个症状。常见的阴道炎、宫颈炎、盆腔炎以及生殖系统肿瘤等，都可有不同程度的带下增多，临床上以滴虫阴道炎、念珠菌阴道炎、老年性阴道炎、宫颈炎和盆腔炎等所致者为多见。故临证必须根据患者症状，详细分辨，审证求因，内外分治，中西医合参，方可获卓效。

此外，带下病还包括白崩及白淫之疾。白崩，乃白带量多、清稀如注，多见于老年和中年妇女，是带下的重症，多由于劳伤过度、脾肾阳虚、任带不固而致。白淫是指夜间梦交而从阴道流出白色或黄色黏液而言，多由于欲火妄动或房事太过、下焦湿热而致。

（二）辨证治本

裴老认为，带下可分寒、热、虚、实，不外乎脾虚气陷、下焦湿热、肝经郁火、肾失固摄，亦有因感受湿毒而起者。色有青、黄、赤、白；味有腥有腐；量有多有少；质有清有稠。临证必须根据这些症状，详细分辨，审证求因，方可对症下药。以带下的量、色、质、气味为辨证要点。带下色淡、质稀属虚寒，带下色黄、质稠，有秽臭为实热。治则以除湿为主：治脾宜运、宜升、宜燥；治肾宜补、宜固、宜涩；湿热和热毒宜清、宜利。实证治疗还需配合

外治法。

1. 脾虚湿困

常因患者素体脾虚，或饮食无节、劳倦过度、忧思气结，损伤脾气，脾虚运化失常，水谷之精微不能上输以化血，反聚而成湿，流注下焦，伤及任带而为带下过多。《女科经纶》有云："白带多是脾虚……脾伤则湿土之气下陷，是脾精不守，不能输为荣血而下白滑之物。"临证见带下量多，色白或淡黄，质稀薄，或如涕如唾，绵绵不断，无臭；伴面色㿠白或萎黄、倦怠乏力、纳少便溏，或体胖肢胀，舌淡胖，苔白腻，脉细缓等脾虚湿困证。治宜健脾益气，升阳除湿。裘老对该证的治疗，一般择用傅氏完带汤，或六君子汤加减；若脾气下陷者，则采用补中益气汤；若脾虚甚者，腹胀而泻，加薏苡仁、炒扁豆，以增强健脾除湿之力；若脾虚湿盛，症见脘闷腹胀，当除党参、白术，而重用苍术，酌加茯苓、厚朴，以健运燥湿；若病久，白带如崩，小腹空坠者，加鹿角片、乌贼骨、金樱子、芡实，以温阳固涩；若气虚较甚者，可加黄芪，以助补气之力；若脾虚日久伤肾，症见腰背酸楚者，可加杜仲、菟丝子、狗脊、续断，以壮腰益肾；若湿蕴化热，白带色黄黏稠者，宜健脾祛湿，清热止带，方用易黄汤。

2. 肾阳虚

多由于素体禀赋不足、房劳多产、年老体虚、大病久病等伤肾，肾阳亏虚，命门火衰，任带失约；或肾气不固，封藏失司，精液滑脱而致带下过多。《万氏妇人科》曰："白带者，时常流出清冷黏稠，此下元虚损证也。"临证见：带下量多，绵绵不断，质清稀如水，或白带清稀量多，状如蛋清，淋漓不断；腰酸膝软，面色晦暗，大便溏薄，小便频数清长，小腹冷感，头昏眩晕，四肢不温；舌质淡胖，苔薄白，脉沉细。治当温肾培元，固涩止带，方药则用裘老自创验方补肾固带汤。方中党参、附片补肾益气温阳，固摄任带二脉；芡实、桑螵蛸温肾固精止带，龙牡收敛固涩，赤石脂甘温而涩，温阳固涩止带，白鸡冠花利湿止带。同时桑螵蛸甘咸入肾，为引经药，与诸药合用共奏良效。若大便溏泄者，去肉苁蓉，加补骨脂、肉豆蔻、山药，以健脾益肾；如症见夹湿者，加苍术、茯苓、扁豆、薏苡仁，以健脾化湿；夜尿频多者，加金樱子、益智仁，以补肾缩尿。

3. 肾阴虚

多由于素体阴虚、年老真阴渐亏，或久病失养，暗耗阴津，相火偏旺，阴虚失守，复感湿邪，伤及任带而致。临证见带下量多，色黄或赤白相兼，质稠有腥味，阴部灼热涩痛，或阴部瘙痒；头昏耳鸣，烦热口渴不欲饮，腰酸膝软，心烦少寐；舌质红，少苔或黄腻，脉细数。治宜滋阴益肾，清热止带，方选知柏地黄丸或大补阴丸加味，加竹茹、椿根皮。如阴部灼痛甚者，可加女贞子、旱莲草、黄精，以增强滋阴降火的作用；若带下血性量多者，可酌加生地榆、贯众炭，以清热凉血止血；小便赤热涩痛，可加木通、甘草梢，以利湿通淋；心烦少寐者，加淮小麦、百合，滋阴养心安神；腰酸者，加杜仲、潼蒺藜，以补肾壮腰；带下量多者，加赤石脂、金樱子，以补肾固涩止带。咽干口燥甚者加生地、麦冬；五心烦热甚加地骨皮、银柴胡；头晕目眩者加白菊花、钩藤；舌苔厚腻者加薏苡仁、扁豆、车前草。

4. 湿热下注

多由于经行产后，胞脉空虚，摄生不洁，湿热内犯；或淋雨涉水，或久居湿地，感受湿邪，蕴而化热，伤及任带而致。或因脾虚生湿，湿蕴化热，扰及任带；或肝郁化热，肝气乘脾，脾虚失运，肝火夹脾湿流注下焦，损伤任带。临证见：带下量多，色黄或呈脓样，质黏稠有臭气，或带下色白质黏，呈豆腐渣样，外阴瘙痒，阴痒明显及胸胁胀闷，口苦纳差，小便短赤，烦热口干，小腹胀痛，或伴月经量多、淋漓拖日；舌红，胎黄腻，脉弦或弦数。治当清热利湿，佐以解毒杀虫。药用止带方加减：猪苓、茯苓、车前子、泽泻、赤芍、丹皮、黄柏、栀子、牛膝、茵陈。若带下见有血性者，可酌加马齿苋、木贼草、椿根皮，以清热止血；腹痛者，加川楝子、延胡索、乳香、没药，以理气化瘀止痛；若胸胁胀闷、纳差者，酌加柴胡、枳壳、山楂、麦芽，以疏肝和胃；如见外阴瘙痒者可配合外洗，药用苦参、蛇床子、百部、黄柏、苏叶，煎汤熏洗。一日1～2次。若肝郁化热，症见带下色赤，伴情志抑郁，多用丹栀逍遥散；肝经湿热下注，症见带下色黄或黄绿，质黏稠或呈泡沫状，有臭气、阴部瘙痒，伴烦躁易怒，口苦咽干，头晕目眩，舌边红，苔黄腻，脉弦滑者，治宜清肝利湿止带，药用龙胆泻肝汤去木通：龙胆草、栀子、黄芩、泽泻、车前子、当归、生地、柴胡、甘草。该方苦寒清泻，用时可酌加鸡内金、扁豆、薏苡仁以防伐胃。如火热盛而伤阴，舌苔出现光剥，加白芍、石斛而育阴。

5. 热毒蕴结

多由摄生不慎、阴部手术消毒不严、经期产后忽视卫生致热毒直犯下焦；热甚化火成毒，或湿热遏久成毒，热毒损伤任带二脉而致。临证见：带下量多，色黄黏稠，或黄绿如脓，甚则脓血杂见，质黏稠，有臭气，或腐臭难闻，阴肿灼热；小腹作痛，大便干结，小便黄少，烦热口干头昏，或有身热，伴

见月经先期、量多，或不规则阴道出血；舌质红，苔黄腻；脉数或滑数。治当清热解毒除湿。药用裘老自创之清解汤：红藤、土茯苓各15克、紫花地丁、黄芩各9克、凤尾草、栀子各6克、黄柏3克、白果10枚。方中红藤、紫花地丁清热解毒，黄芩、黄柏清利三焦湿热，凉血解毒，泻火除烦，少加白果以收敛止带。全方有利有涩，通达三焦，疗效斐然。若热毒盛与气血相搏，症见恶寒发热，小腹疼痛者，加连翘、败酱草、薏苡仁以清热解毒，利湿排脓，加赤芍、丹皮以凉血解毒，加延胡索、川楝子以理气止痛；大便秘结者，加枳实、柏子仁、生大黄，以通腑气，泄热毒；如见血性带者，加地锦草、焦山栀、生地榆，以清热止血；若脾胃虚弱，正气不足者，加黄芪，以扶正托毒；若外阴瘙痒者，可配合外洗方：野菊花、黄柏、百部、蛇床子。

（三）验案举例

病案一 陈某，女，45岁。

1964年10月27日初诊：两腰酸楚，下肢酸软，步行缓慢，困倦畏寒，纳谷不馨，尿频，带下绵绵，清稀，无臭味，无腹胀，自云多产所致。平时经汛尚规则。白带常规检查无滴虫无真菌。脉濡细，苔薄白。

治用补肾固带汤加减：菟丝子饼10克、炒杜仲10克、桑螵蛸15克、芡实15克、淡附片3克、煅龙牡各15克、赤石脂10克、炙白鸡冠花10克。

11月5日二诊：上方服7剂，腰酸痛减轻，下肢有劲，尿频、畏寒亦瘥。前方除桑螵蛸，加大熟地10克、继服7剂。

按： 本例患者期将更年，天癸将竭，兼之多次孕产损伤肾气，肾气衰退，封藏失司，致带脉失于约束，不能固摄，而带下绵绵。辨证乃为肾虚带下。治用补肾固胎汤，加强督带两脉职司。方中芡实、桑螵蛸补肾固精，附子助阳，菟丝子饼、杜仲增强补肾之力；更入龙骨、牡蛎、赤石脂收敛固涩，佐白鸡冠花清热止带。方中附片1味，温阳补肾，旨在阳生阴长之意。二诊除桑螵蛸之助阳，加熟地以滋阴，使阴生阳长，阴阳平衡，肾气得充，带脉得固。

病案二 缪某，女，32岁。

1973年5月18日初诊：患者于1971年5月因陈旧性宫外孕而手术，术后常感少腹隐痛。1973年3月24日因高热腹痛到某医院急诊住院，诊断为急性盆腔炎，给予抗感染治疗。高热退，腹痛未除，带下颇多，多黄秽臭，质黏稠，伴腰痛，便干溲赤。末次月经1973年5月15日，未净。肛检：子宫前位偏大，宫体压痛不明显，活动较差，两侧附件增厚，右侧可触及小核桃大包块，有压痛。脉弦细，舌泛紫。治用清热凉血化湿之剂：忍冬藤 30 克、红藤 20 克、大青叶 9 克、炒当归 9 克、大麦芽 15 克、生山楂 15 克、炒川芎 3 克、制军 9 克、大豆卷 10 克、制延胡索 12 克、紫花地丁 9 克。

5 月 23 日二诊：服药 5 剂后，经净，腹痛稍有减轻，但带下仍多，色黄或夹赤带，食欲不振。苔转白腻，脉细弦。治以前方去当归、川芎、制军，加鸡内金 9 克、川楝子 9 克、马齿苋 9 克。

7 月 4 日三诊：服前方 40 剂，腹痛明显好转，食欲已振。妇检：宫体压痛消失，右侧包块消失，但附件仍增厚，有压痛。自觉仍有腰痛，带下。苔薄白，脉细弦。沿用前方，去鸡内金，加续断 10 克、炒杜仲 10 克、天仙藤 15 克。

上方随症加减，连服 2 个月余，附件压痛消失，增厚不明显，带下色转白，秽臭除。每遇疲劳，略感少腹作胀。再嘱患者前药隔日服月余，注意劳逸结合，以收全功。

按：本例为现代医学之盆腔炎，中医辨病辨证属带下之湿热下注型。此病因腹部手术后，湿热之邪内侵，病延 2 年，正不胜邪，邪瘀交阻而凝结成块。主方采用裘老自创验方"二藤汤"加减，以达到清热化湿、凉血活血、解毒祛瘀、消肿止痛之功，故治疗 3 个月包块消失，余症亦瘥。此例用药并未一味止带，而着重清热解毒，湿热去则带下亦愈，体现了裘老治病求本，注重整体的治疗原则。

四、带下过少的辨证论治

（一）病因病机

裘老认为，导致带下过少的病因与肝脾肾三脏密切相关。先天禀赋不足，肝肾阴虚，或房劳多产、七情内伤，均可致肝肾亏损，血少精亏，阴液不充，任带失养，不能滋润阴户。素体脾弱，化源不足，或大病久病，堕胎多产，营血暗耗，或经期产后，瘀血不去，新血不生，精血阴津难以敷布阴户。主要病机为肝肾亏损、血枯瘀阻，以致阴液不足，不能润泽阴户。

（二）辨证施治

1.肝肾亏损证

症见带下过少，甚至全无，阴部干涩灼痛，或伴阴痒，阴部萎缩，性交疼痛；

头晕耳鸣，腰膝酸软，烘热汗出，烦热胸闷，夜寐不安，小便黄，大便干结；舌红少苔，脉细数或沉弦细。治当滋补肝肾，益精养血，药用左归丸加减。若阴虚阳亢，头痛甚者加旱莲草、女贞子、珍珠母、石决明；若下焦热盛，小便频数者加黄柏、知母、白茅根、车前子；若腰膝酸软较甚者可加续断、狗脊、杜仲；口干兼大便干结者加肉苁蓉、生地、麦冬、何首乌、柏子仁。亦可佐以白鸡冠花、木槿花、椿根皮。

2. 血枯瘀阻证

症见带下过少，甚至全无，阴中干涩，阴痒；面色无华，头晕眼花，心悸失眠，神疲乏力，或经行腹痛，经色紫暗，有血块，肌肤甲错，或下腹有包块；舌质暗，边有瘀点瘀斑，脉细涩。治宜补血益精，活血化瘀，药用小营煎或参苓白术散加丹参、桃仁、牛膝。裘老应用上述两方治疗带下过少，常加米仁、扁豆、陈皮、泽泻、木槿花、白鸡冠花之类，以增强利湿止带之功，效验益彰。大便干结者，加胡麻仁、首乌；小腹疼痛明显者，加用川楝子、延胡索；下腹有包块者，加鸡血藤、三棱、莪术。

（三）验案举例

病案 徐某，女性，55 岁。

1994 年 3 月 2 日初诊：绝经半年，近两月少腹作胀，尿频尿急，腰酸若折，带下量少，色黄有异味伴外阴瘙痒，阴部干涩灼痛；食欲不振，纳差，夜寐不安，小便黄，大便干结；舌红，脉沉细弦。治当滋补肝肾，清热止带。药用：忍冬藤 20 克、淡竹叶 5 克、炙石韦 10 克、甘草梢 3 克、通草 10 克、制续断 10 克、煨狗脊 10 克、菟丝饼 10 克、桑寄生 10 克、半枝莲 9 克、炒扁豆 10 克、炒枳壳 9 克、炙鸡内金 9 克。7 剂。

3 月 9 日二诊：服药后，带下量少，无异味，腰酸好转，小便正常，胃纳尚可，脉细缓，苔薄白。前方加枸杞子 10 克、杜仲 10 克、山萸肉 10 克、去淡竹茹、炙石韦、甘草梢、通草，7 剂。

三诊：诸症除，改用六味地黄丸加柴胡 10 克，白术、白芍各 10 克，桑寄生 10 克。再嘱其服药半年，以资巩固。

按：患者期届更年，肾虚督脉亏损，水不涵木，肝阴亏虚，阴液不充，任带失养，感受湿热，发为带下，阴痒，乃肝肾亏损兼有湿热。故首诊以清化为主，兼顾补肾，带下止后再补肝肾，阴液得充，诸证自除。

五、"五色带"的辨证论治

傅青主根据带下的色泽和伴有的症状，将其分为白带、黄带、青带、赤带、黑带。裘老效法先贤，以五色辨带下，白带乃带下量多、色透明或乳白，黏稠如涕或清稀如水，无腥臭味，属寒湿、水湿、湿浊；黄带带下量多，色黄，质黏稠，味秽臭，中医属湿热湿毒，西医属炎性带；青带带下青绿色，秽臭，中医属湿毒热毒，西医属严重炎性带；赤带带下色红，黏稠，似血非血，量多少不一，淋漓不断，中医属血热，西医属炎性出血；黑带带下似黑豆汁，中医属瘀血，西医系陈旧性出血绵绵而下；带下五色夹杂，性状如烂鱼肠，气味恶臭者，称五色带。五色带夹杂，应警惕恶性肿瘤之变。临床以白带、黄带、赤白带最为常见。

验案举例

病案一 龚某，女21岁。

1984年5月29日初诊：带下量多，色白，质稠，无味，已半年之久，面色萎黄，纳谷不香，大便时溏，神倦；苔薄白，脉濡细。治用完带汤化裁：炒党参9克、怀山药15克、炒白术9克、炒扁豆10克、炙白鸡冠花10克、茯苓10克、六一散9克、大豆卷9克、化橘红6克。

服药7剂后带下显减，纳增，便润，精神较前振作，再宗前方服7剂，嘱其经转后可服参苓白术散善后。

按： 该例患者带下量多色白，为五色带之白带，辨病辨证为带下之脾虚湿困证。药用完带汤加减，方中党参、白术、怀山药健脾益气，气行则水湿得化，茯苓、扁豆健脾兼利湿，白鸡冠花利湿止带，化橘红理气健脾燥湿，略加六一散，大豆卷等清化湿热。全方补中有利，清而不涩，效验颇佳。之后用参苓白术散健脾益气而治本，以收全功。

病案二 朱某，女，34岁。

1984年10月10日初诊：带下青绿夹杂已数月，伴有腥腻秽臭，少腹作胀下坠，面色萎黄，经汛先后无定期，末次月经10月9日，脉弦细，舌质偏红。治以清湿热，补肝肾，药用：绵茵陈12克、焦山栀6克、冬桑叶15克、芡实20克、炙白鸡冠花10克、木贼草10克、马齿苋10克、制首乌9克、苍术9克、炒川柏6克、潼蒺藜10克、枸杞子9克、桑寄生10克。

浙江中医临床名家·裘笑梅

10月15日二诊：服药5剂后，月经量多2天净，净后绿带转清，腥秽已除。感头晕，腰酸，改用六味地黄汤加米仁10克、煅龙牡各15克、桑寄生10克，嘱再服药半月，以资巩固。

按： 本病属青带，此类患者常因素体虚弱，湿热内蕴，久而热扰肝经，肝经郁热化火，下劫肾阴，肾水亦虚。带色呈绿，脉弦细，舌红，均为肝经郁热之象。带下伴有腥秽，乃湿热夹毒，故以茵陈蒿汤为主方，加清热止带、补益肝肾之品，使湿毒解，肝肾健，攻补兼施，以收其功。

病案三 傅某，女，54岁。

1986年9月10日初诊：经断5～6年，白带稀夹血性半年，妇检诊为"老年性阴道炎"。多次阴道用药无效，自觉下身灼热刺痛，小腹微胀，头昏耳鸣，腰痛烦热，足跟隐痛。舌绛，脉细数。治用知柏地黄汤化裁：大熟地20克、怀山药10克、泽泻9克、茯苓9克、山萸肉9克、丹皮9克、知母9克、川柏9克、山楂10克、木通6克、枸杞子10克、芡实10克。

服药5剂，白带血性减少，下身灼热减轻，继服10剂赤带痊愈。

按： 本例为赤带。肾藏精，主蛰，乃封藏之本。若肾气不足或阴虚相火偏旺，均可引起肾失封藏，带脉失约。此例患者七七已过，肾气虚衰，且肾阴亏损，阴虚生内热，热注冲任，奇经诸脉失约，故带下血性，乃下焦虚火升腾之效。用知柏地黄汤滋肾水，泻肾火，加山楂、木通、枸杞子、芡实清热利湿、滋阴止带，以奏全功。

病案四 刘某，女性，31岁。

1985年1月5日初诊：子宫次全切术后6个月，带下淋漓不绝，色黄伴有腥腻秽臭；头晕目眩，耳鸣腰痛，眠差便溏，右侧少腹常感隐痛；脉弦小滑，苔薄腻质淡红。妇检：宫颈糜烂，右侧附件切除，残端增厚。治用补气健脾、清热化湿之剂：炒党参9克、炙黄芪9克、炙鸡内金9克、怀山药10克、茯苓10克、炒白术6克、马齿苋10克、炒谷麦芽各9克、炒杜仲6克、炙白鸡冠花12克、川萆薢12克，配合外洗：川柏9克、苏叶3克、苦参9克。

1月14日二诊：药后带下减少，夜寐转安，大便正常，腰痛腹痛仍有。前意化裁：炒党参9克、炙黄芪9克、炙鸡内金9克、炒白术6克、茯苓10克、炙白鸡冠花12克、马齿苋10克、天仙藤15克、炙甘草3克、怀山药10克。外洗同上。

按： 此例为黄带。其病因多为湿热损及任带两脉，或因思虑伤脾而成。患者为手术后冲任受损，精血亏虚，元气衰弱而带下淋漓不尽，故用参芪以补其气血而调营卫，使气血运行，加用山药、白术、萆薢、马齿苋清热化湿，获效显著。

病案五 朱某，女性，38岁。

1978年11月1日初诊：经行超前，量少色黑，拖日不清，带下深咖啡色，少腹隐痛，口苦溲赤，脉弦细，舌绛少津。病已两年，妇检无异常。属肝郁化火，冲任受损。治宜清肝泻火：龙胆草9克、大生地15克、炒黄柏4.5克、忍冬藤15克、焦栀子9克、黄芩9克、炒贯众12克、马齿苋15克、柴胡4.5克、牡丹皮9克、薄荷2.4克、冬桑叶30克。3剂。

二诊：药后咖啡色分泌物已除，少腹隐痛亦瘥，腰酸，舌脉如前。原方加减：龙胆草6克、黄芩9克、萆薢12克、续断9克、焦栀子9克、柴胡4.5克、土茯苓30克、椿根皮12克、大生地15克、薄荷2.4克、制狗脊12克。5剂愈。

按：此例为黑带。辨证乃属肝郁化火，流注下焦，损伤任带。妙用龙胆泻肝汤，既清肝经之郁火，又利下焦之湿热，配以清解之品，则带除湿去热清。

六、带下病的外治

带下病概括了西医学的阴道炎、宫颈炎、盆腔炎、生殖器官肿瘤等疾病所产生的异常带下。裘老认为，内湿、外湿常相兼为病，临床在治疗"内湿"为病时，尚需配合外治以治"外湿"，方能取得满意疗效。

1. 滴虫阴道炎

滴虫阴道炎为主要由于阴道毛滴虫感染而引起的妇人炎症。表现为带下增多，呈灰黄色泡沫状，有腥臭味，严重时白带可混有血性，外阴瘙痒难忍，灼热疼痛，伴心烦失眠。妇科检查：阴道及宫颈黏膜充血，或有散在的红点。白带常规检查可找到毛滴虫。治疗上可根据清热、解毒、杀虫3个原则选方药。可用萆薢渗湿汤（萆薢、赤茯苓、黄柏、丹皮、泽泻、通草、薏苡仁、滑石），加苍术、苦参、白鲜皮、鹤虱。

此外，裘老尚自创蛇床子洗剂清热化湿，杀虫止痒。方中蛇床子温中下气，苦能除湿，辛能润肾，甘能益脾，功用颇奇，外治尤佳；再入苦参、黄柏、五倍子取其清热而祛湿，排脓水而止阴痒，苏叶利气发散，促使诸药渗入，奏效更捷。将上药煎汤熏洗或灌洗阴道，每日1次。外阴有溃疡者忌用。

2. 念珠菌阴道炎

念珠菌阴道炎是由白色念珠菌感染而引起的阴道炎症。主要表现为白带

增多，呈白色豆腐渣或乳块样，外阴瘙痒，阴道灼痛，可伴小便频急、性交痛。妇科检查：阴道壁可见有白色片状伪膜覆盖，擦去后见阴道黏膜充血。白带常规检查可找到念珠菌孢丝。治法可参见滴虫阴道炎的治疗，均以局部治疗为主。

3. 宫颈炎

宫颈炎是由于流产、分娩、手术操作导致宫颈损伤，细菌感染而引起。主要表现为白带量增多，色淡黄或脓性黏液，伴腰酸腹坠胀或同房后出血。妇科检查：宫颈或颈管充血、糜烂，分泌物多。以局部治疗（宫颈上药）为主。裘老自创验方榆柏散：地榆、黄柏各120克。用法：上两味药共研细末和匀，将药末喷入宫颈表面，每日1次，10次为1疗程。或儿茶散：明矾、儿茶各30克、冰片1克。用法：以上3味药共研细末和匀，以麻油调成糊状，将此膏涂于带线棉球上，敷贴于宫颈糜烂面上，24小时后患者自行取出，5天后重复上药，10次为1疗程。

七、心得体会

（一）辨证用药

傅青主以五色辨证，照现代医学所说，女子生殖器局部发炎，或感染念珠菌、滴虫或其他疾患引起的带下，其分泌物色状与傅氏所云有相类似者。再从傅氏的治疗方剂中来看，如完带汤、加味逍遥散、易黄汤、利火汤、清肝止淋汤等配合消炎、抑菌、杀虫之药，与西医学用抗菌药等意见可谓一致。裘老参考现代医学的理论，对于带下的治疗，在一般方法中酌量变通，常见效验。其精要为：其一，对于肾虚带下、肾阴亏者，选用大补阴丸加味，龟甲、熟地、黄柏、知母、芡实、山萸肉、牡蛎、龙骨；肾阳虚者，除用补肾固带汤外，尚可用内补丸加味，附子、肉桂、黄芪、肉苁蓉、巴戟天、桑螵蛸、鹿茸，并随症加入续断、狗脊、杜仲、菟丝子、补骨脂之类。其二，对于脾虚带下，一般择用傅氏完带汤；若脾虚下陷者，宜用补中益气汤。上述治疗肾虚、脾虚的方剂，均可配合补肾固带汤，收敛固涩，以加强止带之效。其三，对于肝热带下色赤，多用丹栀逍遥散；若用上方后赤带未除，可加椿根皮、木贼草、黄柏炭、荆芥炭、黄芩，以增强清热凉血之功。如肝经湿热盛，带下色黄绿，有臭气，亦可选用龙胆泻肝汤以清泻肝胆之热。其四，对于湿热带下，裘老常加用其验方清解汤，清热利湿之功尤著。若症状较轻，可用易黄汤加减，山药、车前子、黄柏、白果、土茯苓；或加味三黄汤，黄柏、黄连、黄芩、山药、车前子、萆薢。此外，对于现代医学所说的"盆腔炎"和"附件炎"引起的带下，用裘老验方二藤汤随证出入。如急性盆腔炎发热、便秘、腹痛加大黄末，便溏减大青叶，夹血加石榴皮、荆芥炭、椿根皮之类，每有良好效果。

（二）掌握病情，区分属性

掌握病情，区分属性是治疗带下病的基本原则。根据带下的色、量、质、气味的改变及局部症状，再结合全身症状及舌脉、妇科检查及必要的化验，几方面综合分析来辨其寒热虚实。根据湿的来源不同，外入者都为实证，内生者都为虚证。一般带下量多、色白、质稀伴见纳少便溏、身倦、面色㿠白，或伴见腰酸膝软、肢冷、小便清长，多属虚寒，每因脾肾虚所致；若带下量多，色黄或赤白相兼，其气秽臭，质黏稠，伴腰腹胀痛，或外阴瘙痒、肿痛，多属实证，为湿热所致。若病起急骤或寒热并作，腹痛较剧者，多为湿毒感染，常见于生殖器炎症。若带下量少、色红、似血非血，或色黄，黏稠气臭，伴见心烦头晕，多因肾阴虚所致，属虚热证。带下病常虚实夹杂，新病多实，久病多虚，但临诊要结合全身症状，不能固执一证。

（三）注重祛湿

带下病既是"湿"邪致病，则治病着重祛湿，不能一味固涩，以免湿去无路。古人对带下病的治疗有"治脾宜升燥，治肾宜补涩"之说，也是从治湿而言。脾虚湿注带下，以健脾升阳除湿为主，一般择用傅氏完带汤；若脾气下陷者，宜用补中益气汤。如肾虚带下，肾阳虚者宜温肾固涩，佐以健脾升阳，则用内补丸加减，继以血肉有情之品大补冲任以调理之；肾阴虚者，选用大补阴丸加味。对湿热带下，应清热解毒，利湿止带，在使用清热利湿药的过程中，要注意勿使其化燥伤阴。若见有带下赤色，可加椿根皮、木贼草、荆芥炭、川柏炭以清热止血；若见癥瘕患者，应以治疗癥瘕为主，兼以治带，以逐瘀化积，清热解毒。如带下病伴有阴痒，除病因治疗外，还应重视局部治疗。

（四）辨证论治

盆腔炎所致带下，往往在月经期、分娩期、产褥期、流产或手术等情况下感染邪毒后，热毒与气血凝滞冲任，下注带脉所致，其病位在血，病性多实，

治疗应着眼于湿、热、毒、瘀，以与清热、燥湿、凉血、逐瘀之法合参化解，故治疗上应清热解毒、行气理血。若湿热壅盛，带下黄浊腹痛，宜清热解毒、凉营和络。若病机为火热之邪内窜，血气逆乱而致腹痛，宜清热泻火。热毒在血分可与凉血药配合应用。感染属虚者，宜配合补益之品；又湿热蕴郁，病势每见缠绵，具体治疗时尚须注意宣气，气机舒展，水津四布，气化通利，湿邪自化矣。

（五）配合外治及注重自身保护

带下病伴有阴痒，可配合外治法，或采用熏洗法，或用阴道冲洗法、纳药法，以祛邪除秽。外阴瘙痒者，切勿用热水烫洗，以避免外阴烫伤引起感染。治疗期间避免性生活，防止交叉感染。积极治疗外阴炎、阴道炎及宫颈炎，以防止上行感染导致盆腔炎。

裘老通过多年治疗经验指出，带下病经过及时治疗大多可痊愈，预后良好。若治不及时或治不彻底，或病程迁延日久，致使邪毒上客胞宫、胞脉，可导致月经异常、癥瘕和不孕等病症。若带下病日久不愈，且五色带下秽臭伴癥瘕或形瘦者，要注意排除宫颈及内膜恶变可能。因此，对于此种病变，应通过仔细的妇科检查和相应的辅助检查，尽快明确诊断，排除恶性肿瘤的可能。

第五节　追根溯源治杂病

凡妇女之疾病无法归属于经、带、胎、产之列，称之杂病。中医古籍中包括癥瘕、不孕症、阴挺、阴痒、阴疮等。随着社会的发展和医学的进步，又出现了许多新病名，而这些病名在古籍中并未见记载，如盆腔炎性疾病、子宫内膜异位症、多囊卵巢综合征等，诸如此类疾病亦纳入杂病范畴。

裘笑梅老先生博览群书，潜心研究，又兼虚心学习西医知识，对古今之杂病均颇有心得，用药屡显神效。而且对于杂病的治疗讲究中西结合、研究杂病临床与科研相结合，以科研带动临床，以临床反馈科研，不断开发创新，与时俱进，造福女性。

杂病，之所以称之为"杂"，裘老概括原因有三：疾病众多、病机复杂和治疗困难，故其为历代医家公认之难点。杂病往往病程缠绵日久，正所谓"冰冻三尺，非一日之寒"，故其治疗亦不可能一蹴而就，裘老认为治疗杂病尚须翻阅古籍，追根溯源，探究疾病本质，辨证论治，方能奏效。

一、不孕症

女子与配偶性生活正常，同居 1 年未避孕而未孕者；或曾经有过妊娠，又 1 年未避孕而未再受孕者，称为不孕症。前者为原发性不孕，后者为继发性不孕，《备急千金要方》中分别称之"全不产"和"断绪"。

不孕症病因复杂，有男方因素、女方因素、男女双方共同因素，乃医学之难题。裘老人称"华夏奇指，人间观音"，治愈了无数的女性不孕症患者，给这些家庭带去了欢笑和希望。

裘老认为形成女性不孕的因素众多，大致可分为两大类，一类为妇女有先天性缺陷，即明代万全在《广嗣纪要·择配篇》里所称的"五不女"（螺、文、鼓、角、脉）；另一类为后天病理因素影响女性生殖功能异常而导致受孕困难。此类患者在临床上常见两种：一是排卵功能障碍、黄体功能不足、高泌乳素等内分泌因素，另一是输卵管阻塞等生殖器官疾病。其病因病机常分为肾虚、肝郁、血瘀、痰湿四种，通过积极治疗能达到成功受孕的目的。

（一）调经种子，当重补肾

肾为生殖之本，调经种子，当重补肾。肾为人体最重要的脏器之一，关系到人体的生殖、发育、生长和衰老。《素问·上古天真论》云："女子七岁，肾气盛，齿更发长；二七而天癸至，任脉通，太冲脉盛，月事已时下，故有子……七七任脉虚，太冲脉衰少，天癸竭，地道不通，故形坏而无子。"说明女子的生长、发育和生育能力，均有赖于肾气的作用，所以古人称"肾为生殖之本"。肾脏之所以主司生殖，是与藏精的功能有关。

此外，古代文献有"命门者男子以藏精，女子以系胞"的记载，说明命门与人体的生殖功能亦有密切的关系。命门一般认为是"右肾"，为真阳之根，亦即"命门火"，它是人体生殖的动力。基于肾和命门与人体性机能和生殖系统有密切的关系，所以不孕症的病因病机，首当责之肾和命门的功能失调，多因禀赋素弱，先天不足，或房事不节，肾精耗伤所致，临床当分肾阴不足和命门火衰（亦即肾阳虚）两种类型而治。肾阴不足者，常表现为经行先期，腰酸足跟疼痛，手足心烦热，盗汗，头晕咽干，脉细数，舌红少津等。治宜滋填肾阴，方用大补阴丸、左归丸等。命门火衰者，证见月经后期、经色淡、

质稀，腰膝酸软，恶寒怯冷，小便清长，舌淡润，脉沉迟等。治宜温补肾阳，方用桂仙汤（裘老验方）、养精种玉汤、升提汤、五子衍宗丸加肉桂等。

（二）摄精育胎，贵在养血

妇女有月经、胎、产等生理特点，最赖营血为之充养，同时也最易耗损营血，故有"妇女以血为本"之称。若平素体弱，或久病，失血伤营，或脾胃虚弱，化源不充，均能导致营血不足、冲任空虚、胞脉失养，以致不能摄精成孕。其临床表现为月经量少，周期推后，甚则经闭，面色萎黄，形体瘦弱。舌质淡红，脉濡细等。治宜补气养血，方用养精种玉汤加黄芪、党参以益气，是取"阳生阴长"之义，或加紫河车、阿胶、龟板、鹿角胶等血肉有情之品。亦可选用归脾汤、八珍汤等方，随症加减。

（三）疏肝解郁调气机，冲任通达易受孕

肝主疏泄，性喜条达而恶郁结。肝的疏泄功能，关系到人体气机的升降和调畅。气机，是内脏功能活动基本形式的概括。气机通畅，升降有序，是内脏功能活动正常的表现；气机不调，升降失常，则表现为某些内脏的病理性活动。在女子，若肝气通达，气能行血，则月经调和，容易受孕；反之若肝气郁结，气滞血凝，就会引起月经异常、不孕等病变。另一方面，足厥阴肝经绕阴部，抵少腹（胞宫居少腹部），其支者上连目系，与任脉交会，故肝与女子的生殖器官关系甚为密切。妇女若情志不遂，最易引起肝气郁结，疏泄失常，以致气血不和，冲任失调，出现月经异常而不能受精成孕。其临床表现为月经愆期量少，行而不畅，经前少腹胀痛，乳房作胀，抑郁易怒，脉弦或细涩，舌红带紫。治宜疏肝理气，方用逍遥散加减，或合蒺藜散（裘老验方）。疏肝理气的药物常用柴胡、橘核、橘络、青皮、八月札、白蒺藜、大麦芽、香附、川楝子、延胡索之类。若气滞而兼血瘀者，当加入活血化瘀之品，以疏通冲任，而利胞脉。

（四）子宫阻塞难受精，化痰祛湿启胞门

痰湿壅滞胞宫，亦是不孕症的常见原因之一，多见于形体肥胖者。究其病机，多由于脾失健运，聚湿生痰，痰湿壅阻胞宫，影响受精，不能成孕；或因真阳不足，命火衰微，不能化气行水，寒湿注于胞宫，宫寒不孕。其主要症状：形体肥胖，面色㿠白，白带多，经色淡红如水，心悸头晕，苔白微腻，脉滑等。图治之法，化痰祛湿治其标，运脾温肾固其本。常用启宫丸、苍附导痰丸。肾阳虚者，合桂仙汤，或五子衍宗丸；若兼血虚，配合四物汤。在选药上，常取苍术、平地木、赤小豆、荷包草之类以燥湿利水，屡有效验。

病案一 屈某，30 岁。1977 年 4 月 8 日初诊。

婚后三年未孕，输卵管碘油造影：两侧炎性改变，通而不畅。经汛数月而转，均须用性激素类药物后经转，但量仍少，两侧少腹隐痛。脉沉细，苔薄白。此乃冲任虚寒，肝气郁结之象。治用温宫疏肝，方用桂仙汤化裁。药用：紫石英 15 克、仙灵脾 9 克、仙茅 9 克、苁蓉 12 克、巴戟天 12 克、肉桂末 3 克（吞）、大麦芽 15 克、炒当归 9 克、炒赤芍 15 克、炒川芎 4.5 克、橘核 4.5 克、橘络 4.5 克、杜红花 4.5 克、蒲公英 12 克、白毛藤 30 克。此后，均用上方随症加减，间歇服药近一年，于次年 4 月怀孕。

病案二 刘某，32 岁。1962 年 2 月 20 日初诊。

婚后五年未孕，既往经律后期 10 ～ 15 天，经量少，色淡红或黯，2 ～ 3 天净，现闭经三年。常感头目眩晕，腰酸脚软，溲频色清，大便正常，少腹不暖，腰部畏寒，幸食欲尚可，神倦嗜卧。脉细弱，苔薄白。此乃肾阳不足，冲任虚寒。治用桂仙汤加味。药用：仙灵脾 12 克、仙茅 9 克、紫石英 15 克、巴戟天 12 克、淡苁蓉 9 克、肉桂末 1.2 克（吞）、炒当归 9 克、川芎 4.5 克、葫芦巴 9 克、制香附 9 克、陈艾叶 2.4 克。7 剂。

二诊：脉舌如前。自云前方继服 7 剂（共服 14 剂），感少腹已暖，腰部畏寒减轻，腰酸脚软略瘥，咽干燥。前方除艾叶，加知母 9 克。

三诊：上方共服 20 剂，于一天前感腰酸腹胀，经转，量不多，色鲜红，今日即来复诊。脉象略弦，苔薄，质淡红泛紫。似属经来之兆。投以桃红四物汤加续断 9 克、狗脊 9 克、丹参 15 克、广木香 15 克。5 剂。

四诊：药后经量增多夹小血块，5 天干净，腰酸腹胀除，小溲清长，头晕目眩仍存，胃口尚可。脉细，苔薄，质淡红润。患者忧虑月经能否按月而转，要求服长方。桂仙汤加续断、狗脊、当归、香附、紫河车（另吞）。嘱煎药隔日一剂，紫河车粉隔日一吞，交叉而服。时隔半年，患者送来表扬信，说服药后月经按期转，现妊娠已二月。

按： 桂仙汤是裘老治疗宫寒不孕的经验方，随症加减，每获良效。

病案三 孔某，30 岁。1978 年 10 月 25 日初诊。

经淋 25 天未净，量少色黯。脉细，舌质微紫。婚后六年未孕。属肾虚冲任不固，兼之瘀血内阻，新血不得归经。治宜补肾清热，活血祛瘀，以调

浙江中医临床名家·裘笑梅

冲任。药用：炒五灵脂4.5克、荆芥炭4.5克、狗脊炭12克、蒲黄炭12克、炙椿皮9克、煅龙牡各30克、石榴皮12克、续断炭9克。3剂。

二诊（1978年10月28日）：药后经净。仅感腰酸，头晕，食欲尚好。脉细弦，舌红少津。久漏营阴耗损，拟滋养继之。药用：孩儿参30克、怀山药12克、茯苓9克、墨旱莲9克、山萸肉15克、煅牡蛎30克、熟地30克、泽泻9克、煅龙骨12克。7剂。

三诊（1978年11月16日）：腰脊酸楚，余无所苦。脉细缓，苔薄。再拟益肾调经。药用：生熟地各15克、赤白芍各9克、制续断9克、煨狗脊9克、怀山药12克、桑寄生9克、炒当归9克、炒川芎2.4克、红花4.5克、制香附9克、青皮4.5克。5剂。

四诊（1978年11月22日）：本月20日经转量多，色鲜红，腰酸腹胀。治以前意出入。药用：冬桑叶30克、当归炭4.5克、续断炭9克、炒生地30克、炒川芎1.2克、狗脊炭15克、香附炭9克、煅牡蛎30克、赤石脂12克。5剂。

五诊（1978年11月29日）：药后于25日经净，经律转正，唯感腰酸头晕。治宜补肾以益冲任。药用：续断9克、山萸肉12克、杜仲叶30克、檵木根30克、狗脊炭9克、炒白芍9克、怀山药12克、熟地30克、桑寄生9克、茯苓9克。7剂。

六诊（1978年12月6日）：诸羔好转。舌质淡红，脉细。再拟补肾，佐以疏肝。药用：桑寄生9克、熟地30克、橘红4.5克、怀山药12克、杜仲叶30克、柴胡9克、炒白芍9克、茯苓9克、薄荷2.4克。7剂。

七诊（1978年12月14日）：经治疗后经律规则。脉缓，苔薄。改用八珍健脾调经，气血双补。药用：党参9克、炙甘草3克、生熟地各15克、枸杞子9克、炒白术9克、炒当归9克、生炒白芍各9克、青陈皮各4.5克、茯苓12克、炒川芎2.4克、菟丝子9克。经治疗后，于次年一月怀孕。

按：本例不孕症，因月经不调引起，而月经不调之因，实由肾虚冲任不足，兼之瘀血内滞使然。所以欲求受孕，当先调经，前后数诊，均以补肾为主，或兼以活血祛瘀，或辅以清热止血，或佐以疏解理气。药随证转，切中病机，故月经复常而受孕矣。

二、阴痒

阴痒是一种以外阴瘙痒为主要临床表现的病症，或伴有不同程度的带下。

从现代医学的观点来看，有许多全身性或局部疾病均可引起阴痒，其中以滴虫阴道炎、念球菌阴道炎、老年性阴道炎和外阴白斑症等多见。

中医学认为，本病的病因多系湿热合邪，流注下焦所致，其病变部位，多见于肝、脾二脏功能失调。如肖慎斋认为足厥阴肝经环阴器，妇人阴户为肝经之分。《妇人良方》说："妇人阴内痛痒，内热倦怠，饮食少思，此肝脾郁怒，元气亏损，湿热所致。"又说："若阴中有虫痒痛，亦属肝木。"由是观之，脾虚生湿，肝经郁热，湿热相搏，流注下焦，是本病的主要原因和机理。此外，平时不注意卫生，感染病虫，虫蚀亦可引起阴痒。且湿热下注，为病虫生存繁殖提供有利条件，两者常互为因果。再则，肝肾不足，精气两亏，血虚生风化燥而致阴痒者，亦可见之。

病案一 姚某，37岁。1960年3月2日初诊。

患者外阴瘙痒，日夜不休，热则更甚，反复已有两年余。冬季严寒，夜寐盖被得暖，则外阴部痛痒难忍，弃被而坐，略能忍痛痒。病起1958年初夏，赶路跋涉，雷雨方晴，石凳热气未消，患者稍坐片刻，次日外阴瘙痒，初认为痱子，至今未愈。检查：外阴湿疹，皮肤变色，呈苔藓化。形体消瘦，面色萎黄，困倦少神，尿频赤。脉象弦涩，苔薄黄，质艳红。西医诊断为"外阴瘙痒症"。外洗清热解毒汤（裘老验方），外敷（涂）青马一四膏（裘老验方），嘱涂洗7天。

二诊：外阴瘙痒疼痛明显减轻，夜寐安睡，精神振作，胃纳增加。嘱继用上药，加内服八正散5剂，隔日1剂。

病案二 彭某，26岁，工人。1962年10月初诊。

常流白带已3～4个月，病势加剧，色白转黄如脓性样，有腥秽，外阴部瘙痒，小溲短赤，大便难下，腰酸口干，食欲尚可。脉滑细数，苔薄黄。检查白带为霉菌，诊断为"霉菌性阴道炎"。外洗蛇床子洗剂（裘老验方），内服清解汤（裘老验方）。嘱外洗早晚各一次，内服药7剂。

二诊：经治疗后，大便润，小溲清，阴道脓性分泌减少，色转白，外阴瘙痒亦瘥。脉细滑，苔薄黄。复查白带，霉菌阴性。嘱继续服用前方10剂。

三诊：外阴瘙痒已止，胃口正常，口干已除，白带极少，无腥秽。脉细，苔薄。停外用药，继服补肾方收功。

病案三 任某，33岁。1978年2月17日初诊。

湿热蕴郁肝经，下注阴户，外阴瘙痒已近两年余，伴有带下。脉弦，舌苔薄黄腻。治用清热利湿，佐以祛风止痒。药用：龙胆草9克、地肤子9克、

荆芥穗 4.5 克、白鲜皮 9 克、苍术 9 克、茵陈 15 克、芦荟 9 克、黄柏 2.4 克。7 剂。另用狼毒、七叶一枝花、花椒各 9 克、煎汤洗阴部，日分 2～3 次。

二诊（1978 年 2 月 24 日）：药后外阴瘙痒显著减轻，带下亦瘥。脉舌同前。再从前意出入。药用：龙胆草 9 克、焦栀子 9 克、车前子 9 克、柴胡 9 克、泽泻 9 克、苍术 9 克、炒黄柏 4.5 克、墓头回 12 克、木贼草 9 克。7 剂。外洗同前法。

病案四 方某，50 岁。1978 年 5 月 14 日初诊。

湿热下注，外阴部湿疹，瘙痒异常，时发时止，尿黄赤。脉弦细，苔微腻。治宜清利湿热。药用：草薢 9 克、茵陈 9 克、防风 2.4 克、地肤子 9 克、泽泻 9 克、焦栀子 9 克、白鲜皮 9 克、荆芥穗 4.5 克、土茯苓 30 克。5 剂。另用狼毒 9 克、花椒 4.5 克、黄柏 9 克，煎汤洗外阴部，日分 2～3 次。

二诊（1978 年 5 月 31 日）：药后外阴瘙痒显减，湿疹亦退。脉细，苔薄腻。仿龙胆泻肝汤化裁。药用：龙胆草 9 克、茵陈 9 克、地肤子 9 克、白鲜皮 9 克、泽泻 9 克、荆芥穗 4.5 克、防风 2.4 克、焦栀子 9 克、土茯苓 30 克。5 剂。外洗同前法。

病案五 张某，36 岁。1978 年 11 月 22 日初诊。

湿热久蕴，流注下焦，带下绵绵，外阴瘙痒，于 1977 年 8 月至今。近感腰酸腹胀，经律尚正。脉细，舌质偏紫。治用清热化湿。药用：草薢 9 克、制苍术 9 克、地肤子 9 克、炒黄柏 4.5 克、荆芥穗 4.5 克、蚤休 9 克、黄芩 9 克、防风 2.4 克、白鲜皮 9 克。5 剂。另用花椒 4.5 克、苏叶 3 克、七叶一枝花 9 克、煎汤外洗，日分 2～3 次。

二诊（1978 年 11 月 27 日）：药后腹胀减轻，带下减少，外阴瘙痒好转。再从原法。药用：草薢 9 克、泽泻 9 克、地肤子 9 克、黄芩 9 克、荆芥穗 4.5 克、蚤休 9 克、苍术 9 克、防风 2.4 克。5 剂。外洗同前法。

三诊（1978 年 12 月 4 日）：外阴瘙痒基本消失，近感腰酸。脉弦细，舌质带紫，苔薄。治守原法，佐以养血，以杜覆辙。药用：炒当归 9 克、白鲜皮 9 克、龙胆草 9 克、炒川芎 2.4 克、泽泻 9 克、焦栀子 9 克、地肤子 9 克、车前子 9 克（包）、桑寄生 9 克。5 剂。

病案六 鲍某，26 岁。1973 年 10 月 8 日初诊。

外阴白斑症，下身瘙痒异常，日夜难忍。脉细，苔薄质淡红。治用：七叶一枝花 9 克、白花壶瓶草 9 克、狼毒 9 克、花椒 4.5 克、苏叶 3 克。煎汤洗外阴部，日分 2～3 次。

二诊（1973年11月1日）：外洗后外阴瘙痒减轻，自感腰酸，头晕。脉细，舌淡红苔薄。治用养血益肾，佐以利湿，兼用外洗。药用：炒当归9克、牡丹皮9克、怀山药9克、炒赤芍9克、续断9克、桑寄生9克、丹参12克、狗脊9克、天花粉9克、土茯苓30克。7剂。外洗法同前。

三诊（1974年1月28日）：外阴白斑症经治疗后瘙痒未再出现。妇科检查：白斑色已转红。仍用前意巩固。药用：炒当归9克、红花9克、荆芥穗9克、炒赤芍9克、天花粉9克、防风2.4克、丹参15克、土茯苓30克、银花15克。7剂。外洗法同前。

病案七 袁某，54岁。1979年8月27日初诊。

湿热下注，外阴瘙痒，色素减退，已4年余，久经治疗未愈。脉弦细，舌质微红苔薄黄。治宜清热化湿。药用：地肤子9克、荆芥穗4.5克、泽泻9克、白鲜皮9克、赤芍15克、赤苓9克、防风2.4克、薏苡仁30克。7剂。另用白花壶瓶草9克、七叶一枝花9克、花椒4.5克、狼毒9克、煎汤外洗，日分2～3次。

二诊：（1979年9月3日）：药后外阴瘙痒显减，继用原法治疗7天。

三诊（1979年9月11日）：外阴瘙痒已除，色素增深。脉细，苔薄。治宜健脾益肾养血，以善其后。药用：孩儿参30克、炒扁豆12克、制续断9克、茯苓12克、怀山药12克、炒当归9克、炒赤白芍各9克、制狗脊12克。5剂。

病案八 章某，50岁。1964年6月25日初诊。

外阴及肛门红肿，常感瘙痒，少腹隐痛，溲少，时有刺痛，食欲不振，病延已久。经中西医外科及皮肤科治疗未获显效。妇科检查：外阴部及肛门周围红肿，皮肤干燥，并伴有细小之瘰疬。面黄形瘦，舌质淡红，脉缓。乃因肝热脾湿，加之忽视清洁，感染病虫所致。治用龙胆泻肝汤化裁。药用：龙胆草6克、焦栀子4.5克、生甘草2.4克、车前子9克（包）、黄芩4.5克、柴胡4.5克、桑白皮9克、茵陈9克、百部9克、炒谷麦芽各9克。3剂。另用杀虫止痒，清热消肿之剂。药用：黄柏末6克、青黛散3克、冰硼散3克、麻油调匀外敷。

二诊（1964年6月29日）：内外并治3天，外阴红肿瘙痒均显著好转，食欲稍进，小溲清利不痛。妇科检查：会阴部红肿渐消，瘰疬已除，皮肤干燥转润。脉舌如前。治宜原方去车前、谷麦芽，加黄柏4.5克、扁豆9克。4剂。外敷药同前。

浙江中医临床名家·裘笑梅

三诊（1964年7月3日）：外阴红肿瘙痒均除，肤色转润。原方续用5剂，乃获痊愈。

按：裘老对本病的治疗，根据阴痒的病因病机，注重清热利湿，致力于调整肝、脾两脏的功能，常采取内服和外洗兼治的方法，效果比较满意。具体来说，若肝郁化火，挟脾湿下注而致者，屡用龙胆泻肝汤，甚或与当归龙荟丸化裁，佐入防风、荆芥、白鲜皮、地肤子等祛风止痒。为了增强利湿之力，配以茵陈、萆薢、土茯苓，剂量宜重；若外阴炎症充血，可加入蚤休、黄柏、银花、忍冬藤等；虫蚀作痒者，复入蛇床子、苦参、百部之类。外用（涂或洗）方一般随证选用验方青马一四膏、外洗清热解毒汤、蛇床子洗剂等，药如狼毒、蛇床子、七叶一枝花、苏叶、苦参、花椒、枯矾之类。若局部已破溃者，忌用狼毒。至于肝肾不足，血虚生风化燥而作痒者，宜用归芍地黄汤加减；阴虚火旺，则用知柏地黄汤化裁。上列病例，按上述方法治疗，均取得较好疗效。

对于阴痒患者，裘老还指出，若因全身性疾病如糖尿病引起的阴痒者，当以治疗原发病为主。其全身情况改善后，阴痒亦随之好转或消失。

三、癥瘕

妇女下腹胞中结块，伴有或胀、或痛、或满、或阴道异常出血者，称为"癥瘕"。有形可征，固定不移，推揉不散，痛有定处，病属血分者为"癥"；假聚成形，聚散无常，推揉可移，痛无定处，病属气分者为"瘕"。此乃机体正气不足，风寒湿热之邪内侵或七情、房室、饮食内伤，脏腑功能失调，气机阻滞，瘀血、痰饮、湿浊内停所致。裘老认为其病机复杂，临床上诊治须透过现象辨清本质，不可一味选用化瘀等攻下之法。

病案一　李某，35岁。1980年6月30日初诊。

患者1980年3月因子宫肌瘤行子宫全切术，术后3个月复查，发现盆腔正中触及一拳头大小囊性包块，6月20日行超声检查，诊断为"盆腔炎性包块"。自觉下腹胀痛，放射肛门滞坠，带下色黄，大便干结，口苦潮热。脉细弦，苔薄黄，舌质偏红。治拟清热解毒，化瘀散结，方用二藤汤化裁。药用：忍冬藤15克、蜀红藤15克、熟军9克、大青叶10克、紫草根10克（后下）、丹皮10克、赤芍10克、川楝子9克、制延胡索12克、奇良15克、半枝莲12克、白毛藤20克、炙鳖甲15克。此方连服4个月，于11月11日再次超声检查：耻上探查肠段反射，未及异常包块。

按： 盆腔炎性包块，祖国医学文献中并无这一病名，但根据该病所表现的一系列症状，分别散见于"热入血室"、"癥瘕"、"痛经"、"带下"等证中。《素问·骨空论》说："任脉为病……女子带下瘕聚"。《妇人良方》说："妇人癥瘕由饮食不节，寒温不调，气血劳伤，脏腑虚弱，风寒入腹与血相结而生。"因此本病的发生为行经或产后胞脉空虚，邪毒乘虚内侵，湿浊、热毒蓄积下焦，客于胞中与气血相搏，因而发病。本例患者为肌瘤术后发现盆腔炎性包块，证为邪实正虚，湿热壅滞，治疗上采用清热解毒，化瘀散结的方法，选用二藤汤加减，使热毒除，血脉通利则病自愈矣。改变了过去单纯针对局部包块的活血化瘀消结的方法，实践证明疗效显著。

病案二 傅某，33 岁。1984 年 9 月 28 日初诊。

患者月经先期量多，经期延长，小腹胀痛，腰酸带多，9 月 13 日超声检查为两侧卵巢囊肿（左侧约 4.6cm×4cm×4cm，右侧 2.5cm×2cm×1.5cm）。患者要求用中药治疗。脉细弦，苔薄腻舌淡紫。治拟清热利湿，豁痰软坚。药用：蚤休 15 克、蛇莓 12 克、马齿苋 30 克、奇良 20 克、车前子 12 克（包）、皂角刺 15 克、浙贝 15 克、生牡蛎 30 克、沉香曲 5 克、广木香 6 克、黄芪 12 克、炒当归 10 克。此方随症加减，服药 46 剂，于同年 12 月 7 日作超声复查，两侧卵巢无异常。

按： 卵巢囊肿类同于《灵枢·水胀》中已记载的"肠覃"，是指生长于肠外小腹内的积块，可以日益增大，形如怀子之状，推之则移，不影响女子月经。观其病因病理："肠覃……寒气客于肠外与卫气相搏，气不得荣，因有所系，癖而内著，恶气乃起，息肉乃生。"因此本病的发生，多因寒凉伤于卫气，水湿积聚不散而致，若病程日久寒湿也可转化为湿热。本例湿热下注，痰湿阻络，故方中黄芪、当归养血扶正，蛇莓、奇良、蚤休、马齿苋、车前子清热利湿，沉香曲、广木香行气泻水，皂角刺、浙贝、牡蛎豁痰散结，使痰湿除，湿热清，脉络通利则囊肿自消。

四、乳癖

"乳癖"虽属中医外科学范畴，但不少患病妇女会求之于妇科医生，而且裘老认为"乳癖"乃乳房结块，其病因病机与"癥瘕"有相似之处，体现了中医学的"异病同治"，故在此一并列举。

病案 麻某，45 岁。1978 年 2 月 28 日初诊。

患者主诉双乳结块，疼痛作胀，经前较剧，牵及胳膊腋下，任何物品不能触及其肿块处，触及则痛势难忍。病延 4～5 年。经某医院检查：乳房右侧肿块 3cm×3cm×4cm，左侧肿块 2cm×4cm×2cm，不整形，嘱其手术探查。患者有顾虑，要求服中药治疗。形体消瘦，食欲不振，畏寒，烦热。脉弦带滑，苔薄，舌质尚润。治宜活血理气，软坚消癥。药用：炙鳖甲 30 克、生牡蛎 30 克、生蛤壳 15 克、白毛藤 30 克、蒲公英 15 克、香茶菜 12 克、山海螺 12 克、当归 12 克、昆布 9 克、海藻 9 克、王不留行 15 克、宣木瓜 15 克、橘核、络各 5 克。外敷：紫金锭 5 粒，用醋烊化外涂。

二诊（1978 年 3 月 21 日）：服药 20 剂，痛势减轻，食欲稍振，经汛按期，经量中。经复查，肿块大小如前，继服前方加蛇舌草 12 克、半枝莲 12 克、越鞠丸 10 克（吞）及外用药。

三诊：连服活血理气消积之剂 40 剂，精神已佳，乳胀疼痛已不显现，再经原医院复查，乳房肿块缩小 2/3。嘱其继服原方，嗣后半年随访，服上方 5 个月后，肿块消失。

按：乳房肿块中医病名为"乳癖"。因肝经郁结，气机不化，致气血失调，久而成块。治以软坚消癥，佐以清热理气；外用紫金锭，芳香行气行血。内服外敷，两者同施，痼疾豁然而解。

五、阴挺

祖国医学所称的"阴挺""阴脱""产肠不收"即为子宫脱垂。此乃中气不足，气虚下陷，无力系胞所致。《医宗金鉴·妇科心法要诀》曰："妇人阴挺，或因胞络伤损，或因分娩用力太过，或因气虚下陷，湿热下注……"临床在治疗上通常用益气升提、补肾固托之法，有一定疗效。裘老指出对于宫体常脱出在阴道口外，引起感染发炎，出现阴部红肿热痛，黄水淋漓，并发溃疡者，轻者可在益气补肾剂中加入清热利湿药；重者应先用龙胆泻肝汤，清热泻火解毒以治其标，待炎症消失后，再用升提固托以治其本。

病案一 张某，59 岁。1987 年 7 月 14 日初诊。

患者绝经 5 年，原有内脏下垂史，近半年，玉户脱垂较前严重，每遇疲劳，玉户脱落于阴道口外，休息与平卧后亦不易自行回纳，现用宫颈托，行走不便，带下色黄。妇科检查：阴部局部红肿，黄水淋漓，有并发溃疡之势。

自觉腰酸腿酸软，小便短赤，形体消瘦，面色萎黄。苔薄，舌质偏红，脉细弦。治拟补肾托举佐以清利。药用：生黄芪15克、煨升麻9克、柴胡6克、生熟地各10克、陈萸肉10克、怀山药10克、丹皮9克、泽泻9克、土茯苓10克、金樱子15克、炒杜仲15克。外洗：川柏6克、苦参10克、苏叶3克、煎汤趁热先熏后洗外阴部，早晚各一次。嘱其卧床休息。

二诊（1987年7月20日）：药后带下、腰酸、小便均明显好转，子宫脱垂因休息较多，亦未出现。嘱其前方继用7天，可适当增加活动。以后用知柏地黄丸与补中益气丸交替治疗3个月，能担负一定的家务劳动，诸恙未呈。

按：患者素体中气不足，年老体虚，肾气亦衰，不能维系胞宫，带脉失约，而致子宫脱垂，宫体经常脱落于阴道外，引起感染。证属肾虚湿热型，故用六味地黄汤合补中益气汤加外用药而获良效。

病案二 赵某，48岁。1988年4月20日初诊。

患者常感小腹坠胀已多年，此次妇科普查，发现子宫脱垂 I 度，并伴有阴道壁膨出。患者自觉气短神疲。苔薄舌质润，脉细。证属中气下陷。治拟益气升提。药用：清炙芪10克、炒潞参9克、晒白术9克、煨升麻9克、柴胡6克、炒枳壳9克、金樱子10克、芡实10克、怀山药10克。另配补中益气丸250克，汤药与丸剂交替服用。小腹坠胀缓解，精神振作，嘱其长期服用补中益气丸。

按：此例子宫脱垂乃气虚下陷，无力系胞所致，常用益气升提之法有一定疗效。

六、脏躁

脏躁以神志烦乱，悲伤欲哭为主，伴随月经周期性发作。临床上常常在青春期紧张症、更年期综合征及产后阴血亏损的患者中见到此类症状。《金匮要略·妇人杂病脉证并治》载："妇人脏躁，喜悲伤欲哭，象如神灵所作，数欠伸，甘麦大枣汤主之。"本病的原因，裘老认为主要由于阴血亏耗，不能濡养五脏，五志之火内动，心神不宁，因此在治疗上以甘润濡养为主。临床所见，若肾虚肝旺，以心悸，怔忡，失眠较剧，合用二齿安神丸；心脾两亏者，合用归脾汤；若肝郁化火而致经前烦躁易怒，甚则神志失常，大便干结，舌红，则以龙胆泻肝或当归龙荟丸为主。

浙江中医临床名家·裘笑梅

病案一 李某，25 岁。1983 年 4 月 8 日初诊。

患者正值行经第一天，与男友同房后，而致经闭不行，精神紧张，患得患失，烦躁易怒，心神恍惚，更衣难下。舌质红绛，苔黄腻，脉弦细。证属七情伤肝，肝火炽盛，心神受扰。治宜泻肝胆之火。药用：龙胆草 9 克、芦荟 9 克、炒当归 10 克、焦山栀 9 克、川芎 9 克、柴胡 9 克、炒黄芩 9 克、川连 4.5 克、泽泻 9 克、紫贝齿 30 克（先煎）、青龙齿 15 克（先煎）、灵磁石 30 克（先煎）。

二诊（1983 年 4 月 10 日）：药后大便已解，情绪较前安宁，舌红，脉弦。再宗前意继服 5 剂。患者情绪稳定，夜来失眠，经汛下行，量中，色紫黯。改用二齿安神汤合甘麦大枣汤。药用：灵磁石 30 克（先煎）、紫贝齿 15 克（先煎）、青龙齿 15 克（先煎）、川连 4.5 克、黄芩 9 克、制远志 5 克、炒枣仁 9 克、炒当归 9 克、淮小麦 30 克、红枣 12 克、炙甘草 3 克、琥珀末 1.2 克（睡前吞）。服药 7 剂，诸羔基本消失。嘱其保持情绪舒畅。

按： 肝火燔灼，气火上逆，心神不宁，用龙胆泻肝汤意在荡涤肝胆之实火以调冲任，复入二齿安神汤镇心安神，甘麦大枣汤滋养心脾。药达中肯，乃获捷效。

病案二 宋某，28 岁。1983 年 1 月 17 日初诊。

患者室女，每在行经前后 1 周抽搐昏厥，频发不休。病延十载，头痛而胀，神烦易怒，心悸少寐。末次月经 1 月 5 日。脉弦细，舌质偏淡红。治宜养血平肝，健脾宁心。药用：太子参 20 克、辰茯苓 9 克、归身 12 克、制远志 6 克、炒枣仁 12 克、灵磁石 30 克（先煎）、青龙齿 12 克（先煎）、紫贝齿 15 克（先煎）、丹参 20 克、琥珀末 1.5 克（冲）、百益镇惊丹 1 粒（睡前服）。

二诊：2 月 7 日经转，此届抽搐未作，唯感头痛神烦，夜寐不安。舌质淡红，脉弦细。治用前方合甘麦大枣汤。嘱病人每在经前 10 天服药，解放思想，开朗达观。半年后家属告知病未复发。

按： 女子善怀忧郁，经前脏腑功能失调是本病主要病因。该患者为月经前后癫痫发作。中医认为"诸风掉眩，皆属于肝"。月经前后冲任脉盛，血虚肝旺，肝阳偏亢，引动内风；经后则阴血虚亏，血不养肝，肝急风动。《内经》中有"心者，君主之官，神明出焉"的记载。变化不测谓之神，品物流形谓之明，神明具有一切感觉和运动的意义。人类的思维、意识都是由"心"主宰，故称心为君主之官，"心藏神"，"心神合一"。癫病日久全由于虚，而肝风易去，心虚难以骤复，外界六淫之侵，内伤七情之感，使心气虚者，偶遭拂逆，便有复发之虑。治宜养血平肝宁心，用归脾汤甘缓宁心，养血安神；紫贝齿、青龙齿入心肝两经合百益镇惊丹平肝潜阳，镇惊安神；琥珀、丹参养血活血安神；甘麦、大枣甘润滋补，以益心脾。

病案三 董某，44 岁。1984 年 9 月 7 日初诊。

患者经汛失调，末次月经 8 月 7 日，间歇点滴色紫，至今未净。上次月经 7 月 18 日至 7 月 28 日。腰酸腹胀，情绪急躁，大便不畅。舌质偏绛红，苔薄，脉弦细。治用三黄忍冬藤汤化裁。药用：制军炭 10 克、黄芩炭 6 克、炒川柏 6 克、生地榆 12 克、丹皮 9 克、茜草 9 克、当归炭 6 克、忍冬藤 10 克、马齿苋 10 克、木贼草 9 克、炒贯众 10 克。

二诊（1984 年 9 月 12 日）：药后 9 月 7 日经量增多两天，后转点滴未净，腰酸腹胀，头昏痛。舌质偏绛，脉沉细。治用生地龙牡汤化裁。药用：冬桑叶 12 克、煅牡蛎 30 克、煅龙骨 15 克、旱莲草 15 克、黄芩炭 6 克、炙樗皮 9 克、石榴皮 10 克、荆芥炭 6 克、川断炭 10 克、狗脊炭 10 克、生地炭 15 克、火麻仁 9 克。

三诊（1984 年 9 月 20 日）：经淋已净。口干喉燥，失眠多梦，神烦意躁，腰膝酸软。舌质红，干燥，脉沉细。改用养阴补肾，以调冲任。药用：制玉竹 10 克、制首乌 10 克、制黄精 10 克、怀山药 10 克、杜仲 9 克、桑寄生 10 克、太子参 20 克、潼蒺藜 10 克、炒知母 9 克、鲜石斛 10 克、茯神 9 克、淮小麦 30 克、炙甘草 3 克、红枣 12 克。

四诊：病情大有好转，舌质转润，两脉细缓。治从前意化裁，以资巩固。上方继续服用 20 余剂，诸症未现。

按： 更年期综合征，除月经异常外，常伴有不同程度的头晕头痛，心悸怔忡，五心烦热，失眠多梦，肢麻躁汗，腰膝酸软等。症状参差出现，有的迁延数年。《素问·上古天真论》说："七七任脉虚，太冲脉衰少，天癸竭。"说明妇女在 49 岁左右，正是冲任脉逐渐衰退的过渡时期，机体阴阳平衡失调。该患者属于阴虚内热，经汛失调是由于患者素体阴亏，津液不敷，久而伤于肝肾，不能摄纳冲任，致经淋数月难净，兼以湿火内扰，故见情绪急躁，大便不畅。先用三黄忍冬藤汤清热化湿，再用生地龙牡汤养阴清热补肾止血，药到病除。最后以甘麦大枣汤为主，配以补肾健脾养心之剂，阴阳平衡，精神乃治。

第五章

学术成就

第一节　治病围绕肝脾肾

裘老认为妇科疾病的病机，除奇经八脉之外，尤其应重视妇女的生理、病理与肝、脾、肾三脏的关系，治病强调以此三脏立论，形成了独到的见解。

一、脾胃与妇科疾病

（一）病因病机

妇女的生理特点，主要表现在经、孕、产、育等方面。这些生理活动，是依靠脏腑、经络、气血的共同作用来实现的。而脏腑之中，脾胃的功能尤为重要。因为气血是月经、养胎、哺乳之物质基础，而脾胃为气血生化之源。脾胃健旺，则精血充沛，血海充盈，经候如期，胎孕正常，产后乳汁亦多；反之，则化源不充，气血失常，导致多种妇产科病的产生，其主要表现，有以下几个方面。

1. 运化失健

脾之运化功能，包括运化水谷精微和参与体内水液的代谢。食物经过消化之后，其中之精微物质由脾来吸收、转输，以营养全身。《内经》说："中焦受气取汁，变化而赤，是谓血。"指出血液是由中焦脾胃的水谷精微化生而成。盖妇女以血为本，其经、孕、产、育皆以血为用。若脾胃虚弱，运化失健，不能生血，则营血亏乏，可致月经过少，甚则闭经，或孕后胎失所养而滑胎、小产，或产后乳汁稀少等。此外，脾胃失运，则水湿阻滞胞宫以致不孕等病。

2. 统血无权

脾主统血，指脾脏具有统摄血液，使其循行常道，不致溢出脉外的作用。而脾脏之所以能统摄血液者，因与其经脉之循行有关。《灵枢·经脉》说："脾足太阴之脉……其支者，复从胃别上膈，注心中。"又说："脾之大络，名曰大包……此脉若罗络之血者，皆取之脾之大络脉也。"由于心主血，足太阴经有支脉与心相通，且脾之大络又能包罗诸络之血，故脾脏与血液循环息息相关；另一方面，脾为气之源，"气为血帅"，"血随气行"，故脾之功能正常，元气充足，则气能摄血，使血液循脉道而行。诚如何梦瑶所说："脾统血，血随气流行之义也。"因此，脾虚气弱，统摄无权，致成各种失血证候，如月经过多、崩漏、胎漏等症。

3. 升降失常

升降是脏腑功能之活动，脏腑之间必须有一升一降之活动，才能产生机能，维持生命活动。脾胃居中，为气机升降之枢纽，脾主升则健，胃宜降则和。所谓"脾升"，指脾将饮食之精微上归于心肺，布化运行全身；"胃降"，指胃将经过初步消化之饮食下移于肠中，并使代谢之废料由肠道排出体外。故脾升胃降，彼此协调，互相依赖，保持活动平衡，始能完成饮食之消化、吸收和排泄功能。若脾胃升降失常，就会出现病变，如脾气不升而反下陷，可致月经过多，甚则崩漏；或升举无力，而见子宫下垂；或胎元不固，出现滑胎、小产等症；或脾不摄津，引起白带淋漓；胃气不降而反上逆，导致经行恶阻，妊娠恶阻等。

（二）临床应用

调理脾胃法含义较广，其方法较多，诸如健脾益气、运脾化湿、调中理气、和胃降逆、滋养胃阴、温补中阳等，在妇科临床的应用极为广泛，兹举病例说明。

1. 月经过多

患者蔡某，38岁，经律规则，经行量多如崩，夹有血块，持续七天净，病起人工流产后，迄今已七年。每于经前畏寒，经后面浮，头晕，神惫乏力，腰酸如折。脉细缓，舌淡红，苔薄。证属脾虚气弱，治宜健脾益气摄血：炒党参15克，炒山楂9克，炙黄芪9克，茯苓12克，炒当归4.5克，升麻炭4.5克，炒白术9克，煅龙牡各15克，续断炭9克，狗脊炭9克，怀山药9克，3剂。

二诊：药后本月经量减少，五天即净。现感腰酸头晕，颜面浮肿，脉细缓，苔薄。再从前意健脾益气：炒党参9克，炙黄芪4.5克，怀山药9克，桑白皮9克，茯苓9克，生炒薏苡仁各12克，赤小豆30克，陈皮4.5克，晒白术9克。7剂。

三诊：经汛如期，经量显减，唯感神疲乏力，脉细缓，苔薄。续用补中益气汤调理。

按：脾虚气弱，统血无权而见经来量多如崩，故前后三诊均以健脾益气为主。方用补中益气汤增减，使脾土健旺，元气充足，则统血有权，月经自调。

2. 月经先期

患者沈某，21岁。经行超前十天，或半月一次，经量中等伴有血块，每于经前头晕、泛恶，少腹疼痛，腰酸下坠，形体消瘦，面色苍白，神疲乏力，病延年余。舌质淡红，脉细缓。证属脾虚失运，气不摄血。治用理中汤加味，佐以和血止痛：炒白术9克，茯苓9克，炒当归6克，制狗脊15克，干姜1.5克，炒党参15克，炒川芎2.4克，炒白芍9克，大枣15克。

二诊：前方服10余剂后，经律转正，色量正常，四天净，经行腹痛除，仅感腰酸、带下、四肢乏力。脉舌同前。治用八珍汤加减：孩儿参30克，陈皮4.5克，大熟地15克，炙甘草3克，晒白术9克，当归4.5克，川芎1.2克，茯苓9克，炒白芍9克，草薢9克，绿萼梅4.5克。5剂。

按：月经先期有因而热，有因气虚。本例经期超前，伴面色苍白，头晕，形瘦乏力，舌淡红，脉细缓，显系脾虚失运，统摄无权，冲任不固。兼之瘀血未净，故经来腹痛，经水夹有血块。治以健脾益气外，稍配活血和营，邪正相顾，方证合拍，宜乎取效也。

二、肝与妇科疾病

（一）肝为女子先天

肝与妇女的生理、病理关系极为密切。由于肝藏血，全身各部化生的血液，除营养周身外，皆藏于肝，其余部分下注冲任（血海）；从经络循行来看，冲脉起于会阴，挟脐上行，而足厥阴经脉亦环阴器，行抵少腹，故与冲脉相连，肝血充足则血海满盈，月经能以时下。又因肝主疏泄，性喜条达，肝气舒畅，血脉通畅，则经血按期来潮。若肝的上述生理功能失常，在妇女可引起经、孕、产、育方面的多种病变。正因为肝与女子的生理、病理关系至密，故有"肝为女子先天"之称。

（二）治肝六法

裘老临床上用于治疗肝病的常用法则有：疏肝法、泻肝法、镇肝法、养肝法、滋肝法、温肝法。

1. 疏肝法

适应证：肝郁气滞，木失条达，症见胁肋或脘腹胀痛，胸闷善太息，烦躁易怒，月经不调，痛经或经前乳房作胀，或乳房结核，不孕，或孕后胎动不安，甚则滑胎、小产，或喉中如物梗塞（俗称梅核气），或卒然胸闷气塞，昏厥不省人事，两手拘紧，须臾复醒。若肝郁日久，气滞血瘀，则见经行不畅，经水色黑，夹有血块，甚则闭经，或产后恶露不下等。舌边带紫，脉弦迟而涩。常用药物：柴胡、制香附、橘核、橘络、青皮、枳壳、绿萼梅、八月札、延胡索、乌药、大麦芽等。常用方剂有逍遥散、柴胡疏肝散、加味乌药散、蒺麦散。

2. 泻肝法

适应证：肝经实热，肝火旺盛，或肝阳上亢而见胁肋胀痛，头晕头痛，面目红赤，心烦易怒，口苦而干，尿黄便秘；妇女多见月经先期，量多色鲜红，崩漏，妊娠恶阻，胎动不安，流产，赤带，阴肿，阴痒等。舌边红，苔黄，脉弦有力。常用药物：桑叶、菊花、黄芩、龙胆草、栀子、夏枯草、石决明、白蒺藜、决明子、羚羊角等。常用方剂有羚角钩藤汤、龙胆泻肝汤、清肝止淋汤之类。

3. 镇肝法

适应证：肝阳上亢，肝风升扰而致头晕目眩，面红目赤，心悸寐劣，肢体麻木震颤，甚则手足抽搐，不省人事，口干咽燥，在妇女可见子痫、产后发痉等。舌红少苔，脉弦细数。常用药物：石决明、珍珠母、鳖甲、龟板、牡蛎、紫贝齿、龙齿、灵磁石等。常用方剂有镇肝熄风汤、牡蛎龙齿汤。

4. 养肝法

适应证：肝血不足，木失涵养而见眩晕，目干，视物不清，肢体麻木，爪甲不荣，皮肤干燥粗糙，在妇女则见月经过少、闭经、胎不易长或滑胎、小产、产后发痉、乳汁缺少等。舌淡红苔薄，脉濡细或弦细。常用药物：生地、当归、白芍、丹参、何首乌、鸡血藤、枸杞子、阿胶、柏子仁、川芎等。常用方剂有四物汤、调肝汤、定经汤之类。

113

5. 滋肝法

适应证：肝阴不足，木失涵养，症见头晕目眩，视物不清，形瘦胁痛，失眠多梦，五心烦热，口干咽燥，大便偏干，妇女则见月经先期量少、闭经、崩漏、妊娠恶阻、滑胎、子痫、脏躁等证。舌质红绛少苔，脉弦细带数。常用药物：生地、天冬、麦冬、枸杞子、女贞子、何首乌、阿胶、牛膝、山萸肉等。常用方剂有一贯煎、杞菊地黄汤、两地汤、生地龙牡汤。

6. 温肝法

适应证：肝阳不足，阴寒凝滞，症见少腹冷痛，得温痛减。若厥阴寒气上逆，可见巅顶头痛，呕吐涎沫，常伴畏寒怯冷，肢末不温；在女子则经行少腹拘急冷痛，经水涩少色黯，闭经，或寒气结成瘕块等证。舌质白滑，脉沉弦迟。常用药物：肉桂、川椒、小茴香、台乌药、吴茱萸、巴戟天、芦巴、苁蓉等。常用方剂有暖肝煎、吴茱萸汤、温经汤之类。

三、肾与妇科疾病

肾为"先天之本"，主藏精、主水、主骨、生髓通脑，又主纳气，开窍于耳和二阴，与人体的生殖、生长、发育、衰老以及水液代谢关系密切。

（一）肾藏精，主发育生殖

肾藏精的含义有二，一是藏五脏六腑之精气，来源于饮食之精华部分，即水谷精微；二是藏通过肾气和"天癸"的作用所产生之精，它是人体生育繁殖的基本物质，即男女媾和的精气，故称"生殖之精"，这部分精的生成、储藏和排泄由肾主管。

1. 月经过少、闭经或初潮月经推迟

此类病证，常因先天肾气不足，或年幼多病，天癸不充；或多产房劳、肾阴亏损、血海空虚所致。正如《医学正传》说："月水全赖肾水施化，肾水既乏，则经血日以干枯。"主证：月经初潮延迟，或经量少，甚则经闭不行，伴眩晕腰酸、足膝无力。若肾阳虚者，兼畏寒怯冷，或大便溏薄，舌质淡白，脉沉细迟；若肾阴虚者，并见口干咽燥，五心烦热，身形羸瘦，舌质红绛少苔，脉细数无力。治法与选方：补肾益精为主。肾阳虚者，宜用桂仙汤、右归饮；肾阴虚者，宜用归芍地黄汤、大补阴丸。

病案举例 患者杨某，18岁。1979年9月5日初诊。

闭经三年，腰酸足膝软，畏寒怯冷，头晕目眩耳鸣，形体肥胖，无腹痛。脉细，舌质淡润，苔薄。肾阳不足，血海空虚，遂致闭经。治宜温肾填精以养冲任，方用桂仙汤加味：紫石英15克、肉桂3克（研末吞）、胡芦巴9克、炒川芎2.4克、甜苁蓉9克、仙灵脾15克、鹿角片9克、蛇床子4.5克、巴戟天9克、仙茅9克、炒当归9克。7剂。

1979年9月19日二诊：药后腰酸较瘥，足膝仍软，畏寒怯冷不若前甚，月事未行。脉、舌同前。踵步前法：紫石英15克、炒当归9克、仙灵脾15克、延胡索9克、肉桂1.2克（研末吞）、炒赤芍药9克、仙茅9克、鹿角片9克、蛇床子4.5克、巴戟天9克、益母草9克、制香附9克。7剂。

1979年9月26日三诊：经服温肾填精药后，于9月22日经转，色量正常。脉细，舌转红润。原方去益母草、延胡索、赤芍药，加熟地15克、丹参15克、艾叶4.5克。再服10剂，以巩固疗效。

按： 冲任两脉本与肾气息息相关。今患者见证为腰脊酸，足膝软，畏寒怯冷，闭经三年。脉细，舌淡尚润。显系肾阳不足，精不生血，致经源亏损而成闭经。投以桂仙汤，旨在温肾填精，使肾气旺盛，冲任疏通，精血渐盈，月事应时而下。

2. 不孕症

中医学认为受孕的机理主要是肾气旺盛，真阴充沛，任脉通，太冲脉盛，月事以时下，两神相搏，才能成孕，诚如傅青主所说："夫妇人受妊，本于肾气之旺也，肾旺是以摄精，然肾一受精而成娠。"若肾气虚衰，精血不充，冲任失养，胞宫空虚，故不能摄精受孕。

主证：婚久不孕，经水量少，面色黧黄，眼眶黯黑，腰膝酸软，精神疲惫，尤房事后为甚，性欲淡漠，小便清长，夜尿频多。舌淡苔薄，脉沉细，尺部较弱。

治法与选方：温肾养血，调补冲任。肾虚精血亏少者，宜用五子衍宗丸、养精种玉汤或毓麟珠；肾阳不足，胞宫虚寒者，则用艾附暖宫丸、桂仙汤。

病案举例 患者才某，35岁。1979年5月9日初诊。

婚后三年未孕，平时经期尚准，末次月经1979年4月23日，色淡清稀、量尚可，性欲淡漠，神倦乏力，腰酸腿软。舌质润苔薄白，脉沉细。此为肾虚冲任不足，不能摄精受孕。治宜填补下元，以益奇经。药用：枸杞子9克、车前子9克、熟地30克、菟丝子9克、覆盆子9克、补骨脂9克、五味子9克、甜苁蓉9克、制首乌15克。5剂。

1979年5月23日二诊：适值行经两天，量中等，未净，经期前后面浮足肿，

腰酸神倦。脉细，舌润。再拟原意出入：前方除补骨脂，加鹿衔草9克。7剂。

1979年6月27日三诊：月经于1979年6月18日转，色量正常，经期前后仍有面浮肢肿，腰脊酸楚之感。脉细，舌润苔薄。治宜补肾以调冲任，健脾以行水湿，佐以理气解郁之品：菟丝子9克、甜苁蓉9克、山药15克、绿萼梅4.5克、炒白芍9克、覆盆子9克、茯苓皮9克、桑白皮9克、晒白术9克、桑寄生9克、青陈皮各4.5克、赤小豆15克、佛手柑9克。5剂。

1979年8月9日来诊：停经15天，尿妊娠试验阳性。

按：冲为血海，任主胞胎，两脉皆系于肾，所以肾虚必致冲任失调，到时不孕。本例一、二诊，治以五子衍宗丸为主，意在填精益肾；三诊除补肾外，加用健脾以行水湿，是为脾肾两顾之法，此为健脾胃而生气血之意。《丹溪心法》五子衍宗丸，主治男子之阴损阳虚，早泄遗精，阳痿精冷之不孕症。作者施用于肾阳不足，冲任失养之不孕患者，根据临床具体病情，随症加减，效亦显然。

3. 胎萎不长

本证固然以脾胃虚弱，气血两亏，不足以营养胎儿生长者居多，但亦有因先天不足、肾精亏损，精不化血，不能荫胎而致者。

主证：妊后胎儿生长缓慢，腹部增大与妊娠月份不相符合，面色不华，腰酸，神疲乏力，畏寒怯冷。舌淡润，脉细弱。

治法与选方：培补脾肾，调养气血。方用圣愈汤合寿胎丸（菟丝子、桑寄生、续断、阿胶）。

病案举例　患者王某，32岁。

妊娠七月余，腹部增大缓慢，如怀孕五个月，平素体弱，两年前曾流产一胎，自觉头晕目眩，腰酸乏力，纳减，面色㿠白。脉象濡细，舌质淡红。脉症互参，系脾肾两亏，气血不足，胞胎失养，遂致胎萎不长，慎防堕胎。治宜培补脾肾，调养气血。处方：党参12克、炒白术9克、炙黄芪12克、当归身10克、桑寄生12克、菟丝子12克、续断9克、怀山药12克、杜仲12克。10剂。

二诊：自觉腰酸减轻，精神好转，面色略转红润，食欲尚可，腹部较前明显增大。脉来有神，舌质红润。乃肾气渐充，气血渐复之象。上方随证加白芍、陈皮嘱服10余剂。

三诊：前方有效，原发继服20剂。嗣后随访已足月生产，婴儿发育良好。

按：《景岳全书》说："妊娠胎气，本乎气血，胎不长者，气血不足耳。"

本例胎萎不长，乃因先天不足，肾精不能化生营血，胞胎失养所致。故用圣愈汤合张锡纯寿胎丸化裁，脾肾两顾，气血双补。此即"肾旺自能荫胎"之意。

4. 先兆流产或习惯性流产

胞系于胎，孕妇若禀赋怯弱，肾气素虚，或因房事不慎，耗伤肾阴，无力系胎，均可引起胞胎不固而流产。

主证：妊娠期中，腰酸胀，少腹下坠作痛或阴道流血，胎动不安，甚则流血增多，其胎欲堕。肾气虚者舌淡，脉沉弱；肾阴亏者，舌红绛，脉细滑而数。

治法与选方：肾气虚者，宜补气益肾，方用参芪胶艾汤加菟丝子、桑寄生、怀山药之类。肾阴亏者，宜滋肾清热，方用保阴煎加黄柏、地榆、苎麻根、桑寄生、紫珠草等。

病案举例 患者盘某，25 岁。1976 年 12 月 10 日初诊。

早孕三月，阴道持续出血二十余天，量多少不一，色鲜红，偶有小血块，腰酸腹痛。曾用西药保胎治疗，血仍未止。脉细滑，苔薄，舌质微紫。肾虚有热，胎元不固。治宜补肾清热安胎：生地炭 30 克、陈棕炭 15 克、桑寄生 12 克、煅石决明 15 克、狗脊炭 15 克、炒白芍 15 克、冬桑叶 30 克、怀山药 9 克、乌梅 2 枚、苎麻根炭 30 克、炙甘草 9 克、炒黑附 15 克、陈山萸肉 9 克。3 剂。

1976 年 12 月 13 日二诊：药后阴道出血量减少，腰酸亦轻。腹痛除。脉、舌同前。治守前法：生地炭 30 克、杜仲 15 克、怀山药 9 克、炒竹茹 9 克、狗脊炭 15 克、墨旱莲 15 克、冬桑叶 30 克、桑寄生 15 克、炙椿皮 12 克。5 剂。

1976 年 12 月 24 日三诊：阴道出血已净，腰酸尚存。脉细滑，左手明显。治用补肾安胎以巩固：怀山药 12 克、菟丝子 9 克、桑寄生 9 克、冬桑叶 30 克、苎麻根炭 15 克、炙甘草 2.4 克、炒白芍 9 克、晒白术 4.5 克、制狗脊 12 克、青竹茹 12 克。5 剂。

按： 肾阴亏而胞宫有热，以致胎漏，临床屡见不鲜。本例治法为清热滋阴安胎。方中冬桑叶一味，作者常用于此种类型之胎漏，且剂量较重，是取法于傅青主的"清海丸"之意，补阴而无浮动之虑，缩血而无寒凉之苦，使子宫清凉，血海自固，胎漏自除。

5. 月经过多或崩漏

病发于肾者，多因素体怯弱，或房室过度，肾阴耗损，或久病下元虚衰，冲任不固，阴血不能内守而妄行所致。

主证：肾阳不足者，经来量多色淡，甚则崩漏，久而不止，伴面色㿠白，少腹冷痛，腰酸，四肢不温，舌淡白，脉沉细迟；肾阴虚者，月经淋漓不净，

浙江中医临床名家·裘笑梅

色紫红或紫黯，伴潮热，颧红，五心烦热，口干咽燥，腰酸痛。舌红少苔，脉弦细带数。

治法与选方：肾阳不足者，治以温阳益肾，方用右归丸加减；肾阴虚者，主滋阴清热，方用固经汤、参麦地黄汤化裁。

病案举例　患者王某，21岁。

经淋难净已四个月，头晕目眩，时有低热，手足心灼热，足跟疼痛，耳鸣，口干咽燥。脉弦细，舌质微绛。治用参麦地黄汤加味：大熟地30克、陈山萸肉12克、怀山药12克、泽泻9克、牡丹皮9克、制女贞12克、石榴皮12克、茯苓9克、炙麦冬9克、孩儿参15克、炙椿皮12克、荆芥炭4.5克。5剂。

二诊：药后经淋间歇有之，量极少，色淡如咖啡，头晕耳鸣已减，舌脉如前。治守前意：炙麦冬9克、熟地30克、怀山药9克、泽泻9克、煅牡蛎30克、炒山楂9克、焦神曲9克、荆芥炭4.5克、茯神12克、陈山萸肉12克、白芍药9克、牡丹皮炭4.5克、党参炭9克、广陈皮4.5克、红枣15克。7剂。

三诊：经淋已净，纳食已增，头晕、耳鸣均减，夜寐转安。脉细缓，苔薄润。改用丸剂以资巩固：参麦地黄丸120克，每日上午吞服6克；济生归脾丸120克，每日下午吞服6克。

按：本例为肝肾阴亏，冲任不固而致经漏。前后两诊均用参麦地黄汤加味，乃乙癸同治，养肝肾即为益冲任之源，源盛则冲任得固而经漏自止。

（二）肾主封藏

《内经》说："肾者，主蛰，封藏之本，精之处也。"盖肾为贮精之处，肾精贵于封藏而不宜走泄，若肾气不足，或阴虚相火过旺，均可引起肾失封藏之职，而致真阴不固。临床根据上述理论，指导下列妇科病的治疗。

1. 白淫

此证多因肾虚不固，或相火偏亢，真阴下泄所致。若肾气不足者，以温肾固摄为主，方用右归丸；肾阴亏，相火偏亢者，宜用知柏地黄丸。

病案举例　患者茹某，36岁。1976年12月24日初诊。

夜来时有走阴（白淫），自觉腰酸，足跟隐痛，头晕，经期先期，量少拖日。舌质红绛偏干，脉象细数。此乃肾阴下亏，相火内扰，封藏失职。治宜滋阴清火：生地黄30克、山药12克、炒黄柏9克、牡丹皮9克、泽泻9克、茯苓9克、知母9克、制首乌12克、制黄精12克。7剂。

118

1977年1月10日二诊：服前方后，白淫已止，腰酸减轻。舌质尚红，较前润泽，脉仍细数。原方续服5剂，以资巩固。

按：女子白淫，多由肾阴不足，相火偏亢，以致肾失封藏，真阴下泄，此案即其例也。故用知柏地黄汤加味，旨在滋肾阴，泻相火，得奏全功。

2. 带下

素体肾气不足，下元亏损，或由于劳累过度、多产等，以致肾虚封藏失职，带脉失约而致。

主证：肾阳虚者带下色白，清稀无味，量多而淋漓不断，历久不止，伴面色不华，四肢不温，少腹冷痛，腰酸有下坠感，舌淡白，脉沉迟；肾阴亏者，带下渐稠色黄，伴阴痒或干灼，五心烦热，头晕目眩，腰酸，足底疼痛。舌红少苔，脉细数。

治法与选方：肾阳虚者，以温肾培元，固涩止带，方用内补丸加巴戟天、桑螵蛸、鹿茸等；肾阴亏者，宜滋阴清热，固涩止带，方用大补阴丸、六味地黄丸加芡实、牡蛎、龙骨等。

病案举例 患者何某，32岁，已婚。

头晕目眩，腰酸若折，带下颇多，色白质稠，已历半月，口干少津。脉弦细，苔薄黄，舌质干燥偏红。肾阴亏损，带脉失约。治用六味地黄丸化裁：熟地黄30克、泽泻9克、炒白芍药9克、芡实12克、山萸肉9克、牡丹皮9克、枸杞子4.5克、茯苓9克、山药12克、煅牡蛎30克。7剂。

二诊：药后带下显减，腰酸好转，头晕目眩，耳鸣。脉细，舌质转润。治守前方，加甘菊、制狗脊、制首乌各9克。7剂。

三诊：带下基本已止，腰酸大减。脉细缓，舌淡红。继服六味地黄汤化裁，以资巩固。

按：本例带下，腰酸，舌红口干少津是辨证为肾阴亏的着眼点。六味地黄汤滋肾阴而利水湿，补中寓泻，滋而不滞，对肾虚湿滞而致带下，颇为合适。

（三）肾主水

肾主水液，主要是指肾脏有主持和调节水液代谢的作用。肾脏这种功能必须依靠肾阳的气化作用来实现。如果肾中阳气不足，气化功能失常，就会导致水液代谢的调节障碍，水液潴留体内，出现水肿、小便不利等症状。《内经》所谓"肾者胃之关，关门不利，故聚水而从其类"，即是斯意。临床根据上述理论，指导下列妇科病的治疗。

1. 子肿

平素肾虚，孕后阴聚于下，肾阳难于敷布，不能行气化水，以致水留体内流溢肌肤而为肿。所以《沈氏女科辑要笺正》说："妊身发肿，良由真阴凝聚以养胎元，肾家阳气不能敷布，则水道泛溢莫制。"

主证：妊娠数月，面目肢体浮肿，四肢不温，心悸短气，腰酸无力，或少腹下垂，胎动不安。舌淡，苔白润，脉沉迟。

治法与选方：温肾行水，以真武汤、肾气丸为主，但方中附子辛温有毒，有碍胎气，若非阳虚证，不宜轻用。

病案举例 患者许某，28岁。1953年8月20日初诊。

妊娠五月，晨起面浮颊肿，四肢肿胀，小溲不多，面色少华，中脘胀闷不宽，腰酸，下肢畏寒。脉细滑，苔薄白，舌质淡。肾阳不足，水气不化。治宜温肾扶阳行水：制巴戟天6克、炒胡芦巴9克、茯苓皮9克、杜仲12克、炒白术10克、冬瓜皮15克、陈皮6克、薄荷梗4.5克、苏梗6克、豆蔻衣4.5克。4剂。

二诊：药后腹胀已宽，饮食已增，面颊浮肿不如前甚，肢肿明显减退。脉、舌如前。治守前法：茯苓皮12克、山药12克、杜仲12克、生姜皮1.2克、炒白芍药9克、炒白术9克、炙陈皮6克、冬瓜皮9克。5剂。

按： 肾为水脏，主气化而利小便。今肾中阳虚，气化无权，水饮内停，故小便少、面浮肿、恶寒肢冷。方用巴戟天、胡芦巴（代附子以温肾祛寒又能固胎）、白术、茯苓、陈皮、冬瓜皮温肾健脾利水消肿；复加紫苏梗、豆蔻衣、薄荷梗通调气机，取气行则水行之义。药后浮肿渐减，续用原法，以图全功。

2. 妊娠小便不通（转胞）

肾与膀胱相表里，肾气不足，不能温化膀胱之阳，以致膀胱气化不利，水道不通，小便不得下行而成本病。

主证：妊娠小便短数，继而不通，小腹胀满而痛，不得安卧，面晦，腰足酸软，畏寒怯冷，四肢不温。脉沉迟或沉滑无力，舌淡、苔白润。

治法与选方：温肾行水，以肾气丸为主。肾气丸中肉桂、附子、牡丹皮，均为碍胎之药，用时宜审慎。

病案举例 患者沈某，28岁，工人。1979年4月9日初诊。

妊娠七月，因劳力过度，四、五天前小便短数，半日内十余次，现难下，少腹胀急疼痛。西医检查有不规则宫缩。腰背酸楚，下肢肿胀，头晕。脉弦滑，舌质淡红。此为肾虚膀胱气化不利。治用温肾益气行水：熟地黄 15 克、山萸肉 9 克、升麻 6 克、紫苏梗 4.5 克、山药 12 克、党参 9 克、肉桂 0.9 克（研末吞）、车前子 9 克。3 剂。药后小便畅通，各症消失。

按：妊娠肾气不足，膀胱气化不利而致小便难下，症属转胞，故用肾气丸化裁以温肾利水，配合党参、黄芪、升麻补气升阳以助肺脾。盖脾主运化水湿，肺为水之上源，肺脾得补，则水气易化；更如天仙藤、紫苏梗理气行水。诸药合用，共奏温肾益气利水之效。

裘老治疗妇科经、带、胎、产、杂病，均强调从肝、脾、肾论治。她认为轻症一般多为单脏致病，重症则为两脏或三脏均功能失常而合而致病，临床尚须辨证分析，探究病因本质，掌握病机规律，才能收获良效。

第二节　辨证论治是关键

辨证论治是"理、法、方、药"运用于临床的过程，是中医学的基本特点。即通过四诊、八纲、脏腑、病因、病机等中医基本理论对患者表现的症状、体征进行综合分析，辨别为何种证候，称为辨证；在辨证基础上，拟定出治疗措施，称为论治。张仲景在《伤寒杂病论》中始创辨证论治理论体系。

一、熟读经典明辨证

裘老深知要研究中医学术，必须有坚实的理论基础，方能深谙原理。读书是主要的方法，"书山有路勤为径"，勤奋是成功的钥匙。她熟读《伤寒杂病论》，关键之处一字字地推敲。领会其中的精髓、本质，并由浅入深、由源到流、循序渐进。在辨识证候时辨明疾病的病因、病位、病性及其发展变化趋向，严格遵循因证立法，随法选方，据方施治的原则，同时将辨证与辨病相结合，发扬中医学的辨证论治诊治特色，在日积月累的行医历程中提高自身的医疗水平。

裘老跟师父求学早期，曾遇一 38 岁闭经患者，清华师父详细问诊观舌查脉之后予补中益气汤合四物汤化裁治疗。笑梅不解：闭经之闭，乃不通也，世人皆以为应以开导之药，如桃仁、红花之类通利为事，为何师父唯以补养气血，不行通利之事？师父笑而不答，只要求笑梅熟看《景岳全书·妇人规》，回家后笑梅迫不及待翻看该书，书中写道："血枯之与血隔本自不同……凡

妇女病损，至旬月半载之后，则未有不闭经者。正因阴竭，所以血枯。枯之为义，无血而然，故或以羸弱，或以困倦，或以咳嗽，或以夜热，或以饮食减少，或以亡血失血，及一切无胀无痛，去阻无隔，而经有久不至者，及无非血枯经闭之候。欲其不枯，无如养营；欲以通之，无如充之，但使雪消则春水自来，血盈则经脉自至，源泉混混，又孰有能阻之者？奈何今之为治者，不论有滞无滞，多兼开导之药，其有甚者，则专以桃仁、红花之类，通利为事。岂知血滞者可通，血枯者不可通也。"经此病例，裘老更加深刻地理解"辨证论治"的重要性，在以后的行医生涯及带教中专以"辨证论治"为关键，不再专以桃仁、红花治闭经之墨守成规。

《伤寒杂病论》的"六经辨证"是辨证论治的肇始，其后，刘河间的《素问玄机原病式》明确指出论治应当明辨"病机"，这也是今人"辨证"的目的所在。找准病机，根据病机确定治则治法，而非头痛医头，脚痛医脚。裘老求学期间悉心攻读中医经典著作，对《内经》《难经》《伤寒论》《金匮要略》等朝习暮研，手不释卷，对妇科专著如《妇人大全良方》《景岳全书·妇人规》《傅青主女科》等尤为服膺，她将辨证与辨病相结合、中西医相结合，挖掘中医的辨证论治与西医的病理机制的潜在联系，探索新的辨证论治的应用形式和学术内容，扩大辨证论治新的临床范围，从而为今后的职业发展打下了坚实的基础。

二、辨证论治解疑难

（一）诊治胎死不下

裘老工作后有一次应邀去下级医院会诊，患者孕足月胎死腹中，十日余才至医院就诊，患者及其家属有强烈的再生育要求，希望不通过剖宫产的方式顺产出死胎以便不日可再次妊娠。入院后西医予缩宫素等促宫缩药催产，然而效果不佳，用药后患者腹痛不显，未引发规律宫缩。裘笑梅查看患者后，辨证属实证实脉，急予加味脱花煎：当归9克、川芎6克、肉桂末3克、牛膝12克、车前子9克、红花9克、益母草9克、龟板12克、黄芩6克、忍冬藤12克、连翘9克，服两剂后，宫缩逐渐规律加强，后于当夜顺产一死胎，下胎益母，子去母安。

当地医院医生将裘老此方保存，以为胎久不下均可使用，然不然也。数日后，该院再进一患者，仍为孕足月，胎死腹中而不得下，该院医生予加味脱花煎治疗仍不得效，无法只得再次请裴老会诊，裴老查看病人，该患者多产多劳，素体虚弱，阴道流血色淡，神疲乏力，辨证为体虚病实之证，乃冲任气血虚弱，无力送胎，治以化瘀攻下法必不得效，须益气养血，活血下胎，方以救母丹：人参15克、当归12克、川芎12克、益母草20克、赤石脂12克、炒荆芥穗9克、黄芪15克、牛膝15克，下午2时服药，5时开始宫缩，于晚7时加艾灸足三里，针刺中极、合谷，是夜产下一脐带缠颈之死胎。

上述2例经西医诊断同为过期流产，诊断无误，但中医之辨证论治则一攻一补，天壤之别也。该案例充分体现了裴老以辨病为先，但以辨证为主的临床诊治原则，对同一疾病，要根据该病当时的临床表现和检查结果来辨析目前处于病变的哪一阶段或哪一类型，从而确立当时该病的证候，然后根据证候来确定治法和处方遣药，而不是得一方，不经辨证随意使用，这样违背了中医辨证论治的原则。

（二）诊治崩漏

另有一例崩漏患者，病史已年余，阴道出血量少色暗，绵延不止，伴头晕腰酸，精神疲乏不堪，脉来弦细。他处就诊时均认为是"气虚肾衰"所致，处方遣药多为补肾益气，固冲止血之方，但效果并不好，久治不愈，后辗转就诊于裴老处，裴老查看舌苔，舌质紫暗且有瘀斑，细问平素时有痛经，月经来潮之时血块较多，显然是瘀血内阻之象，遂舍症从舌，诊为瘀阻冲任，血不循经所致，投以活血化瘀为主的方药，痼疾乃愈。

形成崩漏的机理主要是冲任受损，冲为血海，任主胞胎，两脉与月经关系密切，若有损伤，势必导致经血异常而致崩漏。诚如《诸病源候论》所说"崩中者，脏腑伤损，冲脉任脉血气俱虚故也；漏下者，由劳伤血气，冲任之脉虚损故也"，本病在脏腑的病理变化上当责之于肝、脾、肾，尤与肾关系密切，因为冲任二脉皆起于胞中，而胞脉系于肾，所以肾为冲任之本，经血之源。故多数医家均以补肾益气为大法，而未根据有无腹胀、腹痛及胀痛之性状、血量之多少、血色之深浅、血质之稠稀，并参合舌脉及全身症状，以辨其气血两虚、脾胃虚弱、肝郁气滞、血瘀、血热不同证型，故疗效不佳。

本证之崩漏乃因瘀血停滞，阻于经脉，新血不得循经所致。故治疗当谨守病机，正确辨证，通因通用，以化瘀澄源为主，非单纯补肾固涩止血所能奏效，否则适得其反，愈止愈多，瘀血不去，新血不生，血不归经，则出血

不止。所以裘老认为临床诊治中不可拘泥于某一症状或某一方，要充分"辨证"以指导"论治"，此乃中医的精髓，务必坚持这个原则。

（三）诊治经断复来

曾治疗一例绝经后阴道出血的患者，年52岁，绝经3年后症见反复阴道不规则出血，量多色淡红，伴头晕乏力，腰脊酸楚，小腹时时隐痛，脉细无力，舌淡红苔薄，西医检查血常规：白细胞和中性粒细胞偏高，子宫内膜双层厚0.3cm，其余检查未见明显异常，西医诊断"子宫内膜炎"。予抗生素联合清热解毒中药口服10余天，效果不佳，仍有少量不规则流血。裘笑梅凭症参脉，辨证为脾气虚弱，统血无权，肾气不足，冲任不固。遂投以归脾汤加补肾固冲之品，佐以清热止血药物，不数剂，即获痊愈。

本例若只看西医的诊断，囿于"炎症"，而不加辨证地偏重于"清热消炎"，势必舍本求末，病难向愈，由此可见辨证论治在中医诊疗中的重要意义。

（四）诊治滑胎

严某，女性，29岁，婚后自然流产三次，皆在孕2月余时胚胎停止发育，继而阴道流血，胎堕难留。第四次怀孕后小心翼翼，就诊于多家医院口服中药安胎，孕8周时再次出现阴道流血，同前三胎，患者忧心不已找到裘老。观其人，面色苍白，神疲乏力，久站久行则头晕眼花，腰酸，胃纳不香，舌红苔白，脉细濡滑，裘老查其前方，皆以胶艾四物汤，且加炭类止血药，然裘老认为此患者乃脾土太虚，清气下陷，所谓土虚不能载物也，脾虚不能滋养先天、维荫胞宫，故胎殒难留，现胎犹未殒，试尽力图维，前方中川芎、当归走串，黄肉、熟地、白芍柔腻碍脾，皆与病刺谬，而用炭类药止血，仅能治标，无益于补中阳之虚，此乃辨证失当，应急予温中补虚，健脾益气，方用补中益气汤去当归，加砂仁，合理中汤以升举元气，服三天后阴道出血减少，一周后出血止，胎元稳固，后顺利生产。

此例因辨证失当而致论治错谬，若不救治及时则胎儿难保，故裘老行医教学中时时强调"辨证论治"，认为其乃中医之根本。

三、辨病辨证相结合

辨病论治必须与辨证论治相结合，基于四诊的辨证论治，是中医学的基石与特色。单纯的辨病论治，难以形成最佳的个体化治疗方案，难以发挥传统中医优秀的内外特色疗法。同样的疾病，发生于不同的个体，由于不同的体质与病因，会出现不同的临床证候，每一阶段会有不同的证候规律；而且，就算同一时点，亦可能出现不同证候，必须根据辨证实施不同的诊疗策略，即通常所说的"同病异治"。

例如，裘老对不孕症的治疗，她认为肾气旺盛，精血充沛，任通冲盛，是受精成孕的先决条件；若先天肾气不足，冲任气血失司，则难受孕成胎。治疗上强调治病求本，对症处方。若肾气不足，冲任虚寒，或因血虚而致冲任空虚者，治以温养冲任，益髓填精。常用验方桂仙汤、毓麟珠、养精种玉汤等方加减。若肝郁气滞，冲任不能相资者，治以疏肝理气，疏调冲任。方用逍遥散加减。常用柴胡配薄荷，绿萼梅配白芍，橘核配橘络、娑罗子、八月札、香附、青皮、蒺藜等。

案例一 患者李某，31岁，结婚6年未孕，曾于他院行诊断性刮宫，为子宫内膜不规则成熟，性激素测定中度影响，同年下半年做子宫输卵管碘油造影术提示双侧输卵管通畅，妇科检查：外阴正常，宫颈光滑，子宫后倾，大小正常，双附件未及明显异常，西药促排卵治疗三次未孕。患者自诉月经后期，经量少，经前有乳房胀痛，腰酸明显，小腹时感冷痛，舌淡苔薄，脉沉细，辨证为肾阳虚衰证，治以温肾暖宫，佐以疏肝理气：仙灵脾9克、紫石英12克、陈艾叶2.4克、菟丝子12克、制香附12克、天仙藤9克、阳起石9克、陈山萸肉15克、枸杞子9克、五味子4.5克、桑椹子15克、茯苓9克。此后均以此方为基本方随症加减，服药近一年，乃生育一子。

案例二 患者杨某，28岁，婚后4年未孕，行子宫输卵管碘油造影术提示双侧输卵管通畅，自诉经前腹痛，乳房胀痛明显，平素易怒，脉沉细，舌红润，辨证为肝郁气滞证，治用疏肝理气，兼以益肾：橘核4.5克、橘络4.5克、柴胡9克、薄荷梗4.5克、白蒺藜9克、大麦芽15克、覆盆子9克、菟丝子9克、车前子9克、枸杞子9克、五味子4.5克、熟地30克、制首乌15克。上方随症加减服20余剂后受孕，顺产一女。

若痰湿内生致冲任受阻者，治宜化痰湿而调冲任，用启宫丸等方加减，药用苍术、白术、陈皮、大豆卷、薏苡仁、白扁豆、赤小豆、平地木、茯苓、木瓜、厚朴花等。

案例三 患者蒋某，36岁，婚后7年未孕，形体肥胖，经汛不规则，时有月经后期或闭经，曾予人工周期和西药促排卵治疗，疗效不显，停药则

月经仍不规则，未受孕，性激素检查提示雌激素水平正常，患者自诉晨起多痰，纳差乏力，闭经已有半年余，未孕，舌胖边有齿痕，裘老辨其为痰湿阻滞证，治以化痰祛湿，理血调经：苍术9克、仙茅9克、仙灵脾9克、大豆卷12克、平地木15克、赤小豆30克、马料豆30克、荷包草15克、酒当归15克、川芎4.5克。上方随症加减，连服40余剂，经转后受孕，后剖宫产一女。

若流产，或产后损伤冲任二脉而致瘀热蕴结下焦者，治以清热活血，疏通冲任，方用二藤汤加减，常用药有忍冬藤、红藤、当归、半枝莲、白花蛇舌草、焦栀子、川楝子、麦芽、路路通、乳香、赤芍、牡丹皮等。

案例四 患者秦某，28岁，婚后不避孕3年未孕，有3次人工流产史，平素时有小腹坠痛，经前及劳累时加重，行子宫输卵管碘油造影术提示左侧输卵管通而不畅，右侧无殊，自诉月经时有后期，量时多时少，色黯，质黏，有血块，经行不畅，口苦口干，舌红，边有瘀点，脉弦数。裘老依据其病史、临床表现及舌脉辨其为瘀热内阻证，治以活血化瘀，清热通络：当归9克、川芎9克、赤芍12克、红藤15克、丹皮12克、白芍12克、没药6克、路路通12克、小青皮9克、败酱草12克、生地12克。上方随症加减，连服30余剂，经转后受孕，后顺产一女。

裘老认为不孕辨证主要依据月经的变化、全身症状及舌脉进行，综合分析，明确脏腑、气血、寒热、虚实，依据"辨证"来指导用药，临床应用每每获效。可见在裘老的临床诊治中无不体现着"辨证论治"的重要性。

此外，裘老认为"异病同治"也是辨证论治的又一重要方面。无论是月经病、妊娠病、产后病、妇科杂病，只要其证候相同，就可运用同样的治疗方法，这是中医药治病的制胜法宝。否则，简单的对病（症）处理，就会失去中医学的本来特色，或者只能是废医存药，扬短避长。

例如脾气虚弱证，患者后天不足，素体脾虚或饮食失当，损伤脾胃均可引起脾气虚弱，脾气虚弱可致脾失健运，气不摄血而出现月经过多、闭经、先兆流产等多种疾病，治疗上均以健脾益气，调养后天为大法。再如肝郁气滞，木失条达，症见胁肋或脘腹胀痛，胸闷善太息，烦躁易怒，月经不调，痛经或经前乳房胀痛，不孕，或孕后胎动不安，甚则滑胎、小产，或喉中如物梗塞，若肝郁日久，气滞血瘀，则见经行不畅，经水色黑，夹有血块，甚则闭经，或产后恶露不下等，治当疏肝理气解郁。活血化瘀是治疗瘀血证的基本法则，妇科疾患中，如痛经、闭经、产后恶露不下、癥瘕、滑胎等常与瘀血有关。肾为"先天之本"，藏精，主发育生殖，主水，主封藏，妇科几乎所有疾病都与肾有关，如月经过少、闭经、不孕症、先兆流产、胎萎不长、崩漏、带下病、子肿等，治疗上均以补肾滋肾，调补冲任为主，以上论述乃"异病同治"之理。

辨证论治是中医临床诊断治疗疾病的最重要的思维方法和过程，是中医学的特色和优势，是中医理论的核心。裘老临床诊治中紧扣中医核心病机，始终坚持"观其脉证，知犯何逆，随证治之"的原则，法依证而出，方随法而立，而不是囿于西医某一疾病的诊断，不加辨证一味地使用某一方，始终强调"辨证论治"重要性，强调治疗须"有理"而为。

第三节 衷中参西显疗效

裘老不仅中医理论功底扎实深厚，专研妇科经、带、胎、产、杂病，还善于向西医学习，汲取其所长，衷中参西、证病同治，独树一帜。1956 年，已经在社会上颇有知名度的裘老在工作之余，为了能系统学习西医知识，特地报考了杭州市西医进修班，学习生理、病理、解剖、生化等西医课程，并最终以优异成绩结业。

裘老一贯主张中西医结合，在临床上勇于实践与探索。中医学的基本特点是辨证论治和整体观念，相对于西医学对于人体内微观结构的观察、病理生理的分析有所不同。裘老认为随着西医学的迅速发展，中医诊病应积极参考实验室的检查结果，通过客观指标的观察，与临床症状相结合，使诊断更准确、疗效更显著。她认为中西医相结合、辨证与辨病相结合，挖掘中医辨证论治与西医病理机制的潜在联系，探索新的辨证论治的应用形势和学术内容，使得中西医日趋统一和完善，才能更好地服务于患者。

她总结月经周期变化机制，制订调经种子、疏经通络、软坚散结等三种基本方法，指导不孕症的治疗；根据下丘脑 - 垂体 - 卵巢 - 子宫性腺轴的功能，探索闭经实质；开创中药周期疗法；深入妇科疾病新领域，治疗胆汁酸过高之滑胎、母儿 ABO 血型不合及染色体错位之滑胎等疑难疾病。对高泌乳素血症、多囊卵巢综合征、卵巢早衰、输卵管阻塞引起的不孕症以及 ABO 血型不合引起的滑胎等疾病，她往往通过血液内分泌激素测定、B 超检查、输卵管造影、血液抗体效价测定等实验室检查或辅助检查，诊断明确，治疗得宜，

疗效确切。

一、闭经的诊治

（一）卵巢早衰性闭经

卵巢早衰属中医"经闭"范围，临床表现为月经稀发，经量少，闭经，并伴潮热、多汗、心悸、烦躁、阴道干涩、性欲减退等更年期症状。闭经一证，有血枯、血滞之别，卵巢早衰属于中医血枯经闭，多为虚证。治疗上，裘老强调卵巢早衰的病情往往较严重、较复杂，因而治疗时间也比较长，临床上应灵活运用中西医结合治疗，共同发挥双方的优势。根据临床总结，用西药治疗卵巢早衰，则能达到改善性功能，防止阴道萎缩、干涩之目的。对于有生育要求者，适宜单用小剂量雌激素或小剂量雌激素加促性腺激素，以诱发排卵。但西药激素药物应间断使用，不能长期服用，以防雌激素滞留体内引发子宫内膜疾病与乳腺疾病。用中药治疗卵巢早衰，经临床反复实践，裘老选用自己验方"桂仙汤"温暖胞宫，益肾填精，帮助卵巢功能恢复，促使卵泡发育。同时结合辨证，肝郁气滞者合用验方蒺麦散以疏肝理气；气血不足者合用养精种玉汤滋肾养血等。除服中药外，同时按上述西医治疗原则，间断进行治疗。中西医合治，则部分患者能收到较为满意的疗效，且疗效巩固，复发率低。对于有生育要求者，治疗后其发育卵泡质量高，则受孕率也相应提高。

病案 患者顾某，28 岁，已婚。1993 年 10 月 26 日初诊。

患者结婚 3 年，同居未避孕而未孕，月经稀发，需注射黄体酮而转。末次月经 1993 年 8 月 24 日，为注射黄体酮转，现又有 2 个月月经未转。腰酸酸软，乏力，两乳胀痛，乳头作痛，1993 年曾行双乳房纤维瘤切除术。B 超：双卵巢、子宫偏小。卵泡刺激素（FSH）100.49U/L，黄体生成素（LH）41.13U/L，雌二醇（E_2）101.30pmol/l。诊断为卵巢早衰。治宜温阳暖宫、填精益肾兼疏肝理气。于桂仙汤合蒺麦散、四物汤化裁。联合西药雌二醇治疗。后生育一女，产后卵巢功能正常，月经按期而转。

（二）闭经溢乳综合征性闭经

闭经溢乳综合征排除垂体肿瘤外，大多属于肾阳虚夹痰湿型。治法上，初用回乳药（大麦芽 30 克、山楂 15 克、煅牡蛎 30 克），继以温肾阳，调冲任，祛痰湿，通经络，使血源归经，血海充盈而经水自下。

（三）子宫内膜结核性闭经

子宫内膜结核性闭经在抗结核治疗的同时配以中药，初用秦艽鳖甲汤（炙鳖甲 15 克、青蒿 9 克、秦艽 9 克、地骨皮 12 克、银柴胡 10 克、当归 9 克、知母 9 克、乌梅 3 克、百合 9 克）之类滋阴清热，俟骨蒸潮热退后，继拟归脾汤（白术 10 克、茯神 12 克、黄芪 12 克、当归 9 克、龙眼肉 9 克、酸枣仁 9 克、党参 12 克、木香 6 克、远志 10 克、炙甘草 3 克、生姜 3 克、大枣 12 克）促其生化之源以充盈血海，再进补肾壮阳之剂，肾气盛，冲任养，则经血自下。

二、滑胎的诊治

裘老认为现代医学的迅速发展为中医学的发展提供了有力的支柱，一些实验室检查及辅助检查为中医诊断和治疗疾病提供了帮助。母子 ABO 血型不合、染色体错位、免疫功能缺陷等，大多属于本虚标实之证。裘老早在 20 世纪 70 年代尚未明确提出免疫抗体时就已认识到滑胎可能与孕妇血中免疫物质有关。肝经郁热、脾经湿热是其病机之一，肾气不固，封藏失职是其病机之二。其病证有特殊性，可通过实验室检查患者血清 ABO 血型抗体、染色体、母体封闭抗体、抗精子抗体、抗子宫内膜抗体等进行诊断。

（一）染色体错位

病案 患者黄某，26 岁，1989 年 7 月 22 日初诊。

患者停经 57 天，不规则阴道流血 5 天，成淡咖啡色，伴有胃纳不振，恶心呕吐，大便干燥，腰酸。脉弦细小滑，苔薄白。尿妊娠试验阳性。患者结婚 3 年，于 1987 年 4 月孕 40 天自然流产，行清宫术。1987 年 9 月及 1988 年 11 月又先后两次早孕 3 个月时，因过期流产，行清宫术。1989 年 6 月在某院做染色体检查属正常，核型分析：46，Xy、16q+。双方否认近亲结婚，男方为独子。患者此次因先兆流产，住院时用中药保胎。B 超示：早孕活胎。人绒毛膜促性腺激素（HCG）> 1000μg/L。处方：黄芩 6 克、丝瓜络炭 9 克、冬桑叶 10 克、苏梗 5 克、焦山栀 9 克、生黄芪 12 克、女贞子 10 克、生甘草 6 克。服 15 剂。

8 月 5 日二诊：服前方后阴道血性分泌物已除，恶心呕吐已瘥，治以前意。

上方除冬桑叶、焦山栀，加生石决明 30 克，太子参 15 克，淡竹茹 12 克，广藿香 6 克。因阴道出血已除，方中除丝瓜络炭。服 15 剂。

8 月 23 日三诊：停经 93 天。B 超检查报告：子宫明显增大，宫内胎儿双顶径 22mm，胎心规则，有胎动，羊水中等。药用：生黄芪 10 克，女贞子 12 克，冬桑叶 12 克，黄毛儿草 20 克，丝瓜络 9 克，当归身 6 克，黄芩 6 克，炒白芍 9 克，炙鸡内金 6 克，炒路党参 9 克，藿香 6 克。服 30 剂。

9 月 24 日四诊：B 超：子宫内胎儿双顶径 39mm，胎儿头臀径线 100mm，胎心规则，胎动存在。

在住院治疗中，以中医中药为主，适当配以西药维生素 E 口服及黄体酮肌肉注射，并定期做 B 超检查，及时了解胚胎发育情况，以配合临床治疗。患者于 10 月 4 日带中药 10 剂出院：生黄芪 10 克，女贞子 12 克，冬桑叶 12 克、丝瓜络 9 克、黄芩 6 克、炒路党参 10 克、炙鸡内金 6 克、当归身 6 克、菟丝子 10 克、煨狗脊 10 克。嘱连续服用至分娩前 1 个月。随访：生一女孩，重 7 斤，生命力强，无畸形。

（二）ABO 血型不合

ABO 血型不合是孕妇与胎儿之间因血型不合而产生的免疫性疾病。目前，国内外仍无特效方法。裘老对有过此病的孕妇，在妊娠前用中药预防治疗，自拟"裘氏异功保胎散"临证加减，效果满意。

病案 患者林某，33 岁，因先后流产 2 次，第一次孕 2 个月余难免流产，第二次妊娠 6 个月半而殒胎，外院诊断"母子血型不合"。现妊娠 4 个月余，测 IgG 抗 B 抗体效价 1：512，三区，孕妇血为 O 型，男为 AB 型。常感心悸胸闷，头晕腰酸，苔薄，质淡红，脉细滑。药用裘氏异功保胎散，生黄芪、生草、女贞子、子芩、焦山栀、绵茵陈等，嘱空腹饮淡盐水 250ml，忌滋腻之物，多吃水果。服药至 5 个月初，复测 IgG 抗 B 抗体效价 1：1024，四区，在原方基础上加重黄芪、绵茵陈的量，连服月余，复测 IgG 抗 B 抗体效价 1：512，四区。药服至分娩，后剖宫产一女婴，7 斤 8 两，B 型血。当时，新生儿有轻度黄疸，服小儿退黄散二剂，黄疸退。观察 20 天出院，免疫抗体正常。

三、子宫内膜异位症的诊治

近年来子宫内膜异位症（简称内异症）的发病率有逐年上升的趋势。而内异症患者中有半数合并不孕，给育龄妇女带来极大的痛苦。裴老对内异性不孕症的诊治，匠心独运，治验颇丰。卵巢囊肿类同于《灵枢·水胀》中已记载的"肠覃"，对于本病的治疗，裴老常结合现代医学理论，衷中参西综合施治。例如对于有盆腔内异小囊肿 < 5cm 者，主张先采用保守疗法，以中药调治助孕，待分娩之时剖腹取胎，同时手术切除肿块；对于久治不愈、盼子心切的病人，在药物治疗的同时进行心理疏导。告诫患者欲速则不达，当顺其自然之理，缓解其紧张情绪，使患者心结开解，气血流畅，乃受精成孕。

裴老根据中医学和西医学对月经周期调节的共同认识，依据月经周而复始的特点，结合现代医学有关"异位内膜受卵巢激素的影响，发生周期性出血所致痛经"的理论，针对内异性痛经之病理特点，提出了本病的中医药周期疗法：以行经为动态周期，在月经周期的不同阶段，分别选用清化逐瘀、温肾通络、活血行气等不同的治法和方药，综合施治，适时调整，收效显著。

裴老认为，临床上常见不孕患者，多数有月经失调或癥瘕积聚等隐疾。治疗不孕症，结合中西医观点，排除免疫性不孕外，归纳为卵巢功能失调或无排卵，输卵管不通或通而不畅，卵巢与子宫器质性病变等病因。中医辨证为肾虚血虚、湿热蕴滞、气滞血瘀等基本类型，分别制定调经种子，疏理通道，软坚消癥等基本调理方法，使中西医对不孕症的认识逐步统一，互相补充。

此外，裴老在临证中常于内服中药的同时予以中药煎剂保留灌肠。药用：红藤、忍冬藤、败酱草、紫丹参、制延胡索、川楝子、粉丹皮、炒枳壳、威灵仙。发热、腹痛甚者加大青叶、制乳没；盆腔包块者加山海螺、生牡蛎。每日 1 次，7 天为 1 个疗程（月经期暂停）。据现代医学研究表明，女性阴道、子宫后方紧邻直肠，直肠子宫凹陷为盆腔最低点，炎性渗出常积聚于此，直肠黏膜血管丰富，黏膜下层组织疏松，温热药液灌肠后，通过直肠黏膜吸收，渗透直达病灶，从而起到消炎止痛、祛瘀通络之作用。如此内外合治，诸药合参，共收清化逐瘀、通络助孕之功。

四、经行吐衄的诊治

经行吐衄是指在行经期间或行经前后出现吐血、鼻衄甚或眼目出血者，往往伴有经量减少，甚至经闭不行。现代医学对本病缺乏有效的治疗手段。裴笑梅教授，既娴熟于中医传统辨证论治，又善于衷中参西、病证同治，对

本病的治疗具有丰富的临证经验。

经行吐衄是一种病势向上的病变。正如《万病回春·调经》中所云："错经妄行于口鼻者，是火载血上气之乱也。"裘老认为本病的发生多为血热气逆所致，且与行经前后冲气偏盛，胞脉阴血不足密切相关。究其原因不外乎虚实两端，虚者乃因素体阴虚行经时精血下泄，阴血更虚，虚火上炎，灼肺伤络，血随火逆，而致吐血、衄血；实者多因郁怒伤肝，肝郁化火，火性炎上，致经血不能顺注冲任，且经行时冲气旺盛，冲气夹肝火上逆，灼伤血络，而为吐衄。临诊当依症而辨，分清虚实，虚者经行吐血、衄血，量少色暗红，其症状多出现于行经期的后几天或经行之后，可伴有月经先期而行、经量偏少、头晕耳鸣、口渴咽干、手足心热，舌红绛、苔少、脉细数。实证者经行吐血、衄血，量较多，色鲜红，其症状多发生于经前或行经期的第一、二天，可伴月经先期或经行量少、心烦易怒、胁肋胀痛、溲黄便结，舌红苔黄，脉弦数。治疗宜清热泻火，降逆止血。

裘老认为对于本病的治疗应本着热者清之，逆者平之的原则，主要掌握"一清二降三止"的法则。一清，指清热泻火，《素问·至真要大论》云：诸逆冲上，皆属于火。本病为血热火逆所致，治当清热泻火为先。实热者拟清热凉血、泻火降逆，药用：丹皮、山栀、黄芩之类。虚热者当滋阴清热，壮水制火。药用生地、沙参、麦冬、知母、地骨皮等。二降，系指降气以引血下行，气为血之帅，血随气行，气降则血下。本病为气逆上行所致，治当顺气降逆、引血下行。临证可选用瓦楞子、川牛膝、三七，即凉血止血。三止，指病起于经前或行经之初者当清热凉血，祛瘀止血，药用紫珠草、白茅根、茜草、藕节等。病发于行经之末或经后者当益气养阴，清热止血。药用生地炭、女贞子、墨旱莲、侧柏叶等。上述三者之中以"清"为关键，否则里热不清，则血无宁日，焉能自止，此乃正本澄源之治疗法则。

裘老强调在本病的诊治中要详细检查鼻、咽部以及气管、支气管、肺、胃等黏膜有无病变，必要时行活检以辅助诊断，排除恶性肿瘤及炎症所致出血，以免延误病情。此外，本病发生于经期或行经前后，治疗中虽以清热凉血为主，但用药不可过于苦寒，以免寒凝血滞而成留瘀之弊。

五、恶阻的诊治

裘老认为恶阻早期病情较轻，不拒药事之时应积极采用中药辨证论治，但若失于治疗或治疗不当，病情加重，甚则变生他证之时则应中西医结合，多法合用，积极施救。此时患者多药食不能进，则当静脉补液纠正水电解质紊乱，配合针灸涌泉、足三里、内关等穴位，一旦危象纠正，即以中药益气养阴、健脾益肾之剂救治以防竭阴耗气而转为晚期。裘老强调本病虽为呕吐之证，如若失治误治，病情加重，发展为晚期，亦可亡阴亡阳而危及生命，此时则应考虑终止妊娠以去胎救母。

六、分娩、流产后异常流血的诊治

裘老常告诫学生：分娩或人工流产后阴道出血量较多，或淋漓不尽，病因复杂，病情轻重不一，临床诊疗中应结合现代诊疗技术，衷中参西，明确诊断，及时治疗，以免延误病情。如考虑到胎盘、胎膜残留之可能，在药物施治疗效不显时应尽快清宫。特别对恶露淋漓不尽、日久不愈者，要警惕滋养细胞疾病等恶性病变之可能，须做进一步检查。

七、膜样痛经的诊治

裘老治疗膜样痛经强调，本病由于膜瘀内阻，以致经量增多，加之病程长久，血去气脱，久必气血不足，血行愈加不畅，如此恶性循环，疾病经久难愈。故而本病治则虽以通为其法，但如果一味猛攻则欲速不达。临证用药如用兵，因病制宜，药量当轻则轻，当重则重，尚须结合现代药理研究：如川芎少量能使子宫收缩，大量可使子宫麻痹。裘老于本病治疗中行经期使用川芎用量为 3～6 克，以利于子宫收缩，促进膜瘀排出。

八、盆腔炎的诊治

裘老临床治疗盆腔炎时，强调清热化湿、内外合治。

急性盆腔炎中医辨为湿毒壅盛，瘀毒阻滞，正虚邪陷等证型。本着"急则治其际，缓则治其本"的原则，中西医结合，西药用抗生素，中药首以清热解毒、凉血化瘀为治则。临床常用裘老著名经典方二藤汤化裁，中西结合疗效显著。慢性盆腔炎，中医可辨为气滞血瘀、湿热阻滞、湿瘀互结、寒湿凝滞等证型，分别投以调气活血、消瘀止痛、清热除湿、行气止痛、温经散

寒等方剂。

内服中药同时，外用裘氏妇科新方"舒通灌肠液"以加强清热化湿、活血祛瘀、消肿通络等功效。采用"舒通灌肠液"，使药物直接从直肠吸收并作用于盆腔，盆腔的药物浓度相对提高，从而达到更快的治疗效果。"舒通灌肠液"方中诸药具有清热解毒、祛瘀散结、消痛排脓的作用，并能改善微循环，使局部血管扩张，血流加速，氧和营养物质的供给增加，新陈代谢旺盛，生物免疫能力提高，加速炎症产物和细菌毒素的排除。实践证明，"舒通灌肠液"对抑制炎症，缩小包块，缓解粘连，软化输卵管等均有较好的效果。"舒通灌肠液"对各种证型的慢性盆腔炎均能兼顾，故在临床中能广泛地推广应用。

九、带下病的诊治

裘老认为带下病不是单纯的妇科疾病，在现代医学理论中，带下仅作为女性生殖系统多种疾病中的一个症状。常见的阴道炎、宫颈炎、盆腔炎以及生殖系统肿瘤等，都可有不同程度的带下增多，临床上以滴虫阴道炎、念珠菌阴道炎、老年性阴道炎、宫颈炎、盆腔炎和淋病阴道炎等所致者为多见。此外，带下病还包括白崩及白淫之疾。白崩，乃白带量多，清晰如注，多见于老年和中年妇女，是带下的重症，多由于劳伤过度、脾肾阳虚、任带不固而致。白淫是指夜间梦交而从阴道流出白色或黄色黏液而言，多由于欲火妄动或房事太过、下焦湿热而致。故临证必须根据患者症状，详细分辨，审证求因，内外合治，中西医合参，方可获卓效。

（一）外阴湿疹

外阴湿疹是妇科常见病，发病的局部因素为各种外阴炎，滴虫、念珠菌阴道炎所产生的大量分泌物刺激。发病的全身因素为糖尿病等疾病引起皮肤炎性改变。经治疗，很多患者通过西医诊断，发病原因可予去除，但皮肤瘙痒及炎性改变仍经久不愈。按照中医学理论，阴痒系由脾虚湿聚，湿聚化热，湿热蕴结，流注于下，临床既应考虑疾患的局部病灶病因，又须相应调节患者的整体状况。裘氏妇科自创新方"清解汤"（凤尾草 12 克、红藤 12 克、紫花地丁 9 克、土茯苓 12 克、栀子黄柏各 6 克、黄芩 9 克），内服以清热化湿，另配中药艾叶等煎剂外洗，治疗顽固性外阴湿疹，取得满意疗效。

（二）宫颈炎

宫颈炎临床常采用冷冻治疗，冷冻使病变组织坏死，但术后主要反应为阴道分泌物增多。中医经络学说认为，任脉循行于人体腹侧正中，与胞宫相连系，冷冻治疗难免损伤任带二脉，以致秽浊之物如涕，下流不止。裘老自创新方'固带汤'（芡实 12 克、桑螵蛸 12 克、党参 12 克、淡附片 6 克、煅牡蛎 30 克、赤石脂 12 克）冷冻术后服用，以健脾化湿、填精助阳、收敛固涩，仿西医促进上皮细胞再生之法。中西医配合治疗，标本兼顾、取长补短、相得益彰。

十、妊娠期高血压的诊治

裘老发现，将西医学的辨病与中医学的辨证相结合，还能有助于认清疾病本质，化繁为简，帮助临床治疗方案的制定。如认为中医所称的"子肿""子晕""子痫"，其实是西医"妊娠期高血压"病程中不同阶段的临床表现，而中医将其列为几个独立的病证，这是由于历史条件限制所造成的，因此主张重视它们之间的内在联系，不能割裂开来认识，并制定了主方"牡蛎龙齿汤"，对于上述诸症无论防与治，疗效显著。

1. 先兆子痫

患者主诉第一胎，头痛头晕 2 天，下肢浮肿。产前检查：子宫增大足月妊娠，左枕前位，无宫缩，血压 180/138mmHg，浮肿 ++，尿蛋白阴性。两脉弦滑，舌质红绛。辨证阴血亏虚，肝风内动。每日服牡蛎龙齿汤，血压逐渐下降，头痛头晕减轻，顺产。产后血压正常。

2. 产前子痫

患者第一胎孕 38 周，因头痛头晕甚剧来院急诊。产前检查：胎位胎心正常，血压 170/124mmHg，浮肿 ++，尿蛋白痕迹。住院，抽搐一次。脉弦而滑，舌质红绛。辨证阴虚风动，脾虚水泛。治用牡蛎龙齿汤加味。服药 6 剂，浮肿消退，血压降至 130/90mmHg，顺利分娩。

3. 产时子痫

患者足月妊娠，晨起突然抽搐，神志昏迷，面色发绀，鼾声。口腔有血性液体流出，牙关紧闭，全身浮肿，血压 180/120mmHg。前后抽搐 4 次，经

用吗啡、硫酸镁、高渗葡萄糖等治疗，仍抽搐不止，乃用中药治疗。脉弦滑，舌质未察。辨证阴虚阳亢，热极生风，夹痰上扰。方用：牡蛎龙齿汤加黄芩、竹沥半夏、制南星、菖蒲、马料豆，煎汁灌肠，抽搐停止。当晚 10 点顺产，次日晨神志清醒。血压降至 140/100mmHg。

4. 产后子痫

第一胎，临产入院。产检：胎位、胎心正常，血压 170/130mmHg，两下肢轻度浮肿，尿蛋白痕迹。于当日中午 12 时 20 分顺利分娩。顷刻，四肢痉挛抽搐，两目直视，牙关紧闭，持续约 2 分钟，前后抽搐 4 次。用 25% 硫酸镁、苯巴比妥、哌替啶、针灸等治疗，效果不显。停上药改中药。脉弦细，重按无力，舌质淡白。辨证产后血虚，内风夹痰。方用牡蛎龙齿汤加琥珀、钩藤、当归、川芎、菖蒲、竹沥半夏、紫丹参。徐徐灌服，约 5 ～ 6 小时，抽搐停止。次日血压降至 130/90mmHg，病情逐日稳定后出院。

裘老一切以病人为中心，为了使患者服药方便，照顾特殊人群，大胆提出改革中药剂型、研制中成药。既体现中医特色，又服用方便，可使中医中药在慢性病治疗方面和临床急诊中均能充分发挥作用。因此裘老在临床实践中不断摸索探究，总结西医的盆腔炎、附件炎、子宫内膜炎等，中医辨证均属湿热下注、蕴郁化热。通过 20 余年反复的临床实践确立有效验方"二藤汤"，其功效为清热凉血，消肿止痛，于 1983 年研发中成药"妇乐冲剂"，现已编入《中国基本中成药》一书中。院内制剂有妇痛停、舒乐宁、三根糖浆、内异散、复方大血藤灌肠剂等。

裘老不但主张传统中医与现代医学相结合，衷中参西，证病同治，还强调在动态中辨证审因，立案处方。她善于博采众长，融会化裁，对于中西医两种医学，她不持门户之见，认为两者之间没有不可逾越的鸿沟，平时常与西医切磋医术，交流经验，取长补短，其谦虚好学、"活到老学到老"的风范实令后人敬佩。

第四节　博采众长擅创新

祖国医学是一门古老的学科，经过几千年的历史洗礼沿袭至今，并不断被世界瞩目，这与中医中药的神奇疗效以及中医本身的科学性是分不开的。中医的历代医家辈出，见仁见智，各持主张，各有所长，各有所短。裘老善于博采众长为己用，不囿于门派和中西类别。裘老常说："医者，意也。处方始于古人，而用方却是今人。三指二剂之间，无穷奥妙，无穷变化。"她在吸取中医几千年文化精髓的基础之上，还勇于探索，擅长发扬和创新，形成了独特的裘氏理论体系。

一、博采众长

学习中医学，裘老提倡"旁搜囊括、虚心请教"。《礼记·学记》曰："独学而无友，则孤陋寡闻。"既要钻研经典著作，还要有虚怀若谷的精神，乐于拜一切有知识的人为师。昔日孙思邈，凡有一事长于己者，不远千里，服膺取决。傅青主"马医下畦，市井细民"。古代医学大师们这种无贵无贱、无长无少、道之所存、师之所存的优良学风，一直影响着裘老。裘老常回忆早年学习时，有点滴收获即记入自备《随记免忘录》，做到勤学、勤思、勤写，对她日后开扩思路，深入研究，提高学业大有裨益。

裘老在学习过程中，讲求循序渐进，博览名家著述。妇科其基础与内科同，然妇人之病多于男子，固有其行经、孕产、哺育等特殊生理情况，且因性情多郁，从而产生一些特殊疾病，使其在病理、诊断、治疗上与一般内科有殊。此即所谓"医术之难，医妇人尤难"。

中医学中妇科学说，其源甚古，繁茂丰厚。《金匮要略》妇人病三篇，其中"妇人妊娠病脉证并治"阐述了妊娠出血、妊娠腹痛和妊娠水肿等症；"妇人产后病脉证并治"提出了痉、郁冒、大便难三症并对产后腹痛、发热、呕逆、下利等症确立了治法；"妇人杂病脉证并治"研究了热入血室、脏躁、经闭、痛经、漏下、转胞、阴疮、阴吹等症。此三篇中所讲述的理法与方药，乃后世治疗和研究妇科临床疾病之根基。巢氏《诸病源候论》论述妇人杂病二百四十三论，研究诸病之源、九候之要，是一部病理专书。孙思邈《千金要方》妇人方治六卷，以脏腑寒热虚实概括诸般杂症，而为组方遣药的总则。陈自明《妇人大全良方》对妇科病作了系统的总结，认为肝脾损伤是月经病的主要病机。薛立斋《薛氏医案》重视先天后天，力畅脾肾兼补之说。傅青主《傅氏女科》病立一案、案立一方，条分缕析、言简意赅，有独到之经验。叶天士《叶天士女科全书》自调经种子以及保胎育婴，靡不一一列举，遂变症万端而游刃有余，实为女科之宝鉴。她沉湎于书中钻研，然后在数以万次临诊中实践，再回到书里寻找养料，使理论与实践结合。

裘老对妇科疾病机理的探索，除奇经八脉之外，还致力于研究妇女生理、

病理与肝、脾、肾三脏之间的关系，以进一步揭示机体内部的病理实质，形成了独到的系统的见解。临床上，裘老力求在动态中辨证施治、审因求本。无论四诊观察还是理论判断都要从整体出发，对各种证候作出系统的综合判断以探求疾病的原因。对病程的各个阶段通过动态辨证，作出正确的判断，掌握治疗的规律和方法，从而立案处方。

二、引古思今

《黄帝内经》是裘老经常翻阅的一本书，从《黄帝内经》中，裘老领悟了经络与妇科疾病的关系。"督脉"起于《黄帝内经》，厥后《难经》创奇经八脉学说，督为八脉之一，它的机能活动与女性生殖生理的控制和调节有着直接的关系。督脉起于胞中，与任脉同出于会阴，并于脊里，上至风府，入属于脑，上巅循额至鼻柱，与任脉会于上唇龈交穴，其支络肾、贯心。督乃总督之意，手足三阳皆会于督脉之大椎穴，是阳经二脉的总纲，故有"阳脉之海"之称，能调节一身阳气的功能活动。在龈交穴与任脉相合，二脉循环往复，维持着体内阴阳的相对平衡，并调节月经的正常来潮，故督脉有调节月经周期的作用。

督脉循脊贯脑络肾，三者在生理功能上互相联系不可分割。肾为先天之本，元气之根，督脉循腰络肾而联系命门，故能行其统摄肾中真元之职，所以督脉又能维系人身之元气，从而能使天癸发育成熟，正如唐宗海说："督脉起于肾中，下至胞室，肾中天一所生之癸水入于胞中，全在督脉导之使下也。"又肾主骨生髓，脊髓上通于脑，脑为髓海，而称"元神之府"，督脉贯脊而上，直系脑户，故督脉精气之盛衰直接影响脑与脊髓的生理功能。

督、任、冲三脉同起于胞中，一源而三歧。以统宗诸阳者为"督"，统宗诸阴者为"任"，积胸中为宗气，司呼吸者为"冲"，是全身气血运行的要冲。三者在生理上同源互根，病理上彼此沟通。《素问·生气通天论》曰："凡阴阳之要，阳密乃固。""阴平阳秘，精神乃治；阴阳离诀，精气乃绝。"说明人体之阳主外而为卫，固气也。使阴所藏之精气无所妄耗，阴阳平静、固密，精神治矣。反之，两者偏废，非病则亡。督脉司诸阳而统真元之气，一旦失职，首先使阳经气血逆乱，阻碍了肾、脊髓、脑的正常生理功能，则出现不孕、带下、经漏、产后乳汁自出、自汗或产后小便失禁、滑胎、小产等证。此等均因阳不固密，督摄无权，营阴失守故也。如肾虚摄纳无权，督脉失司，临床可见崩漏和产后虚脱症，乃肾中阴精虚损则"精中之阳气"无由生化，此为阴阳两虚，由血虚气脱所致的阴虚失守，阳气外越之证候。妇人绝经前后诸证，由于肾气渐衰，精血不足，阳失潜藏，脊髓失于濡养，督脉少荣，肾中虚火乘隙入督上窜，故见头昏烘热，背脊如火之灼，腰腿酸软等，乃阴虚及阳，督脉受损的另一种证候表现。产后痉病、子痫等证是督脉之实证，以脊柱病变为主，正如《素问·骨空论》曰："督脉为病，脊强反折。"裘老认为，此多为体虚风邪羁留督脉所致。由此可见，督脉之为病，其候多端，其病理也十分复杂，寒、热、虚、实均能构成各种不同的证候。虽皆由督脉所生，而实亦为冲任之病。根据督脉的始末与循行，说明督脉与足少阴、足厥阴、足太阴经脉相通，故肝、脾、肾三脏与督脉间接相通，因此督脉的生理功能可以说是肝、脾、肾三脏功能的体现，所表现的证候也是肝、脾、肾的证候，而在治疗选方上也多以调理肝、脾、肾三脏为主。如产后血脱，或崩漏下血，属于督脉失司，此乃督脉失于宣通和输布阳气以固卫，督阳虚衰所致。在此基础上，裘老研制出验方"养血补肾助阳饮"，使任脉通，督脉固，并大补元气，使无形之气得以速固，气旺则血有所依，以防阴阳离决。

三、求实创新

裘老治学严谨，推崇求实创新精神。她常勉励青年医师，一个善治之医，"应有胆识，善谋略，勇于独抒己见"。如治疗产后病，前人有"产后宜温"之说，但裘老治疗产后恶露不下之重症，果断采用桃核承气汤等峻剂攻逐之；治疗产后感受邪毒发热，大胆投以红藤、败酱草、黄芩、忍冬藤等寒凉之品，以清热解毒。裘老认为对产后用药应本"勿拘于产后，亦勿忘于产后"的原则。推而广之，临床选药组方，既要知其常，又要明其变，不可人云亦云，这样，才能使自己的医术不断提高，更强调"熟读精思，博学强记"。

裘老常说：案头书须少，心头书须多。把案头之书累积潜藏于心头，临床应用便犹如探囊取物，伸手即得。常告诫学生"敢于疑古，勇于创新"。继承和发扬中医学，既需要前人之经验，又需自身之领悟，要用历史发展的眼光看问题，要考虑到一切事物都不是一成不变的。

例如子痫，此乃体虚受风，督脉所统之太阳经受伤所致。《诸病源候论》记载："胎间水气，子满体肿者，此由脾胃虚弱，脏腑之间有停水而挟以妊娠故也。"《沈氏女科辑要笺正》中论述"妊身发肿，良由真阴凝聚，以养

139

胎气，肾家阳气不能敷布，则水道泛溢莫制。治当展布肾气，庶几水行故道，小便利而肿胀可消。"《医宗金鉴》亦说"孕妇忽然颠仆抽搐，不省人事，须臾自醒，少顷复如好人，谓之子痫"。在他们的论著中，裘老得到启发，认为其病因病理主要有两个方面：其一是阴血亏虚，肝风内动。因肝为风脏，内寄相火，必赖肾水之滋养，营血之濡润，风火始宁谧不动。若平素血虚，怀孕之后，血养胎元，阴血更加不足，肝木失濡，内风暴动，故出现眩晕、抽搐等症。其二是素体虚弱，怀孕之后，中阳不展，脾运亦弱，以致湿滞水泛，而成腹满、浮肿等症。上述两种致病原因，往往是相关的，而阴血亏虚，内风升动，更是形成本病的主要因素。裘老从先兆子痫患者分析，虽然病情尚未发展到抽搐、昏迷的严重程度，但此类患者除浮肿外，大多并见头痛眩晕等症，且舌质多呈红绛，是属于阴血暗耗，内风萌动之象。此时在治疗上必须顾及滋养阴血以息内风，不能单纯治肿，否则可能发展为子痫，因此，无论子痫或先兆子痫，治疗上均应以重滋阴养血，平肝息风为原则。裘老在此理论基础上，自拟"牡蛎龙齿汤"使营阴恢复，肝有所养，痉厥可愈。正是由于裘老这种学古思今、求实创新的精神，使无数疑难、危急重症的患者得到了有效的治疗。

四、剖析活血化瘀法

裘老在行医过程中，剖析了活血化瘀法在妇科各类疑难杂症中的应用。瘀血，在中医学领域中涉及面较广，为临床辨证中的一项重要内容。《内经》中就有关于血瘀及其病证、治疗方法的论述，如《素问·调经论》曰："寒独留，则血凝泣，凝则脉不通。"指出寒邪能导致血凝。《灵枢·水胀》也说："石瘕生于胞中，寒气客于子门，子门闭塞，气不得通，恶血当泻不泻，衃以留止，日以益大，状如怀子，月事不以时下。"指出寒邪凝血，瘀阻胞宫，引起闭经，这是瘀血与妇科病相关的最早记载。《素问·阴阳应象大论》曰："血实宜决之。"血实，即指血瘀，决之，乃攻逐瘀血之意，为瘀血证提出了治疗大法。东汉张仲景在《伤寒论》和《金匮要略》中论述了蓄血证、血痹证、癥病、产后腹痛等瘀血证的辨证施治，并创立活血化瘀方11首，有很高的应用价值。此后，历代医家各有发挥，逐步丰富了瘀血学说的内容。特别是到了清代，王清任对瘀血证的辨治有重大发展，突出强调活血与补气、行气的关系，所制血府逐瘀汤、少腹逐瘀汤、补阳还五汤等方剂，至今仍广泛应用于临床。

近年来，对瘀血证的机理及活血化瘀法的作用原理进行了深入的研究和探讨，取得了可喜的成绩，使祖国医学中这一宝贵理论知识和治疗经验，进一步得到发展和提高。妇科疾患中，如痛经、闭经、产后恶露不下、血晕及血瘕等常与瘀血有关，因此活血化瘀在妇科临床上应用也是极为广泛的。裘老主要从以下四个方面来论述瘀血与妇科疾病的关系及相关治疗。

（一）瘀血的成因

瘀血是病理产物，而形成瘀血的原因是错综复杂的。裘氏认为，主要有以下几个方面：

1. 气机紊乱

气之与血，一阴一阳，两者互相维系，关系极为密切。血的运行，有赖气的推动，所谓"气为血帅，血随气行"。人身若气机紊乱，均可影响血的正常运行而引起瘀血。如《仁斋直指方》说："气为血帅，气行则血行，气止则血止，气滞则血滞，气寒则血凝，气有一息之不通，则血有一息之不行。"《奇效良方》也说："气塞不通，血壅不流。"临床以气滞、气虚而形成瘀血者较多见。气滞多因肝气郁结而起，气虚常由脾胃虚弱所致。

2. 感受外邪

风、寒、暑、湿之邪侵袭，均可引起血瘀。《内经》曰："寒邪客于经络之中则血泣，血泣则不通。"王清任也说："血受寒则凝结成块。"热邪侵犯，煎熬血液，或热迫血妄行而溢于脉外，也可致瘀。湿邪阻滞，亦可使血行艰涩，而成瘀。临床以寒邪引起的瘀血病证居多。

3. 外伤或出血

《内经》曰："人有所堕坠，恶血留内。"指出外伤可以导致瘀血。妇科出血性疾患，尤其是崩漏，离经之血每多留滞而成瘀血。而瘀血反过来又影响血液之正常运行，招致反复出血不止。所以，在临床治疗出血病证时，强调祛瘀。此外，阴盛内寒，经行不畅，产后败血不尽等，均可形成瘀血。

（二）瘀血证诊断要点

由于瘀血所在部位有不同，病程长短有差异，因此瘀血证的临床表现是错综复杂的，但有其共性。裘老认为主要应抓住以下四个特点。

1. 疼痛

这是瘀血证的突出表现。如因瘀血而起的痛经、崩漏、产后恶露不下等，

均有疼痛的症状。疼痛的特点是痛处固定不移，按之痛甚，呈持续性，如针刺样，或刀割样，甚则绞痛。

2. 出血

瘀血不去，新血难安，所以出血是瘀血证的主要症状之一。其特点是血色紫黯，夹有血块，淋漓难净。

3. 肿块

瘀血乃有形之物，特别是瘀血久留，变成癥积，则肿块更为明显。其特点是肿块固定不移，触之稍有疼痛，如子宫肌瘤、卵巢囊肿、陈旧性宫外孕包块等均属之。

4. 舌质瘀斑

巢氏《诸病源候论》说："夫有瘀血者……唇萎，舌青口燥。"故凡舌质紫黯或有瘀斑、瘀点，均属瘀血的重要表现。

以上四点是瘀血证的基本特征。当然，瘀血证的表现是多种多样的，临床还须参合全身情况，求得全面正确的诊断。

（三）瘀血证的主要治法

活血化瘀是治疗瘀血证的基本法则。但由于病位、病性、病期有差异，所以病情亦有轻重之不同，治疗当权衡标本缓急，因证而异，其主要治法有以下三种。

1. 和气行血法

常用方剂：佛手散、泽兰汤之类。应用体会：此类方药作用和缓，既能活血，又有养血之功，故适用于瘀血轻证，或血虚瘀滞，或其他病证兼有血瘀者。临床上常用于瘀阻而引起的痛经，经行涩少，或产后恶露不净等病症。

2. 活血化瘀法

常用方剂：桃红四物汤、失笑散、震灵丹之类。应用体会：此类方药作用较强，既能疏通血脉，又能消散瘀结，故适用于瘀血证较重疼痛较剧者。临床多用于瘀结较甚的痛经、闭经、崩漏、产后恶露不下、产后血晕等病症。上述三方，裘氏临床乐于采用，但作用和适应证同中有异。一般以震灵丹作用较强，失笑散次之，桃红四物汤活血中寓养血，作用较缓，应用亦较广泛。

3. 破血攻坚法

常用方剂：下瘀血汤、大黄䗪虫丸之类。应用体会：此类方药大多系虫类搜剔药，或为攻下逐瘀药，或为破气攻坚药，作用较为峻烈，有的具有毒性，一般适用于瘀血证较重，或瘀积较深，久痛入络，如癥积、干血痨等病症。临床应用时，当权衡标本缓急，可与其他活血化瘀药配合使用，或攻补兼施。亦可采用丸剂，以缓其性。

（四）与其他治疗方法的综合应用

1. 与行气法的综合应用

如前所述，气为血帅，血随气行，气滞可引起血瘀，血瘀也可能引起气滞，所以活血化瘀法常与行气法配合应用，以增强疗效。特别是血瘀由气滞而致者，行气尤为重要。如血府逐瘀汤加减，以疏通气机，取气行则血行之义。

2. 与补气法的综合应用

气虚无力推动血液，则血行不畅，积而成瘀，故对气虚血瘀之证，宜补气法与活血化瘀法综合应用。行中有补，能生能化，是治疗产后元气虚弱、胎衣或恶露不下的有效方剂。

3. 与补血法的综合应用

瘀血不去，新血难生，所以瘀血证的患者，常伴有血虚的症候。因此，应于活血化瘀方中，加入和血补血之品，合之而为补血祛瘀之剂。

4. 与温经法的综合应用

血遇寒则凝，故瘀血证常由外感寒邪或阳虚内寒，使血行凝泣而成。此类患者，宜温经法与活血祛瘀配合应用。如温经汤，即是温经散寒与养血活血合用的代表方剂。

5. 与软坚散结法的综合应用

血瘀日久，聚而成形，而为癥积，如子宫肌瘤、卵巢囊肿等。此类病证，单纯活血化瘀效果尚嫌不足，每与软坚散结药物同用，疗效更著。

6. 与清热法的综合应用

瘀血兼有热证时，除选用某些活血化瘀药物外，还应酌情配合其他清热药。如慢性盆腔炎，每见血瘀兼热之证。裘氏常于活血化瘀的同时，配合二藤汤（经验方），有较好的效果。

7. 与止血法的综合应用

出血病证，若因瘀滞而致者，当以祛瘀为主，瘀血得去，则血自归经。但某些患者，因出血量较多，应予适当考虑配合止血药，动静兼顾，相反相成。此类病证，宜选用既有祛瘀作用，又有止血之功的药物。

此外，活血化瘀还可与化湿法、利水法等综合应用，兹不一一叙述。总之，

当根据瘀血的兼夹证候，分别施以相应的治疗方法。

五、巧用龙胆泻肝汤

裘老凭借多年的临床经验在认真剖析前人经验的基础上，在以龙胆泻肝汤为主方的指导下，提出了治疗肝胆实火或肝经湿热引起的多种病证，每获良效。

（一）倒经

病案举例 患者郑某，40 岁。1982 年 7 月 24 日初诊。

3 个月前与人争执后，每月经行第一天量中等，鼻血多，色鲜红，第二天经量增多而鼻血亦多，伴胸闷、头晕、心烦易怒、寐劣多梦。脉弦数，舌质紫，苔薄黄。末次月经 1982 年 7 月 4 日。

辨证系怒气伤肝，肝郁化火，气火上逆，而致倒经。治宜清泻肝经实火，引血下行。方用龙胆泻肝汤加减：龙胆草 10 克、焦栀子 9 克、炒当归 9 克、牡丹皮 9 克、炒赤芍 9 克、炒川芎 2.4 克、柴胡 4.5 克、炙卷柏 9 克、茺蔚子 12 克、煅瓦楞子 15 克、川牛膝 15 克、白茅根 15 克。7 剂。

1982 年 7 月 31 日二诊：经汛将届，心烦易怒，失眠，脉弦舌质紫，苔薄黄。治守前意，以防倒经，龙胆草 10 克、焦栀子 9 克、炒赤芍 9 克、炒当归 9 克、煅瓦楞子 15 克、藕节 9 克、茺蔚子 12 克、炙卷柏 9 克、川牛膝 15 克、白茅根 15 克、珍珠母 30 克。5 剂。

1982 年 8 月 4 日三诊：昨日经转量多，鼻血未现，脉舌如前，原方加减：龙胆草 10 克、焦栀子 9 克、川牛膝 15 克、炙卷柏 9 克、牡丹皮 4.5 克、大生地 15 克、茺蔚子 9 克、藕节 9 克、炒当归 4.5 克、炒白芍 9 克、白茅根 30 克。3 剂。

1982 年 8 月 27 日四诊：服上方后，上月经水量多，5 天净，鼻血未现，自觉全身舒适，夜能入眠，本月经行提前五天，于昨日转，量较少，色紫，无腹痛，无鼻血，唯夜寐欠安。脉弦细，舌质偏绛。拟归脾汤加减以巩固疗效。

按： 本例倒经，得之大怒伤肝，气火上逆，故前后数诊，均以龙胆泻肝汤加减以清泻肝胆实火以调经，且方中悉加瓦楞子、川牛膝、炙卷柏、茺蔚子四味药，是使经血下行而不致上逆，庶无倒经之累，这是裘老用药的经验。

（二）崩漏

病案举例　患者刘某，50 岁。

诉经汛先期，色黯量多如崩，伴有腥气，持续 10 天未净，平时带下色黑，腰酸如折，口苦，纳差。脉弦，舌绛，苔薄黄。此系肝经湿热，逼血妄行。治用龙胆泻肝汤加减：龙胆草 9 克、黄芩 4.5 克、焦栀子 9 克、黄柏 4.5 克、柴胡 4.5 克、茵陈 15 克、紫草 9 克、泽泻 9 克、萆薢 9 克。7 剂。

二诊：前投龙胆泻肝汤加减，月经已净，口苦好转，带下仍多。苔黄渐化，脉弦细。再拟清泄肝经湿热：胡黄连 4.5 克、黄柏 4.5 克、黄芩 9 克、绵茵陈 15 克、泽泻 9 克、柴胡 9 克、萆薢 9 克、生炒薏苡仁各 12 克、炙苍术 4.5 克。5 剂。

此后按前法续服 10 剂，次月经转，量减少，5 天即净，嗣后已绝经。

按：患者经汛先期，量多如崩，伴见带下，口苦，舌绛苔黄，脉弦，显属肝经湿热，迫血妄行，故用龙胆泻肝汤加减以清泄肝经湿热，不能见血止血，此"治病求本"之旨。其后用归脾汤，补气益血，以摄奇经，是为缓图其功，以杜覆辙。

（三）阴痒

病案举例　患者杨某，32 岁。

外阴周围皮肤粗糙奇痒，经前后痒极难忍，白带检查无真菌，无滴虫。病起 6 年，近年来痒势增剧，尿频尿赤，白带不多。脉弦，苔薄黄，舌质偏红。盖足厥阴经脉绕阴器，良由肝经湿热下注，治拟清泄肝经湿热，佐以祛风止痒。方用龙胆泻肝汤增减：龙胆草 9 克、柴胡 9 克、车前子 9 克、荆芥 4.5 克、焦栀子 9 克、泽泻 9 克、地肤子 9 克、防风 2.4 克、黄芩 9 克、黄柏 4.5 克。5 剂。

另用苏叶 3 克、蛇床子 9 克、五味子 15 克，煎汤外洗，每日一次，连用 5 天。

二诊：前投龙胆泻肝汤加减并洗外洗药，外阴痒势显著减轻，尿频尿赤亦瘥，再从前法出入：龙胆草 9 克、黄芩 9 克、泽泻 9 克、防风 2.4 克、败酱草 9 克、炒黄柏 9 克、土茯苓 30 克、炒当归 9 克、焦栀子 9 克、绵茵陈 12 克、荆芥 4.5 克。7 剂。

另用苏叶 3 克、黄柏 9 克、花椒 9 克，煎汤外洗，每日 1 次，连用 7 天。

三诊：药后诸症显著好转。嘱停内服，仅用外洗，方如前法。

按：外阴瘙痒，多系湿热下注，兼挟风所致，本案即是其例。前后三诊，均以龙胆泻肝汤为主方，意在清泄肝经湿热，复加荆芥、防风祛风止痒；以蛇床子、苏叶、黄柏、花椒之类煎汤外洗，内外并治，乃获良效。

（四）更年期综合征

病案举例　患者苏某，43 岁。1979 年 9 月 26 日初诊。

经汛数月而转，精神紧张，患得患失，夜来失眠，心神恍惚，更衣难下，形似脏躁。二脉弦数，舌质艳红。

西医诊断为更年期综合征。本例辨证是木火炽盛，心神受扰。治用龙胆泻肝汤合甘麦大枣汤化裁：龙胆草 9 克、川连 4.5 克、远志 5 克、黄芩 9 克、泽泻 9 克、紫贝齿 30 克、青龙齿 15 克、焦栀子 9 克、灵磁石 30 克、柴胡 4.5 克、淮小麦 30 克、红枣 15 克、琥珀末 1.2 克（吞）、炙甘草 3 克。5 剂。

1979 年 10 月 3 日二诊：药后夜寐转好，情绪较安宁，大便通畅。脉弦，舌红。再用原方增减，连服 7 剂后，诸恙基本消失。

按：木火炽盛，心神不宁，用龙胆泻肝汤寒凉直折，配合甘麦大枣汤滋养心脾，复入龙齿、磁石、紫贝齿、琥珀镇心安神，乃获捷效。

（五）带下

病案举例　患者朱某，38 岁。1978 年 11 月 1 日初诊。

赤白带下历时 2 年之久，经行超前量少色紫，拖日不清，每日经前两侧乳房胀痛，末次月经 10 月 16 日已净，现带下如咖啡色，少腹隐胀，口苦溲赤。妇科检查无殊。脉弦细，舌质偏绛。

辨证为肝郁化火，湿热下注。治宜清火泻肝，清利湿热：龙胆草 9 克、焦栀子 9 克、柴胡 4.5 克、大生地 15 克、黄芩 9 克、薄荷 2.4 克、炒黄柏 4.5 克、炒贯众 12 克、忍冬藤 15 克、马齿苋 15 克、车前子 12 克、桑叶 30 克。4 剂。

二诊：服上药后咖啡色分泌物已除，少腹胀瘥，腰酸，脉舌如前。治守前法：龙胆草 6 克、焦栀子 9 克、生地 15 克、柴胡 4.5 克、薄荷 2.4 克、黄芩 9 克、萆薢 12 克、土茯苓 30 克、炙椿皮 12 克、制狗脊 12 克、制续断 9 克。5 剂。

三诊：经前治疗后 2 个月来赤带已除，经量较前增多，色转红，腰酸，口干。脉弦细，舌质红。治用两地汤加减以调月经：生地 30 克、生白芍 9 克、制续断 15 克、地骨皮 9 克、玄参 9 克、桑叶 15 克、炙麦冬 9 克、制狗脊 12 克、萆薢 9 克。7 剂。

按：患者赤白带下，伴经前乳胀，口苦尿赤，脉弦，舌绛，显系肝郁化火，湿热下注之象。故前后两诊以龙胆泻肝汤为主方，旨在泻肝清火，清利湿热。

在裘老一生的行医生涯中，不拘泥于一家之说，吸收各家之长，善于融会剖析。她时时勉励后辈，要师古而不拘古，不囿于一得之见，不执于一家一言，继承发扬，敢于创新。她的身体力行正是我辈之榜样。

第五节 临床科研与时进

裘老一贯主张科研为临床服务，临床为科研提供动力。她认为中医治疗妇科疾病，完全能够在某些临床领域中突出重点、发挥优势，反映出新的特色和水平。因此，她在临床实践中不断摸索、探究，使临床与科研紧密结合。运用现代医学先进的科学技术，在不同时代针对社会环境的不同特点，有重点、有目的地开展科研工作。

一、中西汇通

裘老对临床与科研的显著成就是基于她对中医各家学术思想的博采众长及中西医的融会贯通。她常常说，入了中医门，才知中医书海之浩瀚，中医文化之深远。不仅如此，裘老还专门参加了西医进修班系统学习了生理、病理、解剖、生化等西医课程，并学以致用，不但在临床诊断治疗中运用中西医结合手段，还应用现代科学知识和方法来整理和研究中医中药，进行科研。她通过药敏试验证实，紫花地丁对金黄色葡萄球菌的抑制有非常满意的效果，因此抢救了盆腔脓肿患者。又如运用犀角解毒丸、珠黄散等治疗因大量使用抗生素，引起全身免疫力下降导致的真菌性感染。1958 年，在开展对血吸虫的临床研究中，她又与叶熙春老医师共同研制中医药配合西医治疗晚期血吸虫病，取得了满意的疗效。

二、与时俱进

她根据临床经验总结提出：西医的盆腔炎、附件炎、子宫内膜炎等病症

在中医辨证均属湿浊下注、蕴郁化热，湿热蕴阻在体表表现为红、肿、热、痛等症状，而在妇人体内则表现为少腹胀痛、腰脊酸楚，带下血性伴有腥秽，或终年累月绵绵不断，急性发作时伴有高热、腹痛，这是妇女的常见病和多发病，给患者造成很大的痛苦。裘老潜心研究中医理论，通过 B 超检查和血象指标的观察和对比，运用中西医结合方法深入研究机体内部的病理实质，进行中医理论的论证，确立有效验方，并创制了一系列妇科新药。

（一）自创新方治痛经

例如她在 20 世纪 60 年代就重视中医方剂改革，主持院级科研项目，经过大量临床实践与患者反馈，不断改革，为医院制剂室研究配制了急诊治疗女子痛经的"调经定痛散"：当归 9 克、白芍 9 克、川芎 4.5 克、生地 5 克、川楝子 9 克、延胡索 9 克、广木香 9 克、乌药 9 克、乳香 4.5 克、没药 4.5 克（去油）。主治妇女经行气滞腹痛。本方以四物汤养血调经，合金铃子散理气止痛，更加木香、乌药增强疏肝理气之力，佐乳香、没药活血祛瘀以定痛。本方通补并用，气血两调，是治疗气滞血瘀痛经的良方。裘老认为痛经是妇科常见疾病之一，临床以气滞血瘀型较多见。因女子善悲，每多忧郁，则肝不条达，气不和畅，导致肝郁气滞，往往于经前经初，腹胀疼痛。夫气为血帅，气行则血自畅。调经定痛散宜在经行前 3 ～ 5 天开始，服至经转第 2 天或经净后止。对于广大痛经患者，收获了比较满意的疗效。

（二）研制洗剂治阴痒

通过大量的临床经验总结，裘老在 20 世纪 70 年代又研制了治疗滴虫、念珠菌阴道炎的"蛇床子洗剂"，其配方为蛇床子 9 克、五倍子 9 克、苦参 9 克、黄柏 9 克、苏叶 3 克，煎汁外洗，清热化湿，杀虫止痒。裘老在《神农本草经》对于蛇床子的功效的记载中得到启发：蛇床子主恶疮，则外治之药也，外疡湿热痛痒浸淫诸疮，可作汤洗，可为末敷，收效甚捷，不得以贱品而忽之。因此，裘老认为，此药能温中下气，苦能除湿，辛能润肾，甘能益脾，故其功用颇奇，内外皆可施治，而外治尤良。再入苦参、黄柏、五味子取其清热而祛湿，排脓水而制阴痒，疗疮而杀虫也。苏叶利气发散，促使诸药渗入，以冀奏效更捷。对于外阴瘙痒症，裘老在反复的临床试验中，自创了清热解毒汤：狼毒 9 克、花椒 9 克、蛇床子 9 克、黄柏 9 克。煎汁，并入少许枯矾，坐浴温洗，以清热解毒、燥湿杀虫。裘老认为方中狼毒、花椒、蛇床子能解毒杀虫止痒；黄柏性苦味寒，疗诸疮痛痒，清下焦湿热；入少许枯矾，加强敛湿止痒之功。

病案 患者彭某，26 岁，工人。

1962 年 10 月初诊。常流白带 3～4 个月，病势加剧，色白转黄如脓性样，有腥秽，外阴部瘙痒，小溲短赤，大便难下，腰酸口干，食欲尚可。脉滑细数，苔薄黄。检查白带为霉菌，诊断为"霉菌性阴道炎"。嘱外洗蛇床子洗剂，内服清解汤。外洗早晚各 1 次，内服药 7 剂。

二诊：治疗后，大便润，小溲清，阴道脓性分泌物减少，色转白，外阴瘙痒亦瘥。脉细滑，苔薄黄。复查白带，霉菌阴性。嘱继续服用前方 10 剂。

三诊：外阴瘙痒已止，胃口正常，口干已除，白带极少，无腥秽。脉细，苔薄。停外用药，继服补肾方收功。

（三）"保灵孕宝"保安康

1989 年，裘老将近 40 年的临床经验总结所得之"裘氏胎养方"，和当时的妇产科、营养、工艺方面的权威专家多次论证，共同研制出专为孕妇服用的"健脾养血、益肾安胎"的保灵孕宝口服液，是国内第一个投放市场的孕妇专用产品。于 1992 年获国优保健品奖，1993 年获第 33 届国际蜂产品博览会金奖。

（四）"妇乐冲剂"美名扬

针对"子宫内膜异位症"的病因病机，认为中医治疗可突出重点发挥优势，而研制"内异散"，通过反复的临床实践，确立有效验方并不断地补充与完善，经过 10 余年的努力研究和实践，创立了"二藤汤"。其药物有忍冬藤 30 克、蜀红藤 30 克、大黄 9 克、大青叶 9 克、紫草根 9 克、丹皮 9 克、赤芍 9 克、川楝子 9 克、制延胡索 9 克、生甘草 3 克。治疗"盆腔炎"、"子宫内膜炎"等，方中以忍冬藤、蜀红藤为主药，取其清热解毒；配大青叶、紫草、赤芍、牡丹皮活血凉血；大黄泻血中之热而导秽浊；延胡索、川楝子行气止痛；甘草和中解毒。合之而成清热解毒凉血祛瘀之剂。裘老通过多年潜心研究，并在此方基础上研制成新的中成药"妇乐冲剂"，深受厂家与患者欢迎，治疗患者已 2000 多万人次，还远销东南亚地区，1988 年被评为浙江省优秀产品，1990 年在全国首届中医药文化博览会上荣获神农杯奖。该药现已收入《中国基本中成药》一书中。

浙江中医临床名家·裘笑梅

病案 患者章某，就诊时形寒发热（体温 39.5℃），下腹部剧痛 2 天，伴腰酸下坠，更衣难下，带多夹有血性分泌物，经律 20～25 天，量多少不一，行经前后腹痛明显，病自 1963 年产后输卵管结扎起，曾用抗生素治疗，效果不佳。妇科检查：外阴经产式，宫颈光滑，宫体前倾前屈、大小正常、活动差，两侧附件增厚明显压痛。西医诊断为"急性盆腔炎"。脉象弦滑，苔黄腻。裘老辨证其属于热毒壅盛，热盛于湿。方用二藤汤，服药 5 剂，壮热已退，腑气已行，溲清，腹痛腰酸不若前甚，唯胃纳不振。脉弦，苔薄黄。原方除大黄，加山楂、神曲各 9 克、木香 3 克。服 5 剂后，腹痛腰酸已除，食欲较振，经汛已临。脉弦细，苔薄黄。再用清热疏肝和营之剂，嗣后腹痛消失，经汛按期，白带亦除。

（五）"二齿安神"度更年

昔南宋名医陈自明，对妇人患脏躁者投以甘麦大枣汤，对症施药即愈；今之更年期综合征、青春期紧张症，即属脏躁范畴，临床治疗中多袭用甘麦大枣汤。由于天时、地理之不同，许多病例的疗效并不满意。西医用谷维素、镇静药对症治疗，效果不甚明显，应用激素治疗虽获一定效果但往往用药后不良反应大，病人难以接受。裘老分析社会环境，尤其是社会动乱时期，出现了较多的由于受了某种刺激以致忧、思、悲、恐而成疾患的病人。裘老十分同情这些病人，决心要为她们解除痛苦。为了探求新的治疗途径，她一方面继续研究中医经典古籍，追根寻源，另一方面分析临床病案，按中医辨证分型。此类病人大多以阴虚肝旺为多见，应治以育阴平肝，潜阳安神法，她由此创立了"二齿安神汤"：紫贝齿 15 克、青龙齿 15 克、灵磁石 30 克、辰砂 12 克、琥珀末 1.2 克、紫丹参 15 克、九节菖蒲 2.4 克、仙半夏 6 克。功能镇静安神、涤痰开窍。本方以龙齿、贝齿为主，入心肝二经，镇惊安神；配灵磁石咸能润下，重可去怯，性禀冲和，无猛悍之气，更有补肾益精、潜阳纳气之功；和琥珀、辰砂镇静安神；丹参养血活血；更入菖蒲开心窍，半夏除痰浊，诸药合和，共奏镇静安神，涤痰开窍之功。并以此方为基础，由胡庆余堂生产为"妇宁胶囊"，在国内开创了用中成药治疗妇女更年期综合征及青春期紧张症的新领域，深受海内外妇女的好评。"妇宁胶囊"现已收入《中国基本中成药》中。

病案一 患者郭某，19 岁，于 1975 年 7 月，因受刺激，喝酒一两，就发生癫狂，不吃不饮不睡，坐立不安，神志不清，乱叫乱骂，乱行烧火等。

1975 年 8 月 31 日进某精神病医院住院治疗，用氯丙嗪、安定、氯普噻吨等药，病情略有好转，出院回家后服胎盘两只，病又复发如前。1976 年 1 月 8 日进另一精神病医院，电疗四次，服氯普噻吨、安定、氯丙嗪，药量加倍，住院 4 个月，病情似有好转，出院仍继服上述药物。出院 10 天又发病。发病时，每在经前 7 ～ 10 天，直至月经净后 4 ～ 5 天。1977 年 2 月，进上海某精神病医院治疗，诊断为"月经性精神病"，医治方法为控制月经不来。于 1977 年 5 月出院，回家服龙虎丸，终日轻度癫狂。1977 年 10 月癫狂大发，其后月经来潮，15 日才净，病情又转轻，但始终狂躁不安。1978 年 9 月 3 日曾做过脑电图以及其他检查项目，结论为脑神经无特殊变化，均在正常范围内，诊断"经前紧张症"，服避孕药控制月经来潮，其后又到某中医院治疗仍无效。

1978 年 9 月 11 日，由家属护送至裘老处诊治。患者语言错乱，哭笑无常，烦躁，夜不入眠，头痛，神倦乏力。末次月经 8 月 16 日，色黯量中，纳减口苦干，喉中有痰声，两眼无神，定视，两颧潮红，脉弦细，苔薄，舌质红绛、泛紫。辨证为阴虚阳亢，神不守舍。方用二齿安神汤加当归 9 克、川芎 3 克、赤芍 9 克、泽兰 9 克、益母草 15 克。服药 3 剂，语言较前清晰，神志较安静，能坐片刻，夜寐朦胧，有痰难以咳出，头痛烦躁忽有忽无，口苦唇干，面时潮红，大便日有两次、尚干，小溲稍黄，少腹胀痛有经来之兆。脉舌如前。前方川芎改为天虫 9 克、嘱服 5 剂。

1978 年 9 月 17 日经转色鲜红，量偏少略有血块，夜寐较安，言语清楚能对答，头痛、腹痛均消失，食欲略馨。嘱停一切西药，以二齿安神汤加黄芩 9 克、黄连 4.5 克、淮小麦 18 克、炙甘草 6 克、红枣 6 枚，续服 10 剂。

1979 年 1 月 15 日，患者同其父母来杭叙述病情，服前方 45 剂后，经候如期，色量正常，上证全部消失，西药早已停服，能参加轻劳动。

病案二 患者甄某，50 岁，主诉每于经前 7 ～ 10 天就感头痛，头晕，心烦急躁，夜不入眠，心悸胸闷，面时烘热，伴有自汗，晨起痰多，经律正常，量少色暗，病延两年多。近月来感头痛增剧，心慌，病势趋向加重。测血压 150/85mmHg。脉弦滑，舌红绛。西医诊断为"更年期综合征"。中医辨证属于"阴虚火旺"。方用二齿安神汤加生牡蛎、淮小麦、炙甘草、红枣、制首乌。

服药 7 剂，次月月经转色量正常，头痛显减，烦躁亦瘥，夜能入睡，自汗减少。脉舌如前。仍以前方加入制黄精，服 15 剂后，诸证均显著减轻，胃口大开。嘱前方继服 3 个月，以资巩固。

（六）"参芪胶艾"治崩漏

裘老认为"崩漏"发病与气血、经络、脏腑关系密切。血乃郁结的物质基础，气能生血、行血、摄血，气血调和则经候如常，若气血失调，如气虚则经血失于统摄，血热则经血妄行，血瘀则经血离经而行皆可导致崩漏。

对于崩漏的治疗，裘老在总结前人经验的基础上，通过自己的临证体会，自创参芪胶艾汤，以补气摄血，引血归经。其药物组成有：炒党参 15 克、清炙黄芪 24 克、阿胶 12 克、艾叶炭 1.2 克。方中主用黄芪、党参大补元气，气旺则血有所依，胎有所荫；合阿胶之养血，使气血协调；佐少量艾炭，引血归经。是方补中有收，使血循常道，则无漏泄崩中之虞。况气血是异物同源，两者相互依存，相互协助。

病案 患者郭某，女性，17 岁。

1985 年 4 月 14 日初诊。月经初潮 1984 年 2 月，既往经量尚属正常，末次月经 4 月 6 日，至今未净。由于经转时跋涉劳累过度，经量暴崩不止，色淡夹大血块，小腹隐痛喜按。就诊时面色苍白，头晕目眩，似欲昏睡，检查血红蛋白仅 35g/L，脉虚大带芤，舌质淡红，苔薄白。证属气血两亏，方用参芪胶艾汤补气摄血：党参 15 克、清炙黄芪 30 克、炒阿胶珠 12 克、陈艾炭 1.2 克、仙鹤草 30 克、陈棕炭 15 克、地榆炭 15 克、煅牡蛎 30 克、煅龙骨 12 克、参三七末 3 克。3 剂。

1985 年 4 月 17 日二诊：药后经量明显减少，腹痛已除，头晕目眩、心悸尚存，脉象较缓乏力，颜面略有起色。由于失血过多，气阴俱虚，再以前方加入香附炭 4.5 克。服药 5 剂。

1985 年 4 月 23 日三诊：月经已净，尚有淡黄色分泌物，心悸不寐，面色憔悴略转华泽，脉细濡，苔薄白。再宗前方去陈棕炭、地榆炭，加入远志 4.5 克、茯神 10 克、枣仁 9 克。服药 10 剂。

1985 年 5 月 4 日四诊：上症均以改善，饮食已增，黄色分泌物已除，检查血红蛋白已上升至 70g/L。方用归脾丸 250 克。上午、下午各服 10 克以资巩固。

（七）裘氏异功保胎散

随着人们对遗传工程学和免疫学等学科的认识与发展，习惯性流产的病因及治疗成为近年来的研究热点，其病因较为复杂，且治疗手段不尽如人意。

西医目前无特殊的治疗方法，多在怀孕后应用黄体酮、HCG 保胎治疗，或产后根据病情给予吸氧、照光等治疗措施。

裘老认为多次流产，伤于冲任，孕后房劳纵欲，肾精更损，以致肾虚不能荫胎，胎元不固，或劳倦伤脾，脾虚化源匮乏，统摄无权，不能养胎，胎元不固，以致屡孕屡堕。病位在脾、肾，为虚证。裘老认为现代医学的迅速发展为中医学的发展提供了有力的支柱，一些实验室检查及辅助检查为中医诊断和治疗疾病提供了帮助。她常根据并且选择性地进行血型、抗精子抗体、抗心磷脂抗体、染色体及精液等常规检查，然后病证结合，衷中参西进行辨证。裘老认为：母婴 ABO 血型不合，抗精子抗体阳性者均为免疫方面的疾病，在中医大多属本虚标实之证，肝经郁热、脾经湿热是其病机，治疗上运用茵陈蒿汤加减及裘氏异功保胎散加减，湿热甚者加用黄毛耳草、青蒿；热毒重者加用丹皮、白花蛇舌草、蒲公英。染色体异常错位引起的流产，裘老根据自己的经验，进行探索和研究，认为多数染色体错位者属于气血不足，脾肾两虚之重证。治疗宜益气健脾、养血益肾安胎。以泰山磐石散合裘氏异功保胎散随症加减。裘老认为习惯性流产不能只是在妇女怀孕后才进行保胎治疗，而是应该在怀孕之前就开始调理，使患者在孕前保持一个良好的身体状态，可以减少孕后流产的机会。裘老自创的裘氏异功保胎散，平安保下了一个又一个健康活泼的宝宝，给无数家庭带来了欢乐。

病案 患者朱某，女性，27 岁。

1985 年 5 月 8 日初诊。第一次妊娠因患有黄疸性肝炎而行人工流产术，嗣后两次妊娠足月产后，婴儿患溶血性黄疸而夭折。现妊娠 5 月余，胎动已明。经免疫学检查，拟诊"母子血型不合"，测抗体效价 IgG 抗 A1 ： 512，四区，男方血型为 A 型，女方为 O 型，RH 阴性。患者于 1982 年 9 月起感腰脊酸楚，至今未愈。苔薄燥，舌质偏绛，脉弦滑。治当清热利湿，滋肾安胎。药用裘氏异功保胎散加减：生黄芪 15 克、女贞子 15 克、生甘草 3 克、炒知母 9 克、绵茵陈 30 克、焦山栀 9 克、黄芩 6 克、黄毛耳草 20 克、匍匐堇 12 克、炒杜仲 15 克、桑寄生 10 克、败酱草 9 克。嘱患者此方先连服 5 剂，后隔日服，晨起，空腹饮淡盐水 250ml，多吃水果。

1985 年 6 月 10 日二诊：复查 IgG 抗 A 抗体效价为 1 ： 128，四区，舌质偏绛，脉细弦。原方继服 1 个月，7 月份复查 IgG 抗 A 抗体效价 1 ： 128，三区。再嘱原方隔日服至分娩前夕。孕妇于 1985 年 8 月底分娩一女婴，轻度黄疸，

服小儿退黄散，3天后黄疸退。复查产妇 IgG 抗 A 抗体效价 1 ∶ 32，婴儿血型 A 型，抗体效价 1 ∶ 2。

（八）肾阳不孕用"桂仙"

不孕症是困扰许多家庭的一大难题，裘老归纳总结多年临床经验，对于肾阳虚型不孕症患者，自创新方"桂仙汤"：仙灵脾 15 克、仙茅 9 克、肉桂末 1.5 克、苁蓉 9 克、巴戟天 9 克、紫石英 15 克。以温阳暖宫，填精益肾。裘老认为，冲为血海，任主胞胎。盖血海空虚，胞宫虚寒，犹沍寒之地，不生草木，重阴之渊，不长鱼龙，胞宫既寒，何能化育？致成不孕。药用仙灵脾、仙茅、巴戟天、肉桂、苁蓉、紫石英，皆在温肾而温心，心肾气旺而火自生，则相火盛，冲任脉充，子宫得暖，胞胎受荫，而寒自散，使之氤氲化成，如春日温和之气，从而经转受孕。

病案一　患者方某，女性，34 岁，已婚。

1991 年 8 月 6 日初诊。患者于 1989 年 1 月行人工流产术，术后未避孕，至今未孕。经期延后 10～15 天，量少，色暗红，3～4 天净，现闭经 6 个月，测基础体温单相。输卵管造影示：子宫大小未见异常；双侧输卵管通畅。常感头晕腰酸，神倦乏力，畏寒肢冷，脉细弱，苔薄白。此乃肾阳虚之不孕症，治当温肾益精，养血调冲。方用桂仙汤加味：仙茅 9 克、仙灵脾 12 克、巴戟天 12 克、肉苁蓉 9 克、紫石英 15 克、肉桂末 1.5 克、炒当归 9 克、炒赤芍 9 克、炒白芍 9 克、炒川芎 5 克、胡芦巴 12 克、制香附 9 克、陈艾叶 3 克。10 剂。

1991 年 8 月 16 日二诊：自云服前方 10 剂，感畏寒肢冷减轻，头晕腰酸略瘥，测基础体温仍单相，脉舌如前。治守前意，前方加炮姜 3 克、川椒 6 克。

1991 年 9 月 6 日三诊：上方共服 20 剂，昨感腰酸，腹胀，经转量少、色红，今日来复诊，脉弦细，苔薄，质淡红，投以温养活血，予桃红四物汤加续断 9 克、狗脊 9 克、丹参 12 克、广木香 12 克、鸡血藤 12 克。5 剂。

1991 年 9 月 11 日四诊：药后经量增多，夹小血块，5 天净，腰酸腹胀除，胃纳尚可，脉细，苔薄，质淡红润。因患者为外地人，离院路途遥远，要求服长方。予桂仙汤加续断、狗脊、当归、香附、紫河车粉。嘱煎药隔日 1 剂，紫河车粉隔日一吞，交叉服用。半年后，患者送来锦旗，诉服药后月经能按期转，现已妊娠 2 个月，无不适症状。

病案二　患者屈某，女，30 岁。

1977 年 4 月 8 日初诊。婚后 3 年未孕，输卵管碘油造影：两侧炎性改变，通而不畅。经汛数月而转，均须用女性激素后经转，但量仍少，两侧少腹隐痛。脉沉细，苔薄白。此乃冲任虚寒，肝气郁结之象。治用温宫疏肝，方用桂仙汤化裁：紫石英 15 克、仙灵脾 9 克、仙茅 9 克、苁蓉 12 克、巴戟天 12 克、肉桂末 3 克、大麦芽 15 克、炒当归 9 克、炒赤芍 15 克、炒川芎 4.5 克、橘核 4.5 克、橘络 4.5 克、红花 4.5 克、蒲公英 12 克、白毛藤 30 克。伺候，均用上方加减，间歇服药近一年，于次年四月怀孕。

裘老一生奋斗不息，全身心投入在临床和科研上，临床疗效显著，科研成果丰厚，尤其是裘老研制的科研项目，充满了时代的特征，并将长久地造福于人民。

第六章

桃李天下

第一节　中西并举招贤徒

一、开山收徒

裘老是一位深受人们尊敬和爱戴的中医妇科专家，一生孜孜不倦地致力于保障妇女的健康，同时也非常重视中医妇科事业的传承。她是一位无私的大医，希望将自己的经验传承下去，惠及更多的病患。裘老说："中医好的东西没有传承下去，慢慢就会消失了。"她曾多次在向省人大提交的议案中呼吁："要改变中医药事业后继乏人的局面。"她自己以身作则，临床讲课、带教，培养了一批又一批的学生，但她更想以师带徒的形式把自己宝贵的学术思想和临床经验传承下去。1976 年，卫生厅考虑到当时杭州一批名老中医后继无人，存在着非常紧迫的传承问题，于是开始组织、选拔中医人才，传承名老中医学术经验。

裘老最早从医之时，杭州人看病讲求三风，分别是"衣风、谈风、笔风"，这也是裘老对弟子的第一要求。第二要求便是"身正心不邪"，从医需无私奉献，心无旁骛，不可为杂念所扰。

裘老收的第一个弟子是盛玉凤，她 1965 年毕业于浙江中医学院，分配到浙江省中医院妇科工作，与裘老共事 10 年。一直对裘老非常景仰，对她的医德医术也非常钦佩。现在有了这么个机会忙向裘老请求拜入门下。盛玉凤个子虽不高，但穿着得体，谈吐落落大方，也写得一手好字，跟诊抄方之时丝毫不敢懈怠，心无二用，倾耳注目，得到了裘老的赏识。经过考核，盛玉凤终于拜裘老为师，成为了裘老的开山大弟子。盛玉凤回忆道："当时能拜裘老为师，既兴奋又感到压力，兴奋的是可以名正言顺地跟随裘老学习，这无疑是业务再提高的极好机会；之所以有压力，是因为自己学识浅薄，经验不足，怕完成不了继承裘老学术的重任。"

盛玉凤师从裘老达 5 年之久。在随师学习和临床实践中，盛玉凤研读了裘老指定的书籍：陈自明《妇人大全良方》、张介宾《景岳全书·妇人规》、沈尧封《女科辑要》、傅山《傅青主女科》等。在裘老身边，耳濡目染，亲聆教诲，使她深得其传。对裘老擅治病种和经验方，能娴熟掌握，运用自如，临床也收到了良好疗效。

当然，学习老师的经验贵在创新，要体现出继承中有发扬，整理中见提高。为此，她在应用裘老的学术经验时，不断结合自己的心得体会，有所创新。如她治疗气滞血瘀型痛经、闭经的"金铃四物汤"（当归、熟地、延胡索、川楝子、生山楂、小青皮、赤芍、川芎、白芍、木香）；治疗胞宫虚寒不孕症的"巴仙汤"（巴戟天、仙灵脾、仙茅、肉苁蓉、菟丝子、牡丹皮、紫石英、当归）；治疗肾阴虚型崩漏、月经过多的"二至龙牡汤"（旱莲草、女贞子、生地、生白芍、龙骨、牡蛎、山茱萸、仙鹤草、冬桑叶、马齿苋、党参）等，均在继承裘老经验的基础上，以自身体会加以改进，收到了良好的疗效。

一次，盛玉凤接诊了一位 38 岁的闭经 6 个月的患者，既往月经周期不准，时早时迟，经量恒少，色淡红不鲜，自觉精神疲乏，头晕目眩，身形偏瘦，时纳不振，察面色微黄，舌质淡红苔薄，脉象濡细。凭证参脉，辨证为气血两虚，治宜补养气血，以助经源，方用当归补血汤合八珍汤化裁：生黄芪，党参，熟地，制首乌，炒白术，炒白芍，茯苓，当归，生山楂，炒谷芽，川芎，炙甘草，陈皮，红枣，口服 3 周之后，月经来潮。

在生活中，裘老与她情同母女。有一次裘老生病，胃纳不佳，不思饮食，盛玉凤听闻后赶到裘老家中，耐心劝说，并亲自给恩师喂饭，裘老不好辜负徒弟的心意，便勉强着吃下。裘老对盛玉凤说道："玉凤呀，难为你还喂我吃饭，真是谢谢你的心意啊！"盛玉凤答："裘老您就像我的母亲一样，您一定要好好吃饭，身体才能快点好起来。"每当追忆这段日子，盛玉凤都无比怀念恩师。如今，盛玉凤已是全国第三批名老中医药专家学术经验继承工作指导老师，并出版《中国现代百名中医临床家丛书·盛玉凤》一书。盛玉凤追忆裘老，说道："如果说我今天在业务上有所成绩的话，这与当年裘老

的精心培养是分不开的，老师的恩德，我将铭记心坎，永志不忘！"

二、入室弟子

1977年，毕业于浙江中医学院的张萍青进入浙江省中医院妇科工作。张萍青性情恬淡，勤奋好学，深得裘老的喜爱。张萍青对闻名江浙的大医裘老更是十分敬仰，希望能拜裘老为师。张萍青性情与裘老有几分相似，都是沉得下心钻研的人。科班出身，又酷爱读书的她在大学期间就已将《黄帝内经》《金匮要略》《伤寒杂病论》等中医经典书籍烂熟于心。在她的刻苦努力下，通过了卫生厅的选拔，成为了裘老的第二个弟子。

为了更好地传承求老的学术思想，张萍青下班后总是潜心研读古籍。《景岳全书》《丹溪心法》《傅青主女科》这些书籍总是捧在手中，废寝忘食地学习。

张萍青跟随裘老抄方的第一天，裘老便与她探讨"治病必求于本"的治疗原则。裘老告之："女子之月经周期，犹如太极八卦之图分为阴阳，动而生阳，静而滋阴，一动一静互为其根。月经转后血海空虚，阴血渐增，阴长至重，重阴必阳，阳盛至极则月经来潮。这种阴阳平衡维持着女性月经的正常生理，一旦阴精不足，重阴不及，或转化不利，抑或夹湿、夹瘀、夹火等，都能出现肾阴肾阳交替失调，阳动阴血外泄，导致阴道出血。"这个原则也自始至终贯穿在张萍青的学术思想中。

后来，有一个17岁的经间期阴道出血患者来诊，末次月经干净后7天左右出现阴道少量出血，约5～6天干净，此种情况已持续半年，伴头晕腰酸，神疲乏力，怕冷便溏。舌淡苔白腻，脉沉。裘老予震灵丹化裁：赤石脂、补骨脂、禹余粮、紫石英、蚤休、贯众、黄芪、女贞子、旱莲草、白花蛇舌草、蚕砂、花蕊石、神曲、淮小麦。服药7剂后复诊，诉近日未出血，带下量多，色白，腰酸好转，无腹泻，时感烘热，舌淡红，苔薄白，脉沉细。予仙茅、仙灵脾、肉苁蓉、巴戟天、沙苑子、鹿角片、知母、黄柏、地骨皮、青蒿、熟地黄、砂仁、黄芪、制黄精、麦冬、莱菔子、九香虫、红枣。之后复诊诉月经周期规律，未再出血，诸症好转。

裘老与弟子交流这个病案，患者初诊辨为肾阳不足，导致胞宫虚寒，冲任失固，经血溢于脉外而出血。经间期治拟温肾壮阳，温涩固脱，选用震灵丹化裁。治疗经间期出血的同时，不能单纯用补肾固摄、利湿止血之品，还要考虑到月经的周期性变化，根据月经的不同时期配伍相应的调经药。张萍青也理解了裘老的用意，治疗不应只见表观，应侧重对阴阳的求衡，并非意在止血，而是重在调经。本病为虚实夹杂，本虚而标实，本质是阴阳偏衰，宜补其不足。治疗的根本原则是法于阴阳，遵循自然界阴阳变化的规律，调整月经周期之阴阳，使之与四时阴阳变化相统一。

张萍青与裘老有着深厚的感情，张萍青家与裘老住得很近，张萍青在家温书时，如遇疑惑，便跑向裘老家中请教，裘老也知无不言言无不尽。张萍青忠于中医理论之精华，得益于裘氏妇科之真谛，与其自身的实践与经验结合形成独特的治疗方法，善于中西医并举治疗妇科疑难杂病，如子宫内膜异位症、不孕不育症、多囊卵巢综合征、子宫肌瘤、更年期综合征等疾病，并取得良好的疗效。如今的张萍青已成为裘氏妇科的名医，治愈不孕症患者数千例。张萍青发表论文20余篇，参与编写《中医妇科名家经验心悟》《中医妇科学（案例版）》《中医妇科临床手册》等著作。

第三个弟子是李承钿，1962年毕业于浙江中医学院中医班，毕业后被分配到浙江省中医院妇科工作。卫生厅选拔中医传承人工作开始后，李承钿积极报名，通过了选拔，成为了裘老的第三个徒弟。

有一天，李承钿跟师出诊，一15岁的崩漏患者前来就诊。裘老便让李承钿先看诊，李承钿望诊见患者面色萎黄，神疲乏力，舌淡苔薄；问诊知阴道不规则流血10天，量多色黯；初潮13岁，平素月经量多，色淡质稀，经来延迟，头晕心慌，纳差，手脚冰冷。脉沉细。诊断为崩漏，辨证属脾肾不足型。裘老对李承钿说："诊病开方，诊病是第一要点，开方是第二要点。你已有了辨证的本领，但也须静心学习，方证相应，必见其效。"裘老为此患者开出7剂方药，予震灵丹加减（赤石脂、补骨脂、禹余粮、紫石英、牛角腮、阿胶珠、红枣、炒鸡金）以温肾健脾止血。7日后复诊血止。裘老便以周期疗法治之，3个月后病情好转。李承钿与裘老探讨，裘老说道："崩漏病因寒热虚实纷繁复杂，最终表现均为冲任不固，所以治疗的原则为调理冲任恢复月经周期。治疗上遵循出血期以塞流和澄源并用，缓解期以周期疗法为基础方，据证用药调整肾之阴阳平衡。行经期子宫血海由满而溢，泻而不藏排出经血，经期重阳转阴应侧重活血调经方，用桃红四物汤打底；经后期血海空虚渐复，子宫藏而不泻，此时肾阴渐长应滋补肾阴；经间期是重阴转阳，阴盛阳动之际，应双补肾阴肾阳、破气活血，使用二仙汤合三棱莪术等以促进排卵；经前期阴盛阳生渐至重阳，重在温补肾阳，调经固冲。"

裘老注重治病求本,她当时以中医周期序贯疗法治疗月经病还是非常先进的思想,对李承铟产生了重要的影响,以至于花甲之年的李承铟谈到业务、学术的时候,总是感慨裘老的悉心教导及倾囊相授。

　　裘老的第四个弟子叫裘华芳,是裘老的侄女。裘华芳气质神似裘老,也写得一手好字。高中毕业后,裘华芳就跟随姑妈学医。抄方之余,勤奋研读医书,不懂之处,便跟姑妈讨教,也慢慢地激发了她对中医的热情。学了一段时间,正好碰到浙江中医学院招生,于是再次入学学医4年。毕业后也进入浙江省中医院工作,直到退休。

　　裘华芳曾问裘老:"医家多以左归丸等滋肾阴药物治疗卵巢早衰,为何桂仙汤性偏温阳?"裘老答道:"人体的生长、发育、衰老,都与肾气的盛衰有关。古人认为五脏六腑之阴都由肾阴来供养,五脏六腑之阳都由肾阳来温养。所以说,肾是人体各脏器的调节中心。肾阳偏虚,则阳气无以生发,不能化气生血,温阳助气,方能使五脏六腑行气生血,月经来潮。"在裘老的精心带教以及裘华芳本人的潜心研读下,裘华芳对女性的月经、胎孕、产育、哺乳等都有了自己的见解。她深刻地认识到女性身体和肝、脾、肾这三脏密切相关,裘华芳认为临床上治疗妇科疾病,肝、脾、肾这三脏的治疗不能各自为政,而应作为一个整体进行调理。中医对妇科疾病的致病机理分得很清楚:有在气、在血、属肝、属脾、属肾之分,但机体反应总是整体的,气血的失调,冲任的损伤,总离不开脏腑功能失常,而肝、脾、肾三脏功能失常,本身又是相互影响的,任何一脏有病变,都会通过相生、相克、相侮等方式影响其他脏腑经脉功能而致病。

　　有一次裘华芳诊治一滑胎的病人,已反复自然流产3次,裘华芳观其面色黯淡少华,舌质黯淡苔薄,脉细弱,平素腰酸,月经色黯,辨证为肾虚证,予桂仙汤。口服6个月后成功受孕,受孕后改予寿胎丸保胎治疗,再过10个月,平安顺产。

　　裘老的第五个弟子是小儿子王金生。小时候的王金生经常跟着母亲去医馆,看母亲给形形色色的病人诊病,看药工们在高高的中药柜前娴熟地称量着各味中药,他在冬暖夏凉的医馆老房子里玩耍,听木门咯吱作响,也喜欢闻那弥漫在空气中的浓浓的中药香。逐渐长大后,由于母亲的言传身教和从小的耳濡目染,也立志要做一名医生。裘老非常欣慰,对王金生说:"学医要矢志不移,志不强者智不达;读书要精勤不倦,熟读深思义自明。"这两句话影响了王金生的一生。

他白天随母亲抄方，晚上便在书房研读母亲满室的医书，与母亲探讨书中之理。看母亲看过的书，走母亲走过的路，每一步王金生都走得认真且踏实。

在王金生眼里，裘老不仅是母亲，是恩师，亦是楷模。裘老不论是行医还是处世，都品德高尚、大方有礼。裘老生活中有轻微的洁癖，凡事都要打理的干干净净，家里的院子也都是自己收拾，角角落落一尘不染，跟她人一样，透出精、气、神。但是面对病人时，她的眼里只看得到病人的痛苦。一次，王金生跟随母亲出诊，一位得了宫颈癌的病人来诊，宫颈癌晚期异味非常严重，从身体里发出一股臭咸鳌的气味。这个病人被人抬进来以后，房间里一下就充斥着刺鼻的异味，甚至 3 天都不能完全散去。王金生看到母亲眉头也不皱，当即就给病人做了检查，当时病人的肿瘤已经穿破阴道后壁到达直肠，形成了阴道直肠瘘，大便从阴道里出来。裘老接诊后，配了中药外洗及口服，治疗七八个月以后，瘘管居然修复好了！王金生更是对母亲充满了敬佩。

如今的王金生亦已成为杭城名医，他不仅传承了裘老的医术，还有裘老的医德，他践行着母亲对他的寄托："一身正气、两袖清风、三餐温饱、四大皆空。"

第六位弟子是王幸儿，"文革"后恢复高考的第一届大学生，1977 年考入浙江中医学院中医专业，毕业后分配到浙江省中医院妇科。在卫生厅的选拔传承人工作中，王幸儿通过考核，很幸运地成为裘老的弟子。当时裘老已经誉满杭州，能跟随这样的老师，王幸儿心中激动不已。跟师裘老以后，毕业生王幸儿直接从书本进入到了临床，一开始有点懵。在跟师期间，王幸儿作为正式员工，也需要单独坐诊，此时的她多半是凭感觉开方，疗效往往欠佳。后来，跟裘老时间长了，她慢慢进入了角色，一个病人来了大致是什么病，该用什么药，心中能知之一二。但是至于为什么用这个方子治疗这个疾病，王幸儿却没做过更多的思考。

2000 年前后，香港大学需要浙江派一位访问学者去给那里的学生上中医课，裘老推荐王幸儿去。裘老与王幸儿说："你天资聪慧，悟性颇佳，定要潜下心来研读古籍，整理知识，必有一番作为。"在香港的那段日子给了王幸儿充分的思考时间，让她的医术有了质的飞跃。对她来说，备课是个从临床到理论的过程。在香港的一年多时间里，她得以静下心来回顾裘老传授给她的宝贵经验，梳理自己的临床感悟，并与书本上的理论结合起来，将临床经验提升到理论的高度。等她从香港回来重新开始临床时，其临床感悟与之

前大不相同。王幸儿曾追忆："学中医，得靠师父领进门，有师父指导，可以少走很多弯路。裘老就是我中医道路上的引路人。"

回杭后，王幸儿遇到一 25 岁的先兆流产患者，停经一个半月左右，出现恶心、呕吐，心烦寐差，易怒，神倦乏力，口干，腰酸腹胀，大便 1 天 1 次，偏黏不易冲，舌红苔黄腻，脉弦滑数。B 超检查宫内孕囊，胚胎存活，确诊已妊娠。此乃肝郁克脾，湿热内蕴。王幸儿治以槲寄生、杜仲、枸杞子、菟丝子、女贞子、绵茵陈、黄毛儿草、田基黄、败酱草、淡竹茹、焦山栀、苏梗。半个月后复诊，诸症好转。王幸儿更有体会，诊此病还须注重辨证论治，审因求本，以补肾安胎贯穿整个治疗的始终，分清寒、热、虚、实，去其邪才能固其本，针对不同病因采取不同的治疗方法，切不可一味补肾安胎，以达到治母以安胎的效果。

王幸儿牢记裘老的教诲"做医生得用心，要为病人负责，沉下心来看病，不能只求数量，不求质量"。王幸儿说，"仰不愧于天，俯不怍于人"便是对自己的要求。

吴燕平是裘老的关门弟子。作为裘氏妇科的传人，她铭记老师的教诲，用心治疗每一位前来就诊的病患，以解除他们的病苦为己任，不敢有丝毫的懈怠。同时，她对裘老的经验善于总结归纳，特别擅长治疗痛经。吴燕平在一次采访中说到："我之所以擅长治疗痛经，是因为我跟随裘笑梅老师学习多年，从老师那里学到了她治疗痛经的绝招——裘氏中医药周期疗法。"当年，裘老根据月经周而复始的特点，结合现代医学有关女性性激素水平的周期性变化的理论，应用中医药周期疗法治疗痛经：以行经为动态周期，在月经期的不同阶段选用不同的治疗方法。经前期及经期以温经散寒、行气止痛、活血化瘀为主，非经期以补肾养血为主的同时，结合不同人的体质，加以或疏肝、或扶脾的方法，使得患者的气血和顺，冲任二脉流通。最终达到经行顺畅，疼痛消除的目的。

吴燕平跟随裘老学习的时候，曾经遇到过这样一个患者：37 岁，痛经 2 年多，每个月都比上一个月更严重，月经来的时候小腹胀痛，牵连到腰骶部，痛的时候不能弯腰，要服用止痛片才会缓解一些。其检查单显示："子宫增大如孕 40 余日，质偏硬，活动欠佳，后壁触痛，双附件无异常。B 超显示子宫腺肌症。"月经量少、有颜色暗的血块、舌质紫黯、苔薄、脉弦涩。裘老给她用了活血行气、祛瘀止痛的药方，7 天之后复诊的时候，病人说，吃完药后腹痛减轻，月经量正常了。之后继续调理了 3 个月，治疗有效，痛经缓解，经色、经量都恢复正常。吴燕平用心地思考琢磨这个病例，结合自己的实践体会，慢慢领悟了裘老治疗痛经的思路。

如今，吴燕平也已成为中医妇科名医，有一次，碰到一个19岁的痛经患者：痛经6年余，她初潮后1年内无痛经，之后在月经期饮食生冷，就逐渐开始痛经。同时月经量少、黯红，伴有血块，痛经每个月还会加重，一次比一次痛。每次月经前3天开始有下腹疼痛，还伴有腰酸如折。痛经厉害的时候，面色苍白、冷汗止不住地往下淌，痛得直恶心想吐，因为严重的痛经，导致她每个月都要落下几天的课。吴燕平结合现代医学的检查手段，让病人做必要的检查。检查后，发现她的性激素、B超等正常，诊断为功能性痛经。患者就诊时刚好是经前期，于是便给她用了活血化瘀、暖宫散寒、理气止痛的中药。7剂药后，她经前和经期的下腹疼痛明显减轻，但是还有腰酸、乏力。之后在非经期给她用补肾养血、理气调经的中药，她再来的时候腰酸缓解了许多。3个月的中医药周期疗法治疗后，她的月经恢复正常，痛经痊愈。在吴燕平从医的这些年来，使用裘氏中医药周期疗法，让患者的痛经痊愈的病例多不胜数。有道是，机不可失时不再来，可见抓住时机的重要性。裘氏中医药周期疗法治疗痛经妙就妙在对时机恰到好处地把控，在恰当的时机用精准的药物，有的放矢。

三、桃李芬芳

盛玉凤、张萍青、李承铟、裘华芳、王幸儿、王金生、吴燕平这7位裘老的嫡传弟子便是裘氏妇科的第二代传人。裘老在带徒期间，诊病开方同时，会与弟子们交流心得体会，她经常会说："时代在进步，医学在发展，不可拘泥于中医古方，须鉴往知来，衷中参西，证病同治方能取得最好的疗效。"对中西医两种医学，她不持门户之见，认为两者之间没有不可逾越的鸿沟，平时常与西医切磋学术，交流经验，取长补短，以利学术水平的提高。她十分赞同中医辨证与西医辨病有机结合。在坚持中西结合治疗的同时，又注重保留中医中药的传统特色。如古代对中药的炮制技术，"土炒白术"，"醋炒吴萸"等等，方能保留最佳的药效，写中药方时须额外注明。裘老将自己毕生的经验毫无保留地教给了弟子，并带领弟子编写了《裘氏妇科临证医案精萃》《裘笑梅妇科临床经验选》等书。

如今，弟子们继承了裘氏妇科，皆已成为钱塘名医，在各自的岗位上

为进一步传承裘老的学术经验，弘扬她的医德医风，为振兴中医事业不断奋斗。

第二节　诲人不倦育杏林

由于裘老在江浙一带医名远扬，不但每天求诊者络绎不绝，亦有无数慕名而来的学生。除了言传身教正式拜师的弟子，裘老还带教了为数众多的本科生、进修生、留学生等。她常将生平所读之书，意味深长之理，临床有效之方，与学生切磋讲解，取其精华，去其糟粕，达到"道而弗牵、强而弗抑、开而弗达"的效果。改革开放以来，裘老曾带教的学生有数百名之多，莘莘学子遍及省内外，甚至海外。这些学子大多已成为中医妇科医疗技术骨干、各级名中医，他们继承了裘老的学术经验，并在实践中不断发扬提高、造福一方。裘老在中医妇科教学上的贡献，可谓功不可没。她曾多次被浙江省卫生厅、浙江中医学院评为各类进修班优秀讲习老师、优秀临床带教老师。

一、研习经典

裘老常教导弟子："中医学是传统医学，历经千年，经久不衰，所以，我们要把它好好地传下去，并且发扬创新。"如何传？首要的事情就是要找出经典，认真研习经典著作。裘老认为读经典应从《内经》《难经》《伤寒论》《金匮要略》等入手，然后循序渐进。古人习医因有较好的文学功底，对于深奥的医古文不难理解，今人学习中医，除了老师的教育指点，还须自己反复诵读加以揣摩，才能加强学习效果。拜师之前，要有基本的经典知识，案头书更少，心头书更多，把案头之书累积潜藏于心头，临床应用便犹如囊中探物，伸手即得。对于经典，不能理解，就先背诵，先记住，有些慢慢会理解。拜师须要有虚怀若谷的精神，"三人行，必有我师"，要乐于拜一切有知识的人为师。学习要谦虚，必能学得真知，跟师父是"亦师亦友"的关系，这种关系会让学习更加轻松有趣。

裘老强调自己曾与浙江著名老中医叶熙春一起在临床工作，裘老与叶老的关系，也是亦师亦友。"师"的方面，裘老从叶老精湛独到的医术里，得到许多宝贵的启迪。比如治疗虚寒痛经，按常规投入温经汤，此方大多能奏效，但也有无效者。但叶老不拘泥于成方，果断而大胆地投以桂枝汤复加肉桂。这是叶老的创见，疗效确较温经汤显著而巩固。裘老思其重用二桂，意在着力于助阳补益，以逐寒活血，为寒者热之之法。"友"的方面，叶老经常和裘老探讨遣方用药，药物配伍后剂量的问题，这样互相讨论学习的方式，也给裘老莫大的教益。

二、学医须学药

裘老曾与弟子笑谈："学医一定要懂药，学医不懂药，等于瞎胡闹"。裘老回忆年少时，曾不顾体弱艰辛，常随清华师父寻访大山识药采药，由此打下药物基础。后来又在同益堂药店认真观看抓药，由此加深了对中药四气五味、升降浮沉的进一步认识。裘老很反对现在有很多中医医生，每天只是开药，对于药物的认识仅限于前人的经验和书本，没有自己的思考，没有自己的体会，这样是非常要不得的。

有些药物，其实只有真正看过才会有深刻的理解。比如"鹿茸"这味药，它是梅花鹿雄鹿未骨化的带绒的幼角，"鹿茸"非常名贵，性温，用于治疗虚损性疾病，疗效非常好。为什么会想到它的温补作用，首先"血肉有情之品"本来也有比较好的补益功效，最要紧的是知道这个鹿茸，它的采集是从奔跑的鹿身上取下的，这个必须是奔跑的，鹿是奔跑能手，它奔跑的时候，所有的精血气液都往上蹿，到达头顶的鹿角，只有这个时候取下，它的补益功能才是最好的。再比如"半夏"这味药，有书记载它能致哑，所以民间又称它为"婆婆药"，就是媳妇觉得婆婆太啰唆时，给她饭菜里面放点半夏，让她不能说话，待药效过后，又能恢复讲话。为了证实这个传言，裘老以身试药，用生半夏1克熬水，然后喝下汤液，只觉有些恶心感，没有其他不适，再慢慢加量、慢慢试，最后用半夏5克煮水服，果然，顿觉喉咙肿痛，欲呕，声音也发不出来了。至此，裘老知道"古人诚不欺我也"，也知道这些药物确实有一定毒性，用药时要特别注意。再比如，裘老常讲述："一日，见一只带皮的香囊，老药工告我，此便是麝香，其芳香走窜力极强，嗅之会昏晕。我为确切了解其药性，有意用鼻嗅之，果然，立感昏昏然欲倒。"由此裘老获得了辨别麝香真伪的经验，并体会到药性过猛之药，用量须慎之又慎，万不可掉以轻心。

并且裘老强调学习：好记性不如烂笔头，有时一天临证百来个患者，

经常会忘记重要的事情，所以不能偷懒，要做到勤学、勤思、勤写，若能"熟读精思、博学强记"，对日后开扩思路，深入研究，提高学业大有裨益。

裘老教导学生，用药遣方时除了了解药物的药性，还须要善于理解药物的组合及配伍，从药方的整体组合中可以学习老师的临证思路。中医中药不是只能治疗缓病、慢病，中医治疗急证也能立竿见影，治疗表证即有"一剂知，二剂愈"的速效，青年医生要辨证准确，选用合适的药物，掌握君臣佐使，日积月累便能达到这种效果。对于药物的认识，除了四气五味、升降浮沉的基本知识，用药要知道阴阳、寒热，更高的境界是能熟谙药物剂量的轻重，君臣佐使之配伍，这个开始学习，建议跟名师名家，而且须要跟师至少一年，因为一年各个季节，疾病类型会有明显变化，用药也会随之变化，比如说春多外感，夏多脾湿，秋多燥病，冬多疼痛及痹症。只有这样，才能深刻完整地学习老师的经验方法。

三、鼓励创新

裘老博采众长，推陈出新，是裘氏妇科开山鼻祖。她很重视中医学习的创新精神，鼓励学生在学习过程中有自己的思想和主见，"不盲从，不轻信，勇于临床探索，善于独立思考，不拘于一家一派之说。这是对自己的自信和肯定，也将中医的学习推向更高的境界。"裘老常勉励青年医师，一个善治之医，"应有胆识，善谋略，勇于独抒己见"。

裘老曾回忆：有一怀孕7个月的妇人，忽然持续高烧，胎死腹内，医院觉得应该"下胎益母"。于是给妇人作了引产术，但术后，妇人热度仍持续不退，于是延请很多大夫会诊，大部分人都建议投清热解毒退热之剂，有建议发汗之剂，但是热度仍不减，患者已无汗可发。后邀裘老会诊，只见病妇汗流如注，有阴阳离决之患，命已岌岌可危。此时，裘老认为患者虚实相挟，但因经大量攻伐和手术，患者属本虚为主，必先扶其正，然后祛其邪，正不扶，邪不去。故拟急用独参汤救治，处方：别直参6克，服3剂。有人提出：病妇高烧邪实，用补益，易使邪去无出路，且高烧病妇用参，似乎不适，众人都反对，但是因为没有可靠方法，于是家属决定先试服一剂。一剂药后，果然汗止，热度亦消退，继服二剂，病人好转，精神转足，再投以清热之剂，终于转危为安。

再有治疗产后疾病，前人有"产后多虚，宜温"之说，但裘老治疗产后恶露不下之重症，果断采用桃核承气汤等峻剂攻逐之；治疗产后感受邪毒发热，大胆投用红藤、败酱草、黄芩、忍冬藤等清热解毒之品。所以裘老提出对产后用药应本"勿拘于产后，亦勿忘于产后"的原则，据此，推而广之，临床选药组方，既要知其常，又要明其变，万万不可人云亦云，祖国医学历史悠久，内容丰厚，但又难免庞杂芜错，掺杂了一些偏颇、粗劣的东西。继承和发扬中医学，既需前人之经验，又需自身之领悟，要用历史发展的眼光看问题，要考虑到一切事物都不是一成不变的。这样，才能使自己的医术不断提高。

四、继承发扬

裘老教导学生：学习知识，要吸取前人的经验所长，但是我们不能仅局限于一家一言，我们要突破派系的观念，要学习一切可以为我们所用、提高医术和疗效的技术。目前，从临床实践而论，西医确有许多长于中医之处，我们也得认真向他们学习。所以裘老自己带头，于1956年就报考了杭州市西医进修班，学习生理、病理、解剖、生化等西医课程并以优异成绩结业。

裘老提倡中西医结合，当然如何正确地开展中西医结合工作，创造出我国的新医学，是一个有待于不断实践与探讨的大课题。举例来说，先兆子痫和子痫，中医没有相应病名，但从本病的临床表现来看，类似于中医妇科所称的"子肿""子满""子晕""子痫"诸症。《诸病源候论》中指出：胎间水气，子满体肿者此由脾胃虚弱，脏腑之间有停水而挟以妊娠故也。《医宗金鉴》亦说："孕妇忽然颠仆抽搐，不省人事，须臾自醒，少顷复如好人，谓之子痫。"这是妊娠较严重的疾病，重则母婴死亡。现代医学对妊娠中毒症的诊断，妊娠24周后，如高血压、水肿、蛋白尿三个症状有二者，即可确诊。古人对本病虽早有认识，但限于历史条件，绝大多数中医文献都把"子肿""子满""子晕""子痫"等当做不同的病证，其实上述各症，不过是整个疾病发展过程中的不同阶段，"子肿"、"子晕"往往是"子痫"的先兆症候，即使较轻的"子肿"有时亦可发展为危重的"子痫"。因此，必须重视它们之间的内在联系。鉴于上述认识，裘老制定了主方"牡蛎龙齿汤"。

裴老还提出：诊治疾病，中医辨证论治，结合西医的诊断及病理生理，能安全有效快捷地治愈疾病。裴老当时在妇科临床中率先采用中西医结合治疗的方法，反映了裴老与时俱进的学习精神。

五、言传身教

裴老不仅在学业上严格要求学生，而且十分注重对学生医德医风的培养，并率先垂范，发扬高尚的医德，处处体贴病人，团结同道，不求名利，一心为病人。裴老常言："夫医者，非仁爱之士不可托也；非聪明理达不可任也；非廉洁淳良不可信也。"医生要无限忠诚于病人的健康，视人之病犹己之病。行医几十年期间，裴老尽力做到：凡有求治，风雨寒暑勿避，远近晨夜勿拘，贵贱贫富好恶亲疏勿问。治疗患者无数，贫穷者，常不收诊金，甚则以药相施。再则，医之一道，其理甚奥，其责甚重，论治立方，性命攸关。为医者不应草率逞能以沽名钓誉，亦不得瞻前顾后，自虑吉凶，护惜身名。对于危急病人，即其病不可治，亦须竭心力以图万一可生。

裴老常忆及年轻时诊治的那个淳安女青年，如此重危的病人，又是晚间抬到家来，裴老可以让他们去医院检查抢救。但裴老想到如果因为去医院而贻误病情，无异于断送其性命，作为一个医生，只有尽心竭力救治的责任，断无犹豫推诿的借口。在裴老果断的施治下，病人化险为夷。

弟子们目睹裴老从医期间，真正做到了急病人所急，痛病人所痛，为了病人的健康，她不计时间，不辞劳苦，竭尽全力地为她们服务。特别是裴老进入垂暮之年后，体弱多病，仍拄着拐杖，支撑着病体，坚持来院应诊。这些都对裴氏妇科弟子们产生了深远的影响，使裴氏妇科传人形成了高尚的医德医风。

裴老平时对弟子和学生在医学和医德上要求严格，在生活上则像慈母般关怀。裴笑梅的大弟子盛玉凤主任回忆：裴老在生活上是个很慈祥、很好相处的人，经常对弟子们嘘寒问暖，当弟子们有困难的时候都尽力帮忙。因为患者很多，裴老经常看病都没有时间吃饭，这时，裴老总是体谅弟子，让弟子先休息吃饭，但却忘记自己。吴燕平主任医师是裴老的最小的弟子，当吴燕平跟诊裴老时，裴老已是年高，但裴老仍坚持工作和教学。吴燕平记得跟师初期，总是觉得裴老用极普通的药物能达到自己达不到的效果，裴老鼓励吴燕平说：治疗疾病，要从心论治。有时患者很远跑来，其实抱了很大的期望和信任，有些医生，为了赶时间，草草诊治，不听病人的诉求，这个时候通常效果不会好。要先跟患者交心，有些问题可能就豁然开朗了，所以用药就会事半功倍。所以吴燕平至今还不断以此鞭策自己。

裘老乐于公益，乐善好施，除了在医院专家门诊、带教、科研工作外，还应中华医学会名老中医医疗保健咨询服务中心和杭州不孕不育专科医院之约，定期去门诊服务。百忙之中还不忘参加各种对社会有益的义诊活动。裘老鼓励弟子们：为医之人，心都是别人的，即把帮助他人作为自己的快乐，尤其是要帮助病人解除病痛，既是助人为乐，也是为他人之乐而乐。所以只要有精力和能力，都要竭尽全力为患者服务，为社会奉献。这就是"一身正气、两袖清风、三餐温饱、四大皆空"的一代宗师裘笑梅的育人之经。

第三节　开枝散叶成体系

裘老一生岐黄生涯 60 载，通过大量临床实践，总结经验，衷中参西、证病同治而独树一帜，自成一派，创立特色鲜明、影响深远的裘氏妇科。

裘氏妇科第二代传人盛玉凤、张萍青、裘华芳、王幸儿、吴燕平等在继承的基础上，融通中西，推陈出新，不断发展流派特色，编著完成《中医妇科名家经验心悟·裘笑梅》、"十五"国家重点图书《百年百名中医临床家·裘笑梅》、"十一五"国家重点图书《中国现代名中医医案精粹·盛玉凤医案》。盛玉凤主任中医师现已成为国家级名中医。张萍青主任中医师、吴燕平主任中医师于 2008 年起先后带教浙江中医药大学硕士研究生 20 余人。

裘氏传人在裘老的基础上，不断发挥，结合自身临床经验，进一步补充完善裘氏妇科理论，形成了独具特色的裘氏妇科流派。

一、裘氏妇科调经理论

月经分为四个阶段即月经期，经后期，经间期，经前期。在不同的阶段，阴阳、气血的消长有如潮水之涨落，月相之盈亏。每个时期须注意每个时期的生理特点，诊治用药注重"天人相应"、"人体是一个有机整体"的整体观念。

（一）月经期

此期子宫血海由满而溢，泻而不藏，在阳气的推动作用下排出经血。排泄月经的器官为子宫，我们认为此期的子宫呈开放之势，并与冲任督带脉相关。冲任督三脉内始于子宫，带脉环绕约束子宫一周，胞络、胞脉推动子宫经血排出。排经量受制于子宫藏泻之程度，泻中有藏，藏中有泻，"泻"是为了再度"藏"，"藏"是为了更好地"泻"。周而复始，月月来潮，其受气血阴阳消长，及肾和子宫的调摄。

月经期阴阳消长的特点是重阳转阴，是阳气增长到一定程度而转化为阴的阶段。所谓重阳者，是指阳长到高水平，重者有双重或重叠的意思，提示有双重或更双倍的阳，是阳长阴消达到不平衡的生理限度，若不能通过转化，排出有余之阳，达到相对平衡的状态则将破坏生理平衡导致病理变化。故重阳必阴，转化开始。转化者，气血阴阳显著活动，此时子宫行泻，冲任条达通畅，从而排出经血，有余之阳亦随经血而行，从而纠正阴阳的极不平衡状态。故月经来潮，经血的顺利转化依赖于阳长至重，重阳化阴，转化借助于重阳，重阳来源于阴，阴长阳生，乃阴阳互根互用。我们发现从月经前乳房胀痛可随经血排泄消失，基础体温从维持高温相下降到原来的低温相水平，更好地证实重阳转阴、调经平衡的月经期生理特点。

1. 转化不利，排经不畅

原因在于重阳有所不足，或阳长至重过长，导致基础体温高温相下降不快，下降幅度小，月经淋漓不净或经前点滴出血，即西医所谓的黄体萎缩不全者。

2. 转化太过，排经量多

原因在于心肝火旺，阳火过盛，转化太过，排泄经血过多，造成异常出血性疾病或行经前后诸症。

3. 转化不协调，排经不一致

原因在于经期调护失常、感受寒邪、精神因素等，导致经血排泄不尽，造成经期延长、崩漏等。

（二）经后期

此时子宫血海空虚，通过肾气的封藏，藏而不泻，蓄养阴精，充盛于冲任二脉。胞宫在肾的作用下行脏的功能，主要藏肾之阴精。月经的来潮，损耗了一定的阴血，此乃古人所言经后血虚故也。女子以血为主，也是从月经来潮的现象观察而来。《傅青主女科》曰"经水出诸肾""肾水足则月经多""肾水少则月经少"，提示月经的多少与肾水的多少密切相关。

经后期阴阳消长的特点是阴长阳消，阴中有阳，阴长赖以阳助。经过月经期的血海空虚，有待于经后期的新生和恢复。阴血的新生和不断滋长，目的在于滋养卵子，使卵子发育成熟，顺利进入经间排卵期。

阴长必阳消，阳消必阴长，这是阴阳互根的需要，更是完成一个月经周期并推动下一个月经周期的必然。阴愈长，阳愈消，所以在此过程须重视阴中有阳，阴长的物质基础赖阳之生化。

（三）经间期

此为肾中阴阳的转化阶段，是肾之阴发展到一定程度而转化为阳的阶段，经过经后期的蓄养，阴精充沛，冲任气血充盛，称为重阴必阳、阴盛阳动、排出卵子的关键时刻。

经间期的生理活动为氤氲乐育之气。这种血气活动为生育所必需，活动于下，上传心脑。如《证治准绳》引袁了凡"天地生物，必有氤氲之时，万物化生，必有乐育之时，猫犬至微，将受娠也，其雌必狂呼而奔跳，以氤氲乐育之气，触不能自止耳……凡妇人一月经行一度，必有一日氤氲之候，于一时辰间，气蒸而热，昏而闷，有欲交接不可忍之状，此的候也……顺而施之成胎。"氤氲者，血气活动极为明显的一种状态，需要重阴的刺激，阳气内动，下达冲任促进卵子排出。此阶段上提示雌激素水平较高、宫颈黏液呈羊齿状结晶证明重阴的生理特点。

重阴不足，阻碍气血活动，临床上可见少腹胀痛、少量阴道流血、乳房胀痛、烦躁不安等症状。

重阴转阳是月经周期中一次极为重要的转化，月经周期凭借此次转化推进向前，若无这次转化，则仍停留在经后期，达不到阴阳各半的周期运动。重阴转阳，提示阳气内动，阳长的开始，肾阳温煦子宫，为精卵移植子宫做好准备。

（四）经前期

此时期通过经间期的重阴转阳候，阳长较快，出现阳长阴消，阴精、阳气俱盛，子宫、冲任气血满盈。阳长至重对于温煦子宫内膜、顺利种胎、促

使月经来潮有着重要意义。

此期最大的生理特点在于阳长为主，阳长建立在阴长至重的条件下，与阴密切相关，是在阴长的前提下产生，即在阴长卵子发育成熟，重阴必阳，排出卵子，分泌"孕激素"，开始阳长，阳长至重，依赖阴的基础。临床上我们所观察到的排卵后分泌孕激素导致基础体温升高 0.3 ~ 0.5℃，此为暖宫温养，顺利种胎的作用。经前期的阳气健旺，并能溶解子宫内膜组织，排出应泄之瘀膜胎脂。

（五）分期论治

1. 月经期

排泄经血之期，以达到除旧生新的目的。除旧应当干净彻底，留得一分瘀就影响一分血新生。此阶段当以活血祛瘀为主。方可选用血府逐瘀汤、桃红四物汤等，在临床使用时常合柴胡疏肝散。

2. 经后期

遵循前人"经后以补虚为当"的治疗大法。补虚者，养血也，但我们认为阴与精更为重要，经过月经期的排泄，经血阴精的损耗是必然，故此阶段我们以养血而养阴，养阴而养精。此阶段当以补益肝肾为主。自拟三参三子养阴汤，药用太子参、丹参、玄参、枸杞子、菟丝子、女贞子等。张景岳曰"善补阴者，必阳中求阴"，所以在滋阴方药中佐以少量助阳药物，目的仍在补阴，是阴随阳动，动态结合，药物可选用川椒、桂枝、鹿角片等。

3. 经间期

此时期为气血活动显著，当以补肾健脾，气顺血动为主，自拟三子二仙促排卵汤。药用枸杞子、吐丝子、女贞子、仙茅、仙灵脾、巴戟天、三棱、莪术、皂角刺、蜂房等。张介宾取类比象使用露蜂房，促进卵子排出，皂角刺引药直达病所。

4. 经前期

此期接近月经周期演变的结束阶段，前人提出"经前期以理气为先"的治疗原则。我们根据阴阳消长变化，经前期以阳长阴消、重阳延续为主，方能顺利转化，排出经血，溶解脂膜，故治疗时仍以扶持重阳为主，理气为辅。治疗当补肾助阳，疏畅肝气。自拟二仙疏肝汤。药用仙茅、仙灵脾、巴戟天、紫石英、知母、黄柏、熟地、砂仁、鸡血藤、黄芪、升麻、柴胡。二仙汤温补肾阳；柴胡、升麻疏肝理气；熟地滋阴养血，并予"阴中求阳"；砂仁防熟地过于滋腻碍胃。

二、子宫内膜异位症性痛经的周期治疗理论

裘氏妇科认为内异性痛经之病机实为经血泛滥、瘀热互结。其成因多为妇女经行产后风冷所乘、七情所伤，以致气机失宜，血行不畅，经产余血瘀滞胞脉，逆流脉外；或由于屡次堕胎小产损伤冲任，胞宫藏泻失职，离经之血不能及时消散，瘀阻于经脉胞络之中，泛溢于子宫之外，阻滞气机，使经血运行不畅，不通则痛，从而出现周期性的经期腹痛，疼痛拒按。

瘀血阻络则新血难安而见月经量多、色暗夹块、经淋难净；脉弦涩、舌质红绛苔则紫暗乃为瘀血内阻之象。瘀血停留久无出路必化为热，瘀热互结，瘀阻更甚，则疾病迁延难愈。其病理实质为瘀血内阻，瘀热内蕴，凝结胞宫，流注经脉、脏腑，蕴结脉络肌肉之间，随月经周期而发作。

裘氏妇科针对这一病机认识，研讨出一套行之有效的诊疗方案。

（一）通补并用，标本兼顾

阳气有助于血水之运化，子宫经血又依赖于冲任胞脉的输注。治疗本病应当扶正与祛邪并举，采用通补并用、标本兼顾之治疗原则，各有侧重。内异性痛经由于病机复杂、病程长久、迁延难愈，应根据女性月经周而复始的生理特点进行周期调治。临证治疗中，以行经为动态周期，在月经周期的不同阶段，分别选用清化逐瘀、温肾通络、活血行气等不同的治法和方药，综合施治。

1. 行经期

活血祛瘀为主，兼用行气止痛。方药：香附、木香、当归、川芎、赤芍、乳香、泽兰、苏木、延胡索、川楝子、续断、狗脊。

2. 经后期

清化逐瘀为主，兼用软坚散结。方药：忍冬藤、红藤、半枝莲、夏枯草、白花蛇舌草、白毛藤、延胡索、紫丹参、威灵仙、大麦芽、炒山楂、香茶菜、山海螺。

3. 经前期（月经来潮前七天）

养血活血、温肾通络。方药：当归、川芎、白芍、延胡索、川楝子、杜仲、桑寄生、鸡血藤。

（二）配合外治显神效

选用裘老自创验方"复方红藤灌肠剂"。由红藤、大黄、银花、延胡索、丹皮、连翘、没药、乳香、紫花地丁组成，按制备工艺浓缩、瓶装，每瓶 100ml。用法用量：每晚睡前排空大便，用灌肠器将药液缓缓由肛门注入，药液温度适中，每次 1 瓶，30 分钟注完，保留 4 小时以上。月经期停用，10 瓶为 1 个疗程。君以红藤活血通络、败毒散瘀；臣以大黄清泄湿热、祛瘀解毒；佐助予丹皮清热凉血、活血散瘀，乳香没药合以活血散瘀、消积止痛；紫花地丁加强清热解毒；反佐性温之延胡索活血散瘀，温通利气，化饮消癥，使以银花、连翘清凉宣透，引入药里，共奏清透热毒之良效。诸药兼顾，具有清热解毒、祛瘀散结、行气活血、通经止痛、消痈排脓等功效。

三、裘氏妇科内外合治盆腔炎

盆腔炎是指女性生殖道的一组感染性疾病，主要包括子宫内膜炎、输卵管炎、输卵管卵巢炎、输卵管卵巢脓肿或囊肿、盆腔腹膜炎。炎症可局限在一个部位，也可同时累及几个部位，最常见的是输卵管炎及输卵管卵巢炎，单纯的子宫内膜炎或卵巢炎较少见。盆腔炎大多发生在性活跃期、有月经的妇女，初潮前、绝经后或未婚者很少发生盆腔炎。若发生盆腔炎也往往是邻近器官炎症的扩散。盆腔炎是生育期妇女的常见病，近年来，国内发病率有上升趋势。

中医古籍无盆腔炎之名，根据其临床特点，可散见于"热入血室""带下病""经病疼痛""妇人腹痛""癥瘕""不孕"等病证中。《金匮要略·妇人杂病脉证并治》云："妇人中风，七八日续来寒热，发作有时，经水适断，此为热入血室，其血必结，故使如疟状，发作有时。"此症状的描述，似是有关盆腔炎临床症状的最早记载。其后《景岳全书》曰："瘀血留滞作癥，唯妇人有之，其证则或由经期，或由产后，凡内伤生冷，或外受风寒，或恚怒伤肝，气逆而血留……总由血动之时，余血未净，而一有所逆，则留滞日积，而渐以成癥矣。"此论述与慢性盆腔炎症的发病与临床特点相似。

盆腔炎临床表现为下腹部疼痛，劳累或性交后加重，或伴有发热，体征表现为下腹部压痛，或有盆腔炎性包块形成，根据盆腔炎的症状特点，裘氏妇科认为病因为内蕴湿热，感受外邪。证属"湿热蕴结下焦"范畴。常于妇女经期、产后血室正开之时，因摄生不慎，或经期同房，或宫腔手术消毒不严等，导致湿热毒之邪入侵胞宫、胞脉、脉络、冲任，阻滞气血而起，后因急性期失治，或患者体质虚弱，病程迁延，疾病易反复发作，形成盆腔炎后遗症。治疗上分急性盆腔炎和盆腔炎性疾病后遗症不同阶段治疗，急性期清热利湿、活血化瘀，后遗症期祛邪与扶正兼顾，清解与养护同施。

该病由于正气受损，邪实正虚，湿热瘀滞遏伏不去，临床上可表现为寒热错杂、虚实转化的证候。临证时需结合全身证候辨其寒热虚实，治疗中注意祛邪与扶正的关系。并采用内服与中药灌肠、理疗、热敷、针灸、离子导入等综合治疗方法。

（一）口服中药汤剂

1. 湿热瘀结证

治法：清热利湿，化瘀止痛。

方药：二藤汤合大黄牡丹汤加减：制军、茯苓、红藤、忍冬藤、黄柏、泽泻、丹参、丹皮、桃仁、延胡索、冬瓜仁、败酱草。

2. 气滞血瘀证

治法：活血化瘀，理气止痛。

方药：桂枝茯苓汤加减：桂枝、茯苓、赤芍、牡丹皮、桃仁、丹参、夏枯草、蚤休、蒲公英。

3. 寒湿瘀滞证

治法：祛寒除湿，活血化瘀。

方药：当归芍药散加减：当归、川芎、赤芍、茯苓、白术、泽泻、小茴香、艾叶、桂枝、忍冬藤。

4. 气虚血瘀证

治法：益气健脾，化瘀散结。

方药：理冲汤加减：生黄芪、党参、白术、山药、天花粉、知母、三棱、莪术、生鸡内金。

（二）外治法

1. 中医灌肠

复方大血藤灌肠剂（裘老经验方）：红藤 20 克、忍冬藤 20 克、半枝莲 12 克、制乳香 1.5 克、丹参 12 克、薏苡仁 30 克、白芷 12 克、炒荆芥穗 6 克、

紫草12克、冬瓜子12克、炒小茴香6克、连翘12克。按制备工艺浓缩、瓶装，每瓶100ml。

用法用量：每晚睡前排空大便，用灌肠器将药液缓缓由肛门注入，药液温度适中，每次1瓶，50分钟注完，保留4小时以上。月经期停用，10瓶为1个疗程。

2. 中药外治

裘氏1～10号方粉碎后制成粉剂，与醋相调和后贴敷子宫、照海、气海、足三里、外关，有清热祛湿、活血温通之效。

3. 针灸

关元、中极、足三里、归来、子宫、三阴交、筑宾、阴陵泉、肾俞等穴位，每次2～3穴。根据疼痛部位选取相应穴位。

4. 穴位注射

鱼腥草注射液，取穴：阿是穴，或归来、水道、四满、大巨。选用1～2个穴位进行穴位注射，配合腹部毫米波照射，隔日1次，10次为1个疗程。通过穴位与药物的双重作用，治愈率高，不易复发。

四、裘氏妇科安胎理论

妊娠期间，阴道不时有少量出血，时作时止，或淋漓不断，而无腰酸、腹痛、小腹下坠者，称为"胎漏"。若妊娠期出现腰酸腹痛，小腹下坠，或阴道少量出血者，称为胎动不安。本病一般预后良好，但也有少数发展为堕胎、小产，甚至滑胎。裘氏妇科之安胎理论，认为冲为血海，有要冲之意；任主胞胎，有任养、担任之义。冲任气血不调，胎元不固，无力摄取养胎为本病发病的最终原因。主要病因病机为冲任损伤，胎元不固。根据临床观察将胎漏、胎动不安（早期先兆流产）分为以下4种证型诊治。

（一）肾虚证

妊娠期中，腰部酸胀，两腿酸软，小便频数，甚至失禁，少腹下坠，或有阴道流血，胎动不安，甚至流血增多，其胎欲坠，面色苍白，头晕耳鸣，言语无力。舌淡、苔白滑、脉沉弱。

治法：补气益肾。方药选用裘氏自创验方：参芪胶艾汤加味（炒党参、清炙黄芪、阿胶、艾叶炭、菟丝子、桑寄生、怀山药、黄芩、冬桑叶）。本方用黄芪、党参大补元气，气旺则血有所依，胎有所荫；合用阿胶之养血，使气血协调；佐少量艾炭，引血归经。是方补中有敛，使血循常道，则无漏泄崩中之虞。

（二）阴虚内热证

妊娠期中，阴道出血量多，色深红或鲜红，质黏稠，胎动下坠，心烦少寐，口渴喜冷饮，面时潮红，时有低热，尿少而黄。舌质绛红、苔薄黄、脉细滑而弱。

治法：养阴清热，补肾安胎。方药选用保阴煎加减（生地、熟地、怀山药、白芍、黄芩、黄柏、甘草、牡蛎、地榆、紫珠草）合裘老经验方加味三青饮（冬桑叶、清竹茹、丝瓜络炭、熟地、山药、杜仲、菟丝子、当归身、白芍）。加味三青饮中桑叶滋阴降火，能清血海之热；合竹茹清热止血凉血；丝瓜络炭既能清热，又能滋阴，山药、杜仲、菟丝子补肾；归身、白芍养血敛阴。药入肝经，能清肝经之热，使相火静能安胎。

（三）气血虚弱证

妊娠期阴道少量出血，色淡红，质清稀；或小腹空坠而痛，腰酸，面色㿠白，心悸气短，神疲肢倦。舌质淡、苔薄白、脉细弱略滑。

治法：补气养血、固肾安胎。方药：胎元饮去当归，加黄芪、阿胶（潞党参、炙黄芪、炒白术、熟地、杜仲、阿胶、炒白芍、陈皮、炙甘草），或参芪胶艾汤加味。

（四）血瘀证

素有癥积，孕后常有腰酸腹痛下坠，阴道不时下血，色暗红，或妊娠期跌仆闪挫，继之腹痛或少量阴道出血。舌暗红，或有瘀斑，脉弦滑或弦沉。

治法：活血消癥，补肾安胎。方药：圣愈汤合寿胎丸加减（党参、黄芪、杜仲、当归、川芎、白芍、菟丝子、桑寄生、阿胶）。

胎漏、胎动不安的原因较多，临床以气虚肾亏最为常见。妇女以血为本，而气为血之帅，血随气行，气旺则血足，气和则血调。肾藏精，主髓，血为精髓所化，肾精充足，营血旺盛，月经、胎孕正常。若肾精亏虚，胎失所养，无力系胎，引起胎漏、胎动不安，甚至堕胎，反复多次发展为滑胎。因此，裘氏认为补肾益气固胎是治疗胎漏胎动不安、滑胎的重要方法。裘氏妇科经验方，参芪胶艾汤是治疗气虚肾亏型的经验方，临床效果显著。方中黄芪量

倍于党参，大补元气；阿胶、芍药养血滋阴；加少量艾叶炭助阳止血，固涩胎元；桑寄生、山药、菟丝子固肾安胎。对于阴虚内热型胎漏、胎动不安，加味三青饮中桑叶滋阴降火，能清血海之热，竹茹清热止血凉血，丝瓜络炭清热，滋阴生津，止血安胎。效仿傅青主"清海丸"，滋阴清热药中重用冬桑叶。

现代医学研究认为在复发性流产中封闭抗体缺乏是导致流产的一个重要原因。封闭抗体是指在正常妊娠中，滋养细胞携带的父系抗原刺激母体免疫系统产生的一类 IgG 抗体，它可以和母体淋巴细胞及胚胎的滋养细胞相结合，从而阻断母儿之间的抗原识别及其引起的继发排斥反应。对于封闭抗体不足性滑胎，裘氏妇科结合多年临床实践经验，认为其发病机制不外乎：禀赋虚弱，胎失所养；气血亏损，胎失所养；源流不济，结胎不实，胎元不固，发生陨堕。病位在脾肾肝，病因多虚，性质多为本虚标实。治疗上主张"不治已病，治未病"，强调遵循预防为主，在妊娠前或妊娠早期即着手治疗，防重于治，防治结合，预培其损即孕前调理，孕后安胎的原则。治疗上孕前尤重健脾益气兼顾补肾固冲，孕后以补肾安胎兼顾健脾益气。

封闭抗体不足性复发性流产患者，临床上除见屡孕屡堕主症外，常兼有神疲乏力、精神差、纳呆腹胀、便溏、舌淡苔薄白或腻，脉弱等脾胃虚弱之证。前人有"脾阳宜动，动则运"，裘氏妇科强调"运则健"，以炙黄芪 20 克配伍炒白术 15 克、菟丝子 15 克大补脾气，一则取两者温补之性，健脾益气；二则两者配伍以固表御邪，增补气之功。治疗上以补中益气汤加减；黄芪 20 克、炒白术 15 克、菟丝子 15 克、陈皮 9 克、柴胡 9 克、升麻 3 克、当归 12 克。补中益气汤出自金代李东垣《脾胃论》，原方为治疗脾胃气虚、清阳下陷之基础方。裘氏妇科重用炙黄芪益气补中升阳，正如《本草正义》言黄芪："补益中土，温养脾胃，凡中气不振，脾土虚弱，清气下陷者最宜。"《本草求真》云："白术专入脾，味苦而甘，既能燥湿实脾，复能缓脾生津。且其性最温，服则能以健食消谷，为脾脏补气第一要药也。"菟丝子补肾益精、固胎止涩，为补脾、肾、肝三经要药，《医学衷中参西录》记载："千百味药中，最善治流产之药，菟丝子也。"如此三味，健脾胃，充肾气，余药皆取补中益气汤之意，全方补而不滞，使气血生化有源，脾肾双补，调气血固冲任，共奏益气补肾之效。

裘氏妇科历经三代，对于临床优势病种衷中参西，证病同治，在治疗妇科疑难病症，如子宫内膜异位症，慢性盆腔感染性疾病，闭经，痛经，功能性子宫出血，不孕不育，ABO 血型不合之滑胎、胎漏、胎动不安，围绝经期综合征，经前紧张征等方面有着独特的经验及治疗方案。

第四节　裘氏薪火传三代

裘笑梅老先生创立的裘氏妇科流派历经几十年的薪火传代，继承创新，如今已荣耀三代，并且在江浙一带闻名遐迩。这与裘氏几代人的辛勤努力、兢兢业业、认真钻研是分不开的。所谓"前人栽树，后人乘凉"，正是有了前辈们的辛苦开创，才有了今日裘氏妇科流派的繁荣，吾辈更当竭尽所能，将其发扬光大。

一、裘氏流派初创立

裘氏妇科流派的第一代，即为创始者裘笑梅老先生本人。

裘老 1912 年 1 月出生于杭城一世代书香门第之家，幼而好学，无奈青衫之岁，体虚多病，年方十八，旧病重发，备受苦痛，乃辍学就医。经过重重考验，终于拜得杭城智果寺清华师父为师。寒窗三载，跟师五年，裘老勤练抄方、诊脉、认药、煎药等基本功，熟读名家经典著作，终日手不释卷，从中医浅显入门医理到深奥临床著作，循序渐进，深切吸取其精髓，为日后创立裘氏妇科流派奠定了扎实的理论基础。

想要成为一个成功的医生，裘老深知仅仅研读古籍是远远不够的，临床实践更重要。因此裘老不知疲倦，跟师行医于之江大地，具备了初步的临床经验。学成出师后，裘老开始独自行医，正式开始了自己的岐黄生涯。由于裘老心思缜密，诊病准确，用药灵验，很快便在杭州城内远近闻名，拥有了越来越多的妇科病友。裘老在诊治过程中，将传统医学理论与临床实践相结合，摸索出一套行之有效的诊疗方案，渐渐自成体系，裘氏妇科流派的萌芽初露端倪。

正当裘老声名鹊起之时，由于抗战期间局势动荡，裘老不得不离开杭城，往返奔波于浙江金华、江西上饶、福建建阳等地行医治病，在途中遇到了形形色色的疾病，这其中不乏疑难杂症，无论多么棘手，裘老均能抽丝剥茧，追根溯源，找寻治疗的方法，积累了大量的临床经验，这些都是她日后创立裘氏妇科流派的无价之宝。

新中国成立后，裴老跟随一批中医师回到杭城，从此扎根杭城，迎来了事业的巅峰期。1956年裴老参与组建浙江省中医院，并进入该院工作，拥有了创立裴氏妇科流派良好的平台。

裴老一生专研妇科经、带、胎、产、杂病，善于向西医学习，取长补短，衷中参西、证病同治。1956年报考并以优异成绩结业于杭州市西医进修班。拥有了中西医两套本领以后，裴老在临床上诊病更是得心应手，疗效显著。裴老治学严谨，理论功底扎实，主张以理论指导实践，以实践丰富理论。她在几十年临床经验的基础上，总结归纳，提出了裴氏妇科特有的学术思想和理论精华。

裴老认为妇科疾病的病机探索，当从肝、脾、肾立论，以进一步揭示机体内部的病理实质，在临床上应在动态中辨证论治，审因求本。治疗上，裴老主张重视调理脾胃，倡导治肝六法，推崇从肾论治，使生化之源得养，冲任血海得满，先天之本得益。衷中参西，博采众长，化裁创新。

裴老不仅在学术上继承先贤精髓，而且善于开发创新，自创验方40余首，开展多项科研，并屡获专利奖项。

裴老为了垂教后世，笔耕不辍，撰写发表论文《中药治疗崩漏73例总结》《治疗痛经的经验体会》《闭经》等，并且撰写《裴笑梅妇科临床经验选》（浙江科学技术出版社出版）、《裴氏妇科临证医案精萃》（浙江科学技术出版社出版）、《叶熙春医案·妇科部分》（院内著作）等著作，其中《裴笑梅妇科临床经验选》于1986年获浙江省高等院校自然科学研究成果奖一等奖。

裴老以上的这些验方、科研成果和著作、论文均为其毕生心血，是裴氏妇科流派的宝贵财富。

裴老一生孜孜以求，持之以恒。深思力索于四诊八纲、三部九候之中，融会剖析于五脏六腑、十二经络之间。勇于临床探索，善于独立思考，不拘一家一派之学说，在总结前人理论的基础上，融入自身体会，独树一帜，自成一派，始创裴氏妇科。

裴老医术精湛，医德高尚，为人师表，生活作风简朴，思想境界非常高，是后代学习的楷模。裴老常告诫后人："要力从心欲，须善于养身。"善养身，即是要生精、保气、宁神，具体说，饮食起居，喜怒哀乐，寒热温凉都要调理适当。主张生活上应低标准，菜饭饱、布衣暖，清心而淡泊；精神上则应保持积极向上，充实而愉快。1956年，裴老放弃开诊所的高薪，甘心拿一个月六十多元的工资到浙江省中医院工作。这个工资，在当时同批进院的老名医中是最低的。对此,她毫无怨言。在多次医院分房中,裘笑梅未得到过一间,她非常知足地住在这所建于1937年的老屋里。裘笑梅的卧室在二楼,每天须经一层非常陡峭的楼梯上下,晚年由于她腿脚不便,下楼总是要用脚跟紧挨着楼梯,时间久了,脚跟出现裂口并常年不愈合,非常疼痛。房子年久失修,卫生设施比较差,然而裘笑梅从不向单位提任何要求。反而把自己的工资一分一角地积攒起来。2001年5月,裘笑梅在临终时叮嘱家人将其毕生积蓄的20万元人民币捐献给医院,鼓励后人为发展妇科事业继续努力。2006年5月,按照裘老生前遗愿成立了"浙江省中医院裘笑梅中医妇科发展基金"。

二、二代壮大并发扬

裘老一直忧心忡忡,担心中医药事业没有得到很好的传承,后继无人,因此,她自己以身作则,言传身教,她几十年潜心研究的成果全部教授于数十位弟子,莘莘学子遍布大江南北、长城内外。

裘氏妇科流派的第二代弟子,为裘老亲自传承带教的高徒。他们分别为:盛玉凤主任中医师、张萍青主任中医师、王金生主任中医师、李承钿副主任中医师、裘华芳副主任中医师、王幸儿副主任中医师和吴燕平主任中医师。她们在裘老语重心长、全心全意的教导下,成长迅速,各自钻研,细心体会,继承了裘老学术思想的精髓,并各有所悟。裘氏妇科流派在第二代弟子身上发扬壮大,再创新高。

盛玉凤为裘老的开山大弟子,1939年11月出生于一个中医世家。其父和兄长俱业医,故从小她就看着父兄诊病,耳濡目染,幼承庭训,对中医产生了浓厚的兴趣。高中毕业后考入浙江中医学院,六年大学本科毕业后进入浙江省中医院工作,成为了一名妇科医生。1976年盛玉凤受组织指派,师从裘笑梅老先生。由于盛玉凤拥有良好的中医功底,又聪慧敏捷,经裘老五年的面传身教,她已深得其传,加之陈自明、叶天士、沈尧封、傅青主等这些名家思想的影响,坚持改革创新,逐渐形成自己的学术特色。

盛玉凤临床诊病主张坚持中医特色,中西医有机结合。中西医学各有特色,中医讲究整体观念和辨证论治,强调因人、因时、因地制宜,而西医对疾病病理变化、组织结构的微观方面更显突出。在深切参悟裘老学术思想的同时,对其进行创新。如她在裘老"桂仙汤"的基础上创立新方"巴仙汤"(巴戟天、仙灵脾、仙茅、肉苁蓉、菟丝子、牡丹皮、紫石英、当归),用于治

疗胞宫虚寒不孕症；在裘老"调经定痛散"的基础上创立新方"金铃四物汤"（当归、熟地、延胡索、川楝子、生山楂、小青皮、赤芍、川芎、白芍、木香），用于治疗气滞血瘀型痛经、闭经；在裘老"生地龙牡汤"的基础上创立新方"二至龙牡汤"（旱莲草、女贞子、生地、生白芍、龙骨、牡蛎、山茱萸、仙鹤草、冬桑叶、马齿苋、党参），用于治疗肾阴虚型崩漏、月经过多等，使裘氏妇科流派锦上添花。

盛玉凤现为主任中医师、浙江省名中医、全国老中医药专家学术经验继承工作指导老师。在40余年的临床实践中，对妇科高泌乳素血症、多囊卵巢综合征、子宫内膜异位症、功能失调性子宫出血、不孕症、习惯性流产等妇科疑难杂症，疗效显著，深得病家信赖。

盛玉凤在省级以上医学期刊发表论文30余篇，且多篇获得省级优秀论文奖。著有《痛经》一书，1984年由人民卫生出版社出版。曾协助裘笑梅老师整理编写了《裘笑梅妇科临床经验选》一书，1982年由浙江科学技术出版社出版。另有合著一本《实用中医妇科手册》，该书1996年由浙江科学技术出版社出版。在盛玉凤的众多著作中，2007年由中国中医药出版社出版的《中国现代百名中医临床家丛书·盛玉凤》一书，完整介绍了盛玉凤的从医经历、学术思想和典型病案，该书体现了裘氏妇科流派的学术体系，又对其进行了创新，具有较高的学术价值。

张萍青祖籍杭州，现为浙江省中医院主任中医师，教授，硕士生导师，1977年毕业于浙江中医学院，1991年师从于国家级名中医裘笑梅老先生，几年来，随师临证，耳濡目染，得益于裘氏妇科之真谛。于1994年以优秀的成绩获国家颁发的出师证，成为裘氏妇科的传人，为裘氏妇科流派第二代弟子。出师之后将裘老的经验与现代医学理论中西结合，融会贯通，用于临床医疗，指导教学、科学研究等方面。临证之时，衷中参西，辨证辨病相结合，知常明变，理法用药，师古不泥古，博采众长，不拘一格。

张萍青汲取裘师钱塘岐黄生涯医术之精髓真谛，从事临床、教学工作30余载，严谨求实，深思探索，结合自身实践与经验，形成疗效卓越的一派中医妇科诊治风格。她医德高尚，心怀民众，因其一号难求，为在有限的时间给更多病人提供帮助，减少病人的等候时间，无论雨雪风霜，她都坚持门诊，早出晚归。她擅长中西医结合治疗经、带、胎、产、杂病等常见病及疑难重症，尤其对于不孕症、子宫内膜异位症、多囊卵巢综合征，有自己独特的治疗风格，并取得良好的疗效，为无数女性病人解除病痛忧虑，为无数家庭带来欢乐。

张萍青为人低调、和善，耐心倾听和疏导患者忧虑，医技精湛往往直击疾病要害，疗效快捷，治验无数，得到患者的一致好评，并且口口相传。很多疑难病人辗转来诊，经过张萍青不倦努力，很多病人被治愈或顺利生育，满意而归。

张萍青临床带教学生众多，在学生们跟诊期间，她将自己所学倾囊相授，不断培养学生们的临床思维能力，细心发现并加强他们的薄弱之处。张萍青严谨治学、敏捷判断、刻苦求真的医德医风，学生们都耳濡目染，工作之后将所学所悟应用于临床，用裘氏妇科流派经验带给病人更多康复的机会。

张萍青笔耕不辍，先后在国家及省级杂志上发表了《清热逐瘀法治疗子宫内膜异位症》《茵陈蒿汤加减治疗 ABO 血型不合》《中西药治疗支原体感染性盆腔炎疗效观察》等论文 20 余篇。参编《中医妇科学（案例版）》《中医妇科名家经验心悟》《中医妇科临床手册》等书籍。

王金生，为裘老之子，师从母亲裘笑梅，为裘氏妇科流派第二代弟子。妇科主任中医师，杭州市名中医，现任中华医学会浙江省中医药学会妇科分会委员，杭州市中医药学会妇科专业委员会委员，历任杭州不孕不育专科医院业务副院长。

王金生在全面系统总结继承裘老的学术精华和临证思路的基础上，灵活应用新技术、新方法，注重中西医结合，不断创新，努力使裘氏妇科流派继续发扬光大。从医至今，自创新方"舒通灌肠液"治疗输卵管阻塞、盆腔炎症，自创新方"促卵丹"促使卵泡发育、调节内分泌，自创新方"泌乳停"，结合性激素测定，治疗高泌乳素血症，自创新方"抑抗灵"治疗抗精子抗体阳性等免疫性不孕，先后发表论文 30 篇，其中 7 篇论文分别获省级、市级优秀论文奖，出版著作 4 部。

两袖清风、刻苦专研医术的裘老也培养了一个继承她医德医风的儿子。"学医要矢志不移，志不强者智不达；读书要精勤不倦，熟读深思义自明。"这两句话是当年清华师父传授给裘老的，裘老继之传给了王金生，王金生记了一辈子，做了一辈子。王金生的医术是毋庸置疑的，然而他在师承了母亲的衣钵之后并没有满足，而是立志要把裘氏妇科流派发扬光大。从医 50 余年里，王金生不知治愈了多少病人，随着社会环境的变迁，病种也随着变化，王金生翻阅大量书籍文献，不断学习，只为更好地治疗病人。许多不孕症病人经王金生治疗后喜得麟儿，都会给他送去照片。如今王金生主任的案台下，已经积累了无数的孩子照片，孩子们会亲切地叫王金生为爷爷。

王幸儿祖籍杭州，现为浙江省中医院妇科副主任中医师、副教授，1982年3月毕业于浙江中医学院，裘氏妇科流派第二代弟子。

王幸儿在1982年7月至1987年7月，1997年5月至2000年5月，两次共8年时间拜全国名老中医裘笑梅为师。在随师过程中，通过导师的言传身教，细心观摩，用心领悟，深得其真传。能熟练地掌握导师的学术思想、用药特点，对疾病的辨证论治既知其常，又明其变，衷中参西，辨证与辨病相结合。并以优异成绩获卫生部、国家中医药管理局颁发的出师证书，成为全国名老中医裘笑梅的学术经验继承人。

王幸儿从事妇科临床、教学、科研工作30余年，坚持带教研究生、进修生、留学生等，将裘氏妇科流派经验得以流传。王幸儿将裘老对经、带、胎、产及疑难杂症的独到见解和创新治疗运用于医、教、研工作。王幸儿执教于香港大学，诊治获得良好的疗效，深得病家与学生的认可。擅长中西医结合诊治妇科常见病、多发病、疑难病，如：功能失调性子宫出血（简称功血）、多囊卵巢综合征、闭经溢乳综合征等月经失调；子宫内膜异位症引起的痛经；妊娠病、产后病、不孕症等。并参与相关科研项目的研究，如电脑模拟裘笑梅诊治闭经、功血的经验，并获浙江省科技进步奖二等奖。系统总结和整理了裘老的学术经验，参编《裘氏妇科临证医案精华》《中医妇科考试必读》《妇科病调养》等书。并先后在国家级及省级杂志上发表《裘笑梅主任医师学术精华及临证经验撷英》《裘笑梅主任医师治疗不孕症经验简介》《裘笑梅治疗母子ABO血型不合的不孕》《抗精子抗体阳性辨治心得》等论文10余篇。

王幸儿性格豪爽，为人坦诚，这一优势也体现在了临床诊病中，她辨证准确，用药大胆果断，对于久治不愈的月经病、带下病、盆腔炎性疾病、妇人脏躁等疑难顽疾往往疗效显著。

临床之余，王幸儿熟读经典，勤于总结归纳，撰写心得，将裘老的理论再升华从而提高医术。如对子宫腺肌病引起的痛经，王幸儿在裘老的治疗经验基础上有所突破。她认为子宫腺肌病引起的痛经由经期、产后或流产后摄生不慎，内有所伤，外有所感，致冲任损伤、胞宫藏泻失司。月经期部分经血不循常道而逆行，以致"离经之血"停滞体内，而成瘀血。瘀血停留，阻滞气机，不通则痛，故经期腹痛拒按。本病病理实质为经血泛溢、瘀血蕴阻胞宫，随月经周期而发作，久病及肾，阳气不足，冲任胞宫失于温煦，气血运行不畅，经血瘀滞不通，如此循环往复，病难向愈。病机为肾虚血瘀，病性为虚实夹杂。治疗以补肾活血为要，扶正祛邪并举，标本兼顾，并根据月经周期贯以中医药周期疗法。经期口服中药以活血祛瘀止痛，非经期用中药保留灌肠以补肾活血消癥。临床上如遇此类病人，王幸儿投以该法，屡屡获效，治愈病人数不胜数。

吴燕平祖籍杭州，现为浙江省中医院妇科主任中医师，硕士生导师，浙江省中医院裘氏妇科工作室负责人。浙江省中医药学会妇科分会第六届委员会副主任委员，中华中医药学会第六届妇科分会常委，中华中医药学会生殖医学分会第二届委员会委员。1986 年毕业于浙江中医学院中医系，从事中西医结合妇科工作 30 余年，1997 年拜全国名老中医裘笑梅为师，通过导师的悉心指导、言传身教，学习并掌握裘老的学术思想，得其真传，于 2000 年以优异的成绩获卫生部、国家中医药管理局颁发的出师证书，成为全国名老中医裘笑梅的学术经验继承人。裘氏妇科流派第二代弟子，亦为裘笑梅老先生的关门弟子。

吴燕平担任浙江省中医院妇产科科室副主任，身兼行政和临床双重要职。长期致力于妇科临床、教学、科研工作，具有扎实的理论知识和丰富的临床经验。临诊中谨遵裘老教诲"用药如用兵"、"医者，意也，三指二剂之间，无穷变换，无穷奥妙，始方出于古人，用方在于今人"，临证时"既要知其常，又要明其变"、"师古不泥古，在活用经方的同时，衷中参西，借鉴现代医学理论及检查方法，博采众长，证病同治"，将裘老对中医妇科经、带、胎、产、杂病及疑难杂症的独到见解和创新治疗运用于临床医疗、教学、科研工作中。深入研究各种妇科疾病，发掘中西医结合治疗慢性病、疑难杂症的独特之处和优势所在。尤擅长治疗盆腔炎、子宫内膜异位症、月经不调、痛经、不孕症、功血、ABO 血型不合之滑胎、胎动不安、绝经前后诸证等，并长于中医养生调摄，防病治病。参与盆腔炎、子宫内膜异位症等相关科研项目的研究，系统总结和整理裘老的学术经验，先后在国家级及省级杂志发表《裘笑梅治疗闭经经验举要》《裘笑梅妇科临证特色浅谈》《膜样痛经治验举要》《子宫内膜异位性痛经的周期疗法》等论文 20 余篇，参编"十五"国家重点图书《百年百名中医临床家·裘笑梅》《妇科病调养》《中医妇科学（案例版）》，主持及参与多项厅局级课题研究，获中华医学优秀成果一等奖、浙江省中医药科学技术三等奖。

作为裘氏师门的小师妹，裘老对吴燕平关爱有加，再加上吴燕平心思缜密，严谨认真，能静心研究，故将裘氏妇科学术精华熟记于心，并领会其真

浙江中医临床名家·裘笑梅

谛。众所周知，不孕症乃妇科临床之疑难病，令患病女性及家庭痛苦不堪。吴燕平急病人所急，立志为她们带去福音，故潜心研究不孕症，尤其对子宫内膜异位症性不孕症（以下简称内异性不孕症）有研究。吴燕平根据临床经验总结得出，内异性不孕症患者多表现为虚、瘀、热。若盆腔异位病灶小于5cm，可采用保守治疗，中药治疗加助孕，以清热活血、行气通络、补肾调冲为总则随症加减，兼顾调理，效果显著。吴燕平认为，内异性不孕症的治疗最主要是根据子宫内膜各周期的特点辨证施治。卵泡期以清热解毒、活血化瘀为主，排卵期以补肾活血、行气通络为主，黄体期以健脾益气、补肾调冲为主。裘氏妇科治疗不孕症的理论更加细化，造福了更多的女性，让她们顺利怀孕。

如今，盛玉凤、张萍青、王金生、王幸儿和吴燕平等裘氏妇科流派第二代弟子在杭城都已是声名远扬，但仍然勤勤恳恳工作在临床一线，作为裘氏妇科流派的强大力量，为广大妇女的健康事业奋斗不息。

三、三代立志扬新高

裘氏妇科流派自 2000 年以来，发展至今已培养出第三代弟子。昔日裘笑梅老先生的嫡传弟子盛玉凤、张萍青、王幸儿和吴燕平，都各有建树，成为中医妇科业界骨干力量，承前启后，肩负着培育下一代的责任。如今她们个个都贵为人师，将其毕生所学，言传身教，传授于裘氏妇科流派第三代弟子，使裘老的医德医风、学术思想和治病经验得以流传后世。

裘氏妇科流派的第三代弟子有：张婷副主任中医师、王洁主治中医师、应翩主治中医师、蒋军主治中医师、陆申奕主治中医师、张晨主治中医师、李慧主治中医师、朱迎萍主治中医师和杨华娣主治中医师。九名三代弟子均毕业于浙江中医药大学，拥有高等学历，张婷副主任中医师为博士研究生、副教授，其余八人均为硕士研究生，他们热爱中医药事业，钦佩裘老的精神，靠自己的努力，通过重重考验，纷纷加入裘氏妇科的团队，成为裘氏妇科流派传承人中的一员。他们怀着坚定的中医信念，精读经典，衷中参西，刻苦研学，认真实践，部分已成为业内精英，立志将裘氏妇科学术思想发扬光大。

裘氏妇科第三代弟子目前均在浙江省中医院妇产科任职，是科室的中流砥柱，承担了科室临床、教学、科研等大量工作。

2014 年，浙江省中医院响应政策，为发扬裘氏妇科流派，专门成立了裘氏妇科工作室，吴燕平主任为工作室负责人，九名裴氏第三代弟子均为工作室成员。开设了裴氏妇科专科门诊，工作日每天对外开放，由第三代弟子轮流坐诊，主要运用裴氏妇科学术思想和理论，对妇科月经病、带下病、妊娠病、产后病及杂病等常见病和多发病进行中医中药治疗。

裴老的名声响彻杭城，无论老幼，大家都知道浙江省中医院有一个妇科圣手——裴笑梅，故来裴氏妇科专科门诊应诊的病人络绎不绝，其中很多都是慕名而来。裴老以"送子观音"闻名，经其手治愈的不孕症和滑胎妇女不计其数，第三代弟子熟习理论，研读医案，总结创新，继续造福百姓。

2017年12月，一对小夫妻走进了裴氏妇科专科门诊的诊室，丈夫姓陈，妻子姓徐，他们怀抱婴儿，感谢裴氏妇科团队治好了妻子多年的顽疾——复发性流产，特地送来锦旗一面，以表感激之情。原来徐姓妻子每逢"孕2月"即自然流产，至今已3次，遍寻名医，效果不显，听闻裴老治疗滑胎有奇效，故此次一有身孕便慕名找到浙江省中医院，希望裴氏妇科团队能给她带来奇迹。裴氏妇科团队不负众望，辨证准确，方用"裴氏异功保胎散"化裁，精心调理，终于使徐姓妻子安稳度过孕2月，胎儿心搏可见，嘱其继续服药至孕4月方停。这天夫妻俩带来好消息，妻子顺利分娩，母子平安，全家人兴奋不已，他们赞扬裴氏妇科团队"送子观音，德医双馨"。

除了繁忙的临床工作，裴氏妇科第三代弟子张婷、王洁还承担着浙江中医药大学多个专业本科生、研究生的"中医妇科学"的课堂教学任务，其余第三代弟子也承担着临床见习、实习等带教工作。张婷副主任医师还担任中华中医药学会妇科分会委员、世界中医药学会联合会妇科专业委员会理事、浙江省中医药学会名老中医经验与学术流派传承分会委员、浙江省中医药学会妇科分会副主委、浙江省中西医结合学会内分泌分会青年委员等多项学会职务，带领年轻的三代弟子们教书育人，并将裴老的学术思想传播给医学同道，让他们了解裴氏妇科流派并互相切磋，共同发展振兴中医妇科事业。

裴氏妇科第三代弟子秉承裴老"临床与科研相结合"的精神，以临床带动科研，以科研服务临床。尽管临床工作繁重，但仍积极探索，查阅文献，开展科研，撰写论文和书籍。张婷主持浙江省中医药科技计划项目课题"地骨皮对多囊卵巢胰岛素抵抗大鼠PI3K/AKT信号传导途径的影响机制研究""裴氏清热养阴方治疗多囊卵巢综合征合并胰岛素抵抗的疗效及机制研究""基于数据挖掘技术的裴笑梅名老中医治疗不孕症的学术经验研究"，与吴燕平主任共同主编《临床中医家·裴笑梅》一书，参编上海科学技术出

版社《中医妇科学》教材，发表论文：《清热养阴方对多囊卵巢综合征内分泌及代谢的影响》（中国中西医结合杂志）；《地骨皮煎煮液对多囊卵巢大鼠胰岛素信号传导途径中 PI3K/PKB 分子表达的影响》（中国中药杂志）；《清热养阴方对多囊卵巢综合征（PCOS）模型大鼠卵巢激素及局部胰岛素抵抗的影响》（浙江中医药大学学报）；《补肾养血中药对排卵障碍大鼠子宫卵巢组织形态学的影响》（中华中医药学刊）等多篇。

王洁参与编写《本草纲目家庭读本》（中国中医药出版社），主持浙江省医药卫生科技计划项目课题"不同剂量戊酸雌二醇对人工流产后子宫内膜 VEGF、MMP-9 表达影响的临床研究"、"痰瘀同治法治疗 PCOS 高雄激素血症不孕患者的临床研究"、浙江省教育厅科研项目"加味桂仙汤对精原细胞 NRF2 启动子区 DNA 甲基化的影响"，发表论文《痰瘀同治方对多囊卵巢综合征大鼠胰岛素抵抗的影响》（浙江中医杂志）、"Investigating key genes associated with ovarian cancer by integrating affinity propagation clustering and mutual information network analysis"（*European Review for Medical and Pharmacological Sciences*）、"Tea consumption and the risk of ovarian cancer: A meta-analysis of epidemiological studies"（*Oncotarget*）。蒋军主持浙江省中医药科技计划课题"加味巴仙汤对多囊卵巢综合征肾素 - 血管紧张素系统及促排卵的影响及机制研究"，发表论文：《加味巴仙汤对肾阳虚型 PCOS 患者 RAS 的影响及促排卵的临床研究》（浙江中医药大学学报）、Emodin promotes apoptosis of human endometrial cancer through regulation MAPK and Akt pathway（*Open Life Sci*）。应翮主持浙江省中医药科技计划课题"张萍青治疗子宫腺肌病的用药经验总结"。杨华娣主持浙江省中医药优秀青年人才基金课题"基于数据挖掘技术的裘氏妇科名中医群治疗内异症的规律研究"，发表论文《王幸儿治疗子宫腺肌病痛经经验》（浙江中医杂志）、《裘氏内异方含药血清对人脐静脉内皮细胞血管新生活性的影响》（中华中医药学刊）、"Recurrent ovarian hemorrhage in a patient with aplastic anemia: A case report"（*Medicine*）、《复方大血藤灌肠剂联合 GnRH-a 治疗腹腔镜术后子宫内膜异位症的临床研究》（中国中西医结合杂志）。

裘氏妇科第三代弟子平时不仅专注临床，服务病人，而且坚持学习，安排时间跟随老师门诊抄方，增长见识，积累经验，工作之余还定期开设专题学术讨论，研习古籍，诵读经典，整理总结，不断提升自己的中医理论水平。裘氏妇科学术思想需要我们去传承，但传承不是一味的照搬照抄，时代在变，病种在变，病人也在变，还有很多未知领域需要中医学去参与、去研究、去解决，只有与时俱进，不断创新，才能使裘老的学术思想生生不息，发挥其特色和优势。为此，裘氏妇科第三代弟子努力奋斗，不敢懈怠。

裘老岐黄生涯60载，用她自己的话概括一生为："一身正气、两袖清风、三餐温饱、四大皆空。"她医德高尚，治学严谨，勤恳敬业，育人不倦，致力科研，创立"裘氏妇科流派"，成立"裘笑梅中医妇科发展基金"，鼓励裘氏流派后人为发展妇科事业继续努力。她就像一盏明灯指引我们前进，吾辈定当励精图治，继往开来，为振兴、发扬、创新裘氏妇科流派，为促进中医药事业的发展、壮大，为繁荣祖国经济、保障人民健康而不断奋斗，做出新的贡献！

附录一

大事概览

1912 年 1 月 7 日　生于浙江省杭州市。

1930 年 9 月　杭州弘道女中高中毕业，随杭城智果寺名僧医清华学医。

1935 年 9 月　经当时卫生部考试，成为杭州市第一位领有中医证书及开业执照的女中医师。

1951 年　应聘进入杭州市中医门诊部。

1956 年 4 月　加入中国农工民主党。

1956 年 8 月　参与组建浙江省中医院。

1964～1988 年　历任浙江省人民代表大会第三至第六届代表。

1979 年 9 月　被推举为中国农工民主党第八次全国代表大会代表。

1980～1988 年　中国农工民主党浙江省第四至第六次、第九次全国代表大会代表。1984 年 11 月担任中国农工民主党浙江省第五届委员会常务委员。

1981～2000 年　杭州市政协第四至第七届委员。

1982 年　主编《裘笑梅妇科临床经验选》，由浙江科学技术出版社出版，该书 1986 年获浙江省高等院校自然科学研究成果奖一等奖。

1983 年　受聘为浙江省中西医结合学术研究委员会顾问。

1984 年 5 月　受聘为中华全国中医学会浙江分会第二届理事会顾问。

1984 年　与杭州天目山药厂合作开发"妇乐冲剂"，治疗附件炎、盆腔炎，并收入《中国基本中成药》一书中。1990 年妇乐冲剂获全国首届中医药文化博览会"神农杯"银奖。

1985 年　光荣加入中国共产党。

1986 年　与杭州胡庆余堂制药厂合作开发"妇宁胶囊"，治疗妇女围绝经期综合征，收入《中国基本中成药》一书中。

1988 年 10 月　因 30 年来为我国培养中西医结合人才作出贡献，中国中西医结合研究会特予表彰。

1990 年 1 月　受聘为杭州不孕不育专科医院顾问。

1990 年 2 月　受聘为澳医保灵药业有限公司技术顾问。

1990 年　与保灵有限公司合作研制保灵孕宝口服液，提供中药配方并进行科学论证。1992 年获中国优质保健品银奖。1993 年获第 33 届国际蜂产品博览会金奖。

1991 年　课题"名老中医裘笑梅诊治闭经、崩漏电脑双系统 QXM87"获浙江省先进科技成果二等奖。

1991 年　被批准为首批全国老中医药专家学术经验继承工作指导老师。

1992 年　主编《裘氏妇科临证医案精萃》由浙江科学技术出版社出版。

1992 年　获得国务院授予的"国家级突出贡献专家"称号，并享受国务院颁发的政府特殊津贴。

1993 年　与浙江商学院合作开发"妇益冲剂"，1998 年获国家内贸局科技进步三等奖。

2001 年 5 月　裘老因病医治无效与世长辞。生前遗愿捐献毕生积蓄 20 万元给浙江省中医院作为中医妇科发展基金。

2006 年 5 月　浙江省中医院设立"裘笑梅中医妇科发展基金"。

学术传承脉络

浙江省中医院裘氏传承脉络图

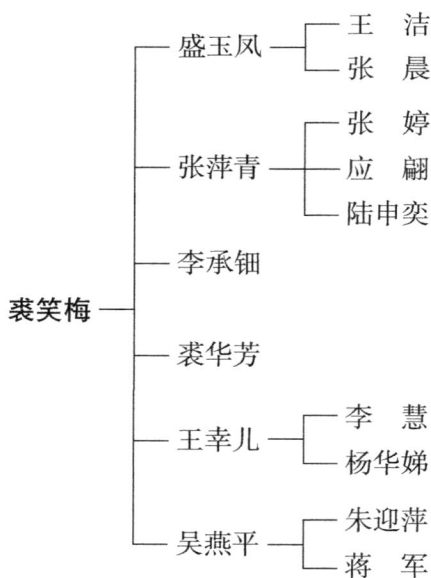

```
                    ┌─ 盛玉凤 ─┬─ 王  洁
                    │         └─ 张  晨
                    │
                    │         ┌─ 张  婷
                    ├─ 张萍青 ─┼─ 应  翾
                    │         └─ 陆申奕
                    │
                    ├─ 李承钿
   裘笑梅 ──────────┤
                    ├─ 裘华芳
                    │
                    │         ┌─ 李  慧
                    ├─ 王幸儿 ─┴─ 杨华娣
                    │
                    │         ┌─ 朱迎萍
                    └─ 吴燕平 ─┴─ 蒋  军
```